KB029105

연필 하나로
가슴 뛰는
세계를 만나다

THE PROMISE OF A PENCIL: How Small Acts Inspire Big Change by Adam Braun
Copyright ⓒ 2014 by GoodPenny Ventures LLC
All rights reserved.
This Korean edition was published by Bookhouse Publishing Co. Ltd. in 2014 by arrangement with the original publisher, Scribner, a division of Simon & Schuster, Inc., New York through KCC(Korea Copyright Center Inc.), Seoul.

이 책은 (주)한국저작권센터(KCC)를 통한 저작권자와의 독점계약으로 (주)북하우스 퍼블리셔스에서 출간되었습니다. 저작권법에 의해 한국 내에서 보호를 받는 저작물이므로 무단전재와 복제를 금합니다.

세계 최고 교육기관을 만든 서른 살 청년의 **열정을 현실로 만드는 법**

연필 하나로 가슴 뛰는 세계를 만나다

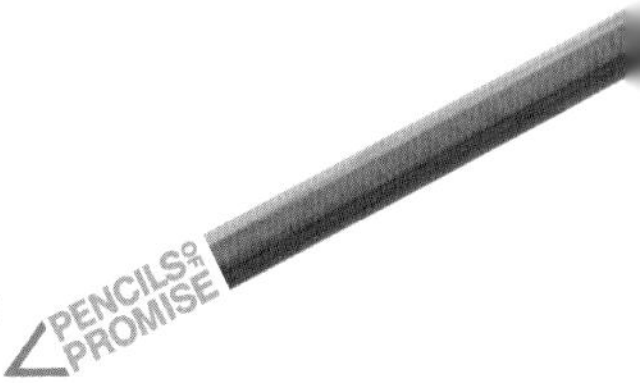

애덤 브라운 지음 | 이은선 옮김

북하우스

세상에 무엇이 필요한지 고민하지 말라.
당신을 살아있게 만드는 일이 무엇인지 고민하고 그 일을 해나가라.
세상이 필요로 하는 것은 바로 그런 사람들이다.

– 하워드 서먼

모든 것은 하나의 연필에서 시작되었다.

인도의 거리에서 구걸을 하고 있던 한 소년에게 물었다.

"온 세상을 통틀어서 뭐든 가질 수 있다면 뭘 제일 갖고 싶니?"

"연필. 연필이 가지고 싶어요."

내가 연필 한 자루를 소년에게 건넨 순간,

환하게 빛나는 아이의 얼굴.

나에게 연필은 필기도구였지만, 그 아이에게 연필은 열쇠였다.

가능성으로 향하는 문이었다.

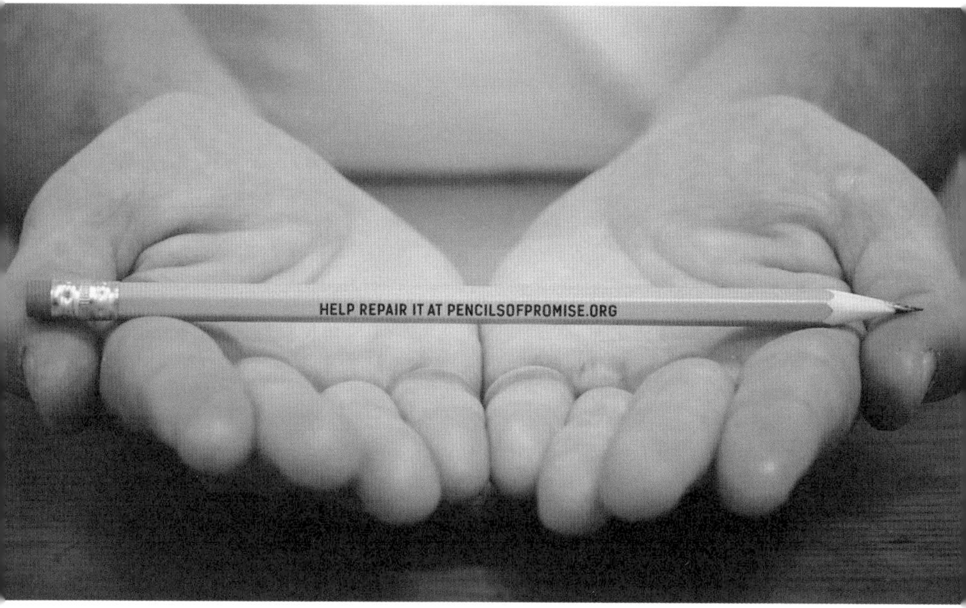
HELP REPAIR IT AT PENCILSOFPROMISE.ORG

한국의 독자들에게

『연필 하나로 가슴 뛰는 세계를 만나다』를 집필했을 때, 이 책의 메시지가 세계 각국의 독자들에게 전해졌으면 좋겠다는 것이 저의 바람이었습니다. 아시아를 여행할 때마다 다정하고 겸손하며 품위 있는 그곳 사람들의 매력에 흠뻑 빠지곤 하는데, 이 책이 한국 독자들에게 소개된다니 진정으로 꿈이 이루어진 셈이네요.

독자 여러분도 이 책을 읽고 목적이 있는 삶을 살 수 있었으면 좋겠습니다. 여러분의 꿈이 아무리 원대해 보이더라도, 열심히 노력하고 인내하며 무작정 확신한다면 반드시 그 꿈은 이루어질 것입니다. 우리는 어느 한쪽을 희생하지 않아도 양쪽 다 가질 수 있는 세상에 살고 있으니, 이 책의 각 장마다 소개된 만트라를 내가 그랬던 것처럼 여러분의 이정표로 삼았으면 합니다. 무엇보다 사소한 결정은 머리로, 큰 결정은 가슴으로 내리면 된다는 것을 꼭 기억하시길 바랍니다.

마음을 담아서, 애덤 브라운

프롤로그

누구나 가슴속에서
변혁의 맥박이 뛰고 있다

스물다섯 번째 생일을 며칠 앞둔 어느 화창한 9월의 오후, 나는 고향에 있는 대형 은행을 찾았다. 그 당시에 나는 가지고 있으면 행복해질 거라고 생각했던 모든 것을 소유하고 있었다. 직업, 아파트 그리고 멋진 인생. 옷장은 명품 브랜드의 의상들로 넘쳐났고, 명함에는 내가 어떤 공간에 들어서건 상대의 감탄을 유발하는 일류 기업의 이름이 찍혀 있었다. 나는 월급을 입금하러 은행을 찾은, 출세가도를 걷는 사람처럼 보였다.

하지만 마음속 깊은 곳에서는 내가 만들어낸 인생에 더 이상 아무 매력도 못 느꼈다. 나는 내 욕심만 채우고 있었다. 남들에게는 거의 티를 내지 않았지만 하루하루 지날수록 행복이 이울었다. 밤이면 인생의 의미를 찾지 못하는데 돈이 무슨 소용이냐고 나를 들쑤시는 속삭임 때문에 잠을 이루지 못했다. 그 목소리는 '수입'이 아니라 '목적'을 인생의 잣대로 삼으면 더 큰 성취감을 느낄 수 있을 거라고 했다. 계속 기다릴 필요 없다고, 지금이 내 가장 큰 꿈을 좇기에 딱 알맞은 때라고도 했다.

생각해보면 신기한 일이지만 가끔 갈망이 내 실질적인 육신보다 더 크게 느껴질 때가 있다. 그날의 내가 바로 그런 기분이었다. 나는 나의 두 손과, 그 두 손으로 쥘 수 있는 소유물을 훌쩍 뛰어넘는 무언가의 일원이 되고 싶었다. 안전한 길에서 벗어나려니 두려웠지만, 원대한 포부와 기회가 존재하는 미지의 영역으로 발을 들여놓으면 어떤 일이 벌어질지 확인해야만 했다.

가장 두려운 건 내가 회사를 설립해서 성공적으로 매각해본 적이 있는 잘나가는 사업가가 아니라는 점이었다. 나는 성공을 장담할 수 있을 만큼 장황한 이력의 소유자가 아니었다. 또 몇 백만 달러에 달하는 재정적인 지원을 확보한 것도 아니었다. 나는 겨우 25달러를 들고 나이, 지위, 위치에 상관없이 누구라도 세상을 변화시킬 수 있음을 증명하고 싶은 평범한 사람에 불과했다. 그럼에도 언젠가는 학교를 짓고 싶다는 희망을 품고 얼마 안 되는 금액으로 계좌를 개설했다. 이후에 벌어진 모든 일은 그날의 첫 걸음에서 비롯된 결과물이다. 그 맹목적인 믿음이 대륙과 문화의 차이를 넘어 파장을 일으켰다.

나는 그때부터 세계 교육 분야에 매진하고 있다. 인생의 출발점이 종착점을 규정하면 안 된다고 믿기 때문이다. 지금보다 더 나은 삶을 살고자 하는 개인의 능력을 끄집어내는 데 양질의 교육만큼 효과가 좋은 도구도 없다. 그런데 다행스러운 사실이 있다면 우리 힘으로 지구상의 모든 어린이들에게 지금 당장 양질의 교육 기회를 제공할 수 있다는 것이다. 기적의 백신을 찾거나 땅 속에 묻혀 있을지 없을지 모르는 자원을 캐내야 하는 것도 아니다. 필요한 모든 도구가 지금 이 순간 우리 손에 쥐어져 있다. 그런데도 5700만 명의 아이들이 학교에 다니지 못하며, 그보다 몇 백만 명 많은 아이들이 날마다 등교는 하지만 까막눈을 면치 못하고 있다.

교육은 다면적인 해결책이 필요한 복잡한 문제다. 전 세계 어린이의 교육 문제를 단박에 해결할 묘책은 없다. 하지만 지금 이 시대에서 가장 해결하기 쉽고 중요한 인권 문제가 세계 교육이다. 그 문제를 해결할 수 있음을 알기에 나는 희망을 품고 목적의식을 불사른다. 하지만 어느 누구도 혼자서 전 세계적인 문제를 해결할 수는 없다. 공동의 노력이 필요하고, 우리 모두 저마다 맡아야 할 고유한 역할이 있다.

이 책은 자신이 좀더 나은 인간이 될 수 있다는 것을, 엄청난 자산 없이도 이 세상을 바꿀 수 있다는 것을 인정했을 때 어떤 일이 벌어지는지를 담은 기록이다. 또한 번쩍 하고 영감이 떠오르는 순간을 붙잡아 목적이 있는 삶을 살면 오래도록 풍요로운 보상이 따른다는 것을 깨달았을 때 어떤 일이 펼쳐지는지를 담은 기록이기도 하다. 내 인생담이긴 하지만 (몇몇 등장인물은 그들의 요청에 따라 가명을 쓰긴 했다) 어느 누구의 인생담이 될 수도 있다.

이 책은 30개의 장 제목이 만트라mantra로 이루어져 있다. 크고 작은 결정의 순간에 직면했을 때 길잡이가 되어주고 내 가장 근본적인 진리가 된 주문들이다. 그것들을 이 책에 소개한 이유는 널리 전파되고 공유되어서 여러분의 삶의 여정에도 도움이 되길 바라기 때문이다. 각 이야기마다 나름의 의미가 있지만, 한데 모여서 로드맵이 만들어지고 그 로드맵을 통해 여러분의 꿈도 현실로 이루었으면 좋겠다.

이 책에 실린 어떤 이야기를 읽었을 때 여러분 안에서 불꽃이 인다면, 이성은 무시하라 하지만 가슴은 따라가보라고 하는 그 달뜬 느낌에 귀 기울여보기 바란다. 꿈을 따라 사는 사람과 꿈을 동경만 하고 사는 사람의 가장 큰 차이점은 첫 번째 자극의 불꽃을 당장 실행에 옮기는지 여부이다. 먼저 첫 걸음을 내딛고, 그런 다음 후대에 남기고 싶은 발자취를 따라가보자. 인간이라면 누구나 가슴속에서 변혁의 맥박이 뛰고 있다. 이 책이 여러분의 맥박을 찾는 데 도움이 되었으면 좋겠다.

차례

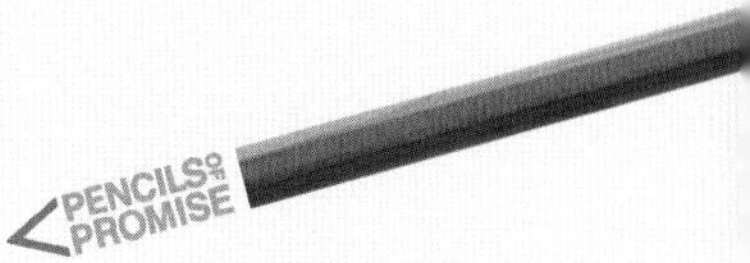

PENCILS OF PROMISE

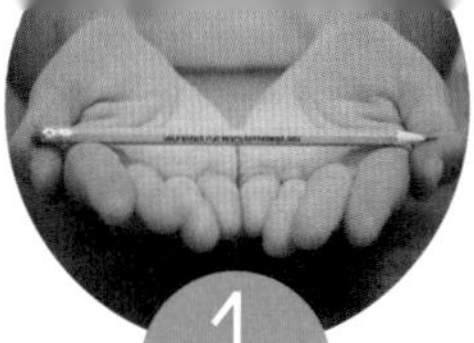

1

왜 평범하게 살려 하는가?

우리 가족은 저녁을 먹을 때 누가 어느 자리에 앉을지 정식으로 정하지는 않았지만 금요일 저녁이면 각자 어느 자리에 앉아야 하는지 잘 알았다. 아버지가 상석에 앉았고, 형과 내가 그 오른편에, 여동생과 어머니가 그 왼편에 앉았다. 대개 몇몇 친구와 친척들이 자리를 함께 했다. 참석자는 매주 조금씩 바뀌었지만 토론의 열기는 한결같았다. 그리고 열에 아홉은 그 열기가 다른 곳도 아닌 상석에서 뿜어져 나왔다.

우리 아버지는 동네에서 무섭기로 유명했다. 아버지는 거의 모든 스포츠를, 타의 추종을 허락하지 않는 수준으로 열심히 가르치고 뛰었다. 농구, 야구, 미식축구 — 이 모든 종목을 석권했다. 아버지는 우리 동네 아이들을 응석받이들이라고 생각했는데, 그런 자신의 생각을 거침없이 드러냈다. “밀가루 반죽으로 만든 계집애처럼 굴지 마라!” 아버지는 우리 12세 농구팀을 향해 이렇게 고함을 지르곤 했다. 반면 칭찬을 할 때는 신중하게 단어를 선택했고 함부로 남발하지 않았다. 아버지는 우리가 강인한 정신력과 불굴의 근면성을 통해 칭찬을 받아내길 바랐다. 그래서 대부분의 아이들이 우리 아버지를 좋아하면서도 무서워했다. 아버지는 보수적인 원칙주의자였고, 그런 사람이라고 소문이 나는 것에 아랑곳하지 않았다.

우리 삼남매가 사춘기로 접어들자 아버지는 암호를 만들어서 우리가 넘지 말아야 할 선을 넘으려고 할 때 경고하는 용도로 활용했다. 대화 도중이나 저녁을 먹을 때나 남들 앞에서 “이게 마지막 경고다. 더 이상 자극하지 마라”라고 말하고 싶으면 그 암호를 썼다. 형 스코트는 전형적인 맏아들이라 종종 아버지의 권위에 도전하곤 했다. 형의 암호는 크림이었다. 나는 아이스였고, 여동생 리사는 선디였다. 우리 셋 다 버릇없이 굴어서 어머니가 폭발 직전이고 조만간 볼기를 맞게 생겼을 때 아버지가 “아이스크림 선디!”라고 외치기만 하면 우리는 당장 하던 짓을 멈추었다. 그런데 이제 와 생각해보면 그렇게 씩씩대며 “아이스크림 선디!”를 외친 것이, 내 친구들 사이에서 “무서운 아버지”로 정평이 자자했던 아버지가 점수를 만회하는 데는 아무 도움이 안 됐을 것 같다.

그 당시에도 우리는 아버지의 불같은 성격과 엄격한 규율이 무뚝뚝한 사랑의 표현이라는 것을 잘 알았다. 아버지는 우리 삼남매를 최대한 훌륭하게 키우려고 노력했고 목표를 이루었다. 코치로 쳐도 나를 그보다 심하게 다그친 코치가 없었다. 아버지는 14세 팀 주 대항전 마지막 날에도 열이 펄펄 끓는 나더러 세 경기를 뛰게 했다. 내가 우승을 얼마나 간절히 원하는지 알았기 때문이다. 아버지는 내가 저녁을 먹은 다음 어두운 곳에서 드리블 연습을 할 수 있도록 지하실에 고깔을 설치할 정도였다. 결과를 놓고 보면 꽤 효과가 있었지만 말이다. 자라면서 우리 삼남매를 가장 많이 자극한 게 무엇이었는지 생각해보면 아버지가 남들보다 뛰어난 존재로 자라도록 우리에게 기회를 주고 가르치면서 입버릇처럼 했던 한 마디의 말로 압축된다. 아버지는 우리 삼남매에게 늘 이렇게 말하곤 했다. "브라운 집안 사람들은 다르다."

우리 동네에 사는 어떤 부모님들은 아이가 좋은 성적을 받아오면 상을 주었다. 예컨대 A면 100달러, B면 75달러, C면 50달러 이런 식이었다. 나는 부모님에게 다른 아이들처럼 성적에 따른 보상을 요구했다가 그 자리에서 묵살당했다.

"폴 마자는 성적 좋다고 150달러를 받았대요. 저도 뭐라도 하나 받으면 안 돼요?"

"브라운 집안 사람들은 다르다. 우리가 고마워하는 게 상이야." 내 이야기에 부모님은 이렇게 대답하곤 했다.

하누카(12월에 8일 동안 계속되는 유대인들의 명절 — 옮긴이) 기간에 우리는 8일이 아니라 4일 동안만 저녁에 선물을 받았고, 나머지 4일은 우리가 선택한 단체에 부모님이 우리 이름으로 기부를 했다. 우리가 왜 선물의 절반을 떼어서 자선단체에 기부하느냐고 물으면 부모님은 "브라운 집안 사람들은 다르니까"라고 대답하고 그만이었다.

친구들은 대부분 최신 장난감과 비디오게임을 가지고 있었지만, 우리 삼남매는 책을 읽거나 밖에 나가서 놀라는 소리를 들었다. 아무리 애원하고 설득해도 대답은 늘 똑같았다. "브라운 집안 사람들은 다르다." 아버지는 우리가 남들보다 잘났다고 생각한 게 아니라 좀더 높은 기준에 맞추어 살아주길 바랐던 것이다.

이 구절은 우리 부모님의 남다른 양육 방식을 정당화하는 데 동원되었을 뿐 아니라 우리가 용감하게 남들이 잘 가지 않는 길을 선택했을 때 칭찬하는 용도로도 쓰였다. 만약 우리가 괴롭힘을 당하는 반 친구의 편을 들었다면 부모님은 이런 말로 우리를 칭찬했다. "네가 왜 그랬는지 아니? 브라운 집안 사람들은 다르기 때문이다." 아이들에게 부모님의 인정보다 더 큰 선물은 없기에 이내 부모님이 정한 이상에 맞게 살고 싶은 본능적인 욕구가 우리의 마음속에서 자라났다.

중학교와 고등학교 시절, 우리가 저녁에 파티에 참석하러 나갈 때마다 아버지는 "아빠의 원칙을 명심해라." 하고 말했다. 아빠의 원칙이란 "아빠가 보고 있다면 하지 않을 짓은 하지 말 것, 아빠가 내내 옆에 있다고 생각하고 처신할 것"이었다. 이처럼 높은 기대치를 바탕으로 우리의 가치관이 형성되었고, 우리의 가치관은 다시 우리의 선택 방향을 결정하는 길잡이가 되었다. 남다른 업적을 이루려면 남들이 뭐라고 생각하건 남다른 기준을 고수해야 한다고 우리를 끊임없이 일깨우는 역할을 했다. 아버지는 심지어 YBNML이라고 적힌 자동차 번호판까지 주문했는데, 아버지를 무서워했던 내 중학교 친구들은 그 이니셜의 뜻이 '왜 짐승처럼 살려 하는가why be an animal'일 거라고 짐작했지만 사실은 그보다 훨씬 우리에게 걸맞은 의미가 담겨져 있었다. '왜 평범하게 살려 하는가why be normal'였으니 말이다.

일반적인 관행을 격렬하게 거부하고 저항하는 정신의 힘을 믿는 아버지의 성향은 할아버지, 할머니의 경험담에서 비롯되었을 것이다. (우리 사이에서는 함마라고 불렸던) 에바 할머니는 열네 살이었을 때 어머니와 열두 살이었던 여동생을 비롯해서 27명의 일가친척들과 함께 헝가리 고향 마을에서 쫓겨나 한 동네에 살던 다른 유대인들과 함께 유대인 거주 지역으로 끌려갔다. 거기서 가축용 화차를 타고 강제수용소 중에서도 가장 악명이 높았던 아우슈비츠로 이송되었다. 그들은 도착하자마자 의사들 앞에 줄지어 섰고, 왼쪽 아니면 오른쪽으로 가라는 명령을 받았다. 다른 가족들은 모두 왼쪽으로 가라는 명령을 받았지만, 할머니는 일을 할 수 있는 나이였기 때문에 의사가 오른쪽으로 가라고 지시했다. 어린 소녀였던 할머니는 겁에 질려 울음을 터뜨렸고, 어머니와 여동생 곁을 떠나지 않으려 했다. 그러다 나치 경비병들에게 구타를 당해 정신을 잃고 말았다. 할머니는 눈을 뜨자마자 함께 있는 다른 수용자들을 붙잡고 어디에 가면 가족들을 만날 수 있을지 알려달라고 애원했다. 그러자 그들은 암울한 표정으로 굴뚝을 가리켰다. 온 가족이 아우슈비츠에 도착한 날 가스실로 끌려가 소각된 것이었다.

할머니는 6개월 동안 아우슈비츠의 잔인한 환경을 견디고 옆 사람들의 숱한 죽음을 지켜보다 다른 수용소로 이송되었다. 할머니는 그곳에 대해 "베르겐 벨젠은 아우슈비츠보다 훨씬 끔찍했단다. 그곳은 죽으러 가는 곳이었거든"이라고 말했다. 하지만 할머니는 전쟁이 끝나면 아버지가 기다리고 있을 거라고 믿었고, 그 믿음이 워낙 철석같았기에 하루하루 버틸 수 있었다. 그런 목적의식 덕분에 수많은 사람들이 비명에 간 곳에서 살아남을 수 있었다.

베르겐 벨전에서 8개월을 지냈을 때 전쟁이 끝났고 할머니는 미군의 도움으로 수용소에서 풀려났다. 그때 할머니는 자기 손으로 뭘 먹을 수도 없을 만큼 기운이 없었는데, 결국에는 그 덕분에 목숨을 건질 수 있었다. 남의 손을 빌려야 했기 때문에 할머니의 위장이 고형식에 다시 적응할 수 있을 만큼 천천히 영양분을 섭취했던 것이다. 할머니는 아사 직전까지 경험했기에 손자들에게는 그런 운명을 절대 허락하지 않았다. 그래서 우리가 뭘 먹는 모습을 지켜보는 데 거의 집착하다시피 했다. 할머니는 종종 며칠 동안 국수를 넣은 닭고기 수프, 소 가슴살 구이, 아이스크림 샌드위치, 초콜릿을 만들어서 금요일 밤마다 우리 배를 채웠다. 한 접시를 해치우자마자 엄청나게 커다란 접시가 다시 등장했다. "디저트도 있단다, 천사들아." 할머니는 보기 좋다는 듯이 고개를 끄덕이며 이렇게 말하곤 했다.

할머니는 기력이 회복되자 학수고대했던 대로 열차를 타고 헝가리로 돌아가서 아버지를 찾았다. 다른 사람들은 사랑하는 사람들과 기쁨의 눈물을 흘리며 재회했지만, 부다페스트 역에서 할머니는 혼자였다. 할머니의 아버지는 끝내 오지 않았다. 러시아의 강제 노동 수용소에서 돌아가셨기 때문이었다. 할머니를 마중 나온 사람은 아무도 없었다. 망연자실한 할머니는 친척들 중에서 유일하게 목숨을 부지했을 가능성이 있는 삼촌에게 전화했고, 삼촌이 할머니를 받아주었다.

몇 년 뒤에 삼촌이 할머니에게 자기 친구이자 홀로코스트 생존자인 요셉을 소개해주겠다고 했다. 그는 다하우 수용소에서 1년을 지내는 동안 두 남동생과 아버지를 잃었다. 요셉의 끈질긴 설득과 두 사람이 겪은 비슷한 상실의 경험을 바탕으로 그들은 깊은 유대감을 쌓았다. 요셉 브라운은 이내 에바에게 청혼했고, 결혼한 뒤에 두 사람은 딸과 아들을 낳았다. 그 아들이 우리 아버지 에빈 브라운이다. 1956년에 헝가리 혁명이 터지자 요셉과 에바는 국경을 넘어 미국으로 도피할 계획을 세웠다. (우리가 아푸라고 불렀던) 할아버지가 밤중에 헝가리 국경을 혼자 빠져나가서 도주로를 먼저 탐색한 뒤에 다시 돌아와서 어머니와 여동생, 아내 에바와 아이들을 데려갔다.

그들은 이민자들로 꽉 찬 선박에 몰래 숨어들어가서 13일 동안 대서양을 항해한 끝에 뉴욕에 도착했고, 우리 아버지와 가족들은 미국에서의 첫날밤을 유대인 난민 수용소에서 보냈다. 그러고는 구호단체의 도움으로 브루클린의 크라운 하이츠에 방 하나짜리 아파트를 얻었다. 할아버지는 의치를 만드는 치과 기공사로 일했고, 할머니는 공장에 나갔다. 할머니는 아이들과 미래의 손자들이 더 나은 인생을 살 수 있도록, 끔찍한 환경에서 일당으로 단돈 1달러를 받으며 10년 동안 옷을 만들었다.

우리 아버지는 〈론 레인저〉나 〈리틀 래스칼스〉와 같은 텔레비전 프로그램을 통해 미국인들의 발음을 열심히 연구한 끝에 아무 억양 없이 영어를 구사하는 법을 터득했다. 최우수 학생으로 8학년을 건너뛰고 브롱크스 과학고등학교에 입학했다. 할아버지와 할머니는 외아들이 혹시라도 다칠까 전전긍긍했기에 지역 스포츠 동아리 가입 신청서에 서명해주지 않았다. 때문에 아버지는 부모님이 출근할 때까지 기다렸다가 몰래 나가 시립 운동장에서 농구와 미식축구를 했다.

아버지가 기억하기에 할아버지와 할머니는 예전부터 그들의 아들이 유능한 치과의사가 되어주길 바랐다. 아버지는 대학을 3년 만에 졸업하고 펜실베이니아대학교 치과대학을 선택했는데, 거기서 아버지의 인생 궤도를 바꾸어놓을 여자를 만났다. 바로 캣츠킬스의 보잘것없는 시골에서 건너온 우리 어머니 수전이었다. 샘 외할아버지는 홀로코스트가 시작되기 직전에 박해를 피해 폴란드를 탈출했지만 열한 살 때 어머니를 여의었다. 도로시 외할머니는 도덕성과 사회적인 책임을 강조하며 어머니를 키웠다. 우리 어머니는 인간의 자질 중에서 '진실성'을 가장 중요하게 여기는 교육을 받으며 자랐기에 그 단어를 가장 좋아한다.

어머니가 펜실베이니아대학교에 입학하고 첫 주말이 되었을 때 아버지가 대학 파티에 참석했다가 거기서 어머니의 언니인 린을 만났다. 그 다음 날, 아버지는 린이 어떤 건물 계단을 내려오는 것을 보고 그녀의 이름을 불렀다. 그런데 사실 그녀는 린이 아니라 우리 어머니 수전이었다. 어머니가 아버지를 완벽하게 무시하자 아니나 다를까, 이것이 아버지의 호기심을 자극했다. 아버지는 어머니의 꽁무니를 따라다니기 시작했고, 첫 데이트를 하고 나서 친구들에게 말했다. "나는 그 애랑 결혼할 거야." 심지어 그걸 쪽지에 써서 빈 병에 넣고 벽난로 선반 위에 보관했다가 결혼식 날 공개하기까지 했다.

우리 부모님은 치과의사와 교정전문의로 개업할 시점이 되었을 때 두 사람이 가장 원하는 게 무엇인지 목록을 작성하고 주변 지역을 하나씩 평가했다. 교육이 가장 중요한 판단 기준이었는데, 코네티컷 주 그리니치에는 최고의 공립학교가 있었다. 그뿐 아니라 우리 어머니가 갈망했던 자원봉사 문화와 우리 아버지가 아이들에게 접하게 해주고 싶었던 문화적 다양성이 있었다. 두 사람은 대출을 받아서 코스코브에 집을 샀다. 오랜 역사를 자랑하는 노동자 거주지로, 1950년대에 이 마을에 대저택을 여러 채 건설한 근로자들이 사는 이탈리아 지구였다. 우리 가족은 내가 아직 어린아이였을 때 그곳으로 이사했고, 내 가장 오랜 추억들이 그곳에서 만들어졌다.

고등학교에 입학했을 무렵에 나는 1년 내내 농구를 했다. 어느 주말, 올버니에서 동계 토너먼트를 치르던 우리 팀에 장신의 아프리카 친구

두 명이 합류했다. 둘 다 남들 위로 머리가 보일 정도의 큰 키였는데 — 샘은 195센티미터, 코넬리오는 203센티미터였다 — 나는 따뜻하고 다정한 그들의 성품을 단박에 알아차렸다. 그들은 모잠비크에서 어렸을 때부터 함께 자랐고 교육의 기회를 찾아 미국으로 건너오면서 떼려야 뗄 수 없는 사이가 된 친구였다.

주말 토너먼트를 치르는 동안 우리는 금세 친구가 되었다. 올버니에서 차를 타고 집으로 돌아가는데, 샘과 코넬리오가 다음 주말 토너먼트가 열릴 때까지 5일 동안 우리 집에서 신세를 져도 되느냐고 물었다. 우리 가족은 늘 내 농구 팀원과 친구와 친척들을 집으로 초대했기에 그들의 요청을 기꺼이 허락했다. 그런데 두 번째 토너먼트가 끝났을 때 두 친구가 우리 아버지에게 물었다. "다음 주에도 신세를 지면 안 될까요?"

샘과 코넬리오는 원래 지난 8개월 동안 지냈던 필라델피아로 돌아가야 했다. 그런데 돌아가지 않겠다며 짐조차 챙기지 않으려고 했다. 이유를 물었더니 두 친구는 환상적인 교육을 받을 수 있다는 거짓 약속에 속아서 미국으로 건너온 사연을 털어놓았다. 가족들이 비행기 값에 1천 달러를 얹어주었는데, 미국에 도착하고 보니 남필라델피아 빈민가의 가건물 아파트로 데리고 가더라는 것이었다. '학교'라는 곳은 다 쓰러져가는 교회 뒤편에 마련된 교실 하나짜리 건물이었다. 일과가 시작되면 선생님이 들어와서 25명의 남학생들에게 교재를 나누어주고 나갔다. 학교는 농구 감독으로 변신한 사기꾼이 선수를 선발하기 위해 위장용으로 만들어놓은 곳이었다. 그는 아이들을 꼬드겨 미국으로 불러들인 뒤 가장 돈을 많이 주는 신발 제조업체와 연계된 대학교로 보냈다. 그중 한 명이라도 NBA에 진출하면 후원한 신발 제조업체가 우선 지명권을 갖게 되는데, 그러는 동안 어느 누구도 제대로 된 고등교육을 받지 못했다.

샘과 코넬리오가 우리 집에서 신세를 진 지 2주째 되었을 때 대학을 다니다 집에 온 형이 두 친구를 차에 태우고 내가 다니던 그리니치고등학교로 데려갔다. 두 친구의 눈에서 빛이 났다. 좋은 학교에 다니려고 수천 킬로미터를 건너온 그들이 아니던가. 두 친구는 아메리칸드림을 실현할 수 있는 기회를 포착하고, 우리더러 동네 공립고등학교에 다닐 수 있도록 미국 내 법적 후견인이 되어서 자기들을 거두어달라고 간청했다.

이민자 출신이었던 아버지는 두 소년의 사연에 깊이 공감했다. 우리는 그때까지 수많은 아이들을 집에서 재워주었지만, 샘과 코넬리오는 뭔가 달랐다. 둘 다 어찌나 진솔하고 겸손한지, 우리 가족이 가장 중요하게 생각하는 진실성의 상징처럼 느껴질 정도였다. 어머니와 여동생은 두 친구에게 완전히 넘어갔고, 그해 가을에 애틀랜타의 에모리대학교로 복귀하려던 스코트 형은 유달리 열렬한 반응을 보였다.

어느 날 밤, 부모님이 내게 단독 면담을 청했다. 부모님은 우리 가족이 되고 싶다는 두 친구의 바람을 전하면서 최후 결정은 내 손에 달려 있다고 전했다. "두 친구를 데리고 다니면서 가르치고 학교생활에 적응할 수 있도록 돕는 게 네 책임이거든. 너도 올 가을에 대학 진학을 앞두고 있어서 스트레스가 많을 텐데, 이번 결정으로 가장 많은 영향을 받을 사람이 너잖니. 우리는 두 친구를 기꺼이 받아들이고 싶다만 네 결정에 맡기겠다."

홀로코스트 생존자 집안에서 태어나 자란 사람은 한때 가족의 모든 걸 빼앗긴 적 있다는 인식과 더불어 성장하게 된다. 그들이 살아남아서 운명을 180도 바꿀 수 있었던 것은 강한 의지와 타인의 도움, 그리고 교육에 대한 강한 집념 때문이었다고 해도 과언이 아니다. 샘과 코넬리오는 삶에 대한 의지와 배움에의 욕구가 어마어마했다. 두 친구에게 필요한 것은 약간의 선의뿐이었다. 한때는 사람들이 아무 대가 없이 팔을 걷어붙이고 우리 가족을 도와주었는데 이제 내가 선행을 베풀 기회가 찾아온 것이다.

나는 그날 저녁에 부모님에게 두 친구를 받아들이고 싶다는 뜻을 전했다. 우리 부모님은 바로 샘과 코넬리오의 미국 내 법적 후견인이 되었다. 두 친구는 여동생과 내가 다니던 그리니치고등학교에 등록했고, 우리의 새로운 형제가 되었다.

거구의 아프리카 친구 두 명이 우뚝 앉아 있으니 안식일인 금요일 저녁 식탁 분위기가 예전과 조금 달라졌는데, 우리 가족 안에서 이루어진 진정한 변화는 그보다 훨씬 더 심오했다. 우리 부모님이 두 친구에게 삶의 궤도를 바꿀 수 있는 기회를 제공하긴 했지만, 그들이 우리에게 준 것이 훨씬 많았다. 그들로 인해 우리가 달라졌다. 그들로 인해 내가 확실히 달라졌다.

나는 그때까지 알고 지냈던 마을과 동네 바깥의 광활한 세상을 난생 처음 피부로 실감할 수 있었다. 만약 그들이 아니라 내가 모잠비크에서 태어나 자랐다면 어땠을까 하는 생각이 들었다. 나도 그들처럼 용감하게 고향을 등지고 미지의 대륙으로 뛰어들 수 있었을지 진정 궁금했다.

두 친구가 극복한 역경에 대해서 들으면 들을수록, 나는 미래의 행로를 바꾸는 데 필요한 자질이 무엇인지 점점 더 확실히 알 수 있었다. 그들의 친구와 가족들 중에서 예정된 인생과 결별한 사람은 샘과 코넬리오뿐이었다. 그들은 비슷한 또래의 일반적인 규범을 따르지 않았다. 두 사람은 달라지기로 결심했고, 그럼으로써 인간은 누구라도 분투와 희생, 타인의 선의를 통해 경이롭게 달라질 수 있음을 증명해 보였다.

PENCILS OF PROMISE

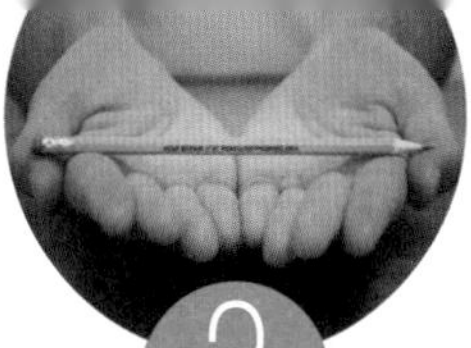

2

안전지대가 끝나는 곳에서 진정한 자기 발견이 시작된다

어디에서 어린 시절을 보내건 우리가 자라난 주변 환경이 세상을 바라보는 기준이 된다. 우리 부모님은 치과의사와 교정전문의였지만 내 친구의 부모님들 대부분은 투자 상담사나 헤지펀드 관리자 혹은 CEO였다. 어렸을 때 지역 미식축구 시합을 치르면 관중석을 메운 부모님 중에서 억만장자가 두 손으로 꼽을 수 있을 정도로 많았다. 친구들 부모님 중에 몇몇은 수입이 어마어마하지만 그 나머지는 수입이 얼마 안 된다는 사실을 완벽하게 파악했을 때, 경쟁과 숫자를 향한 나의 애정이 금세 새로운 집착으로 변형되었다. 그 대상은 바로 '월 가Wall Street'였다. 나는 중학교 때부터 금융업계에 투신해 억만장자가 되겠다는 집념을 불살랐다.

나는 중학생 때 이미 전자 주식 거래 계좌를 개설해 갭과 나이키 주식을 사고팔았다. 열여섯 살 무렵에는 금융시장에 대한 모든 것을 터득하려는 노력의 일환으로 여름방학 동안 헤지펀드사에서 아르바이트를 했다. 열아홉 살 때는 모태펀드사에서 일을 배웠고, 공연을 보거나 세인트막스 플레이스에서 가짜 시계를 사기 위해서가 아니라 뉴욕 증권거래소의 입회장을 체험하기 위해 뉴욕을 찾았다.

사업가적인 직감을 계발해서 끊임없이 업종을 바꾸어가며 소규모 사업을 벌인 것도 그 시기였다. 내가 열두 살 때 처음으로 보수를 받고 시작한 아르바이트는 시간당 6달러에 남의 집 마당을 청소하고 가구를 옮겨주는 단순한 일이었다. 하지만 이베이의 성장 덕분에 라이브 공연 실황을 담은 귀한 CD를 구워서 팔면 장당 40달러씩 받을 수 있다는 것을 이내 알게 되었다. 나는 당장 정원 의자를 지하실로 나르던 일을 때려치우고 전국으로 CD를 발송해 수천 달러의 연 수익을 올렸다. 부모님은 당시에 이미 어느 날 우리 앞에 신탁 자금이 짠 하고 등장하는 그런 놀라운 일은 없을 거라고 분명하게 못을 박아둔 터였다. 우리는 가지고 싶은 게 있으면 일을 해서 직접 돈을 벌어야 했다. 때문에 나는 평범한 한 가지 일로 절대 만족할 수 없었다. 소규모 사업을 시작해야겠다 싶으면 어떤 식으로 시작하는 게 좋을지 끊임없이 계산했다.

내가 브라운대학교에서 경제학을 공부하게 된 것도 투자 상담사가 되고 싶은 바람 때문이었다. 나는 농구 특기생으로 여러 학교에 합격했지만 1부 리그 선수라는 꿈과 학문적인 호기심을 동시에 해결할 수 있었기에 브라운을 선택했다. 대학에 입학한 뒤에는 첫학기부터 바로 사회학, 경영학, 기업 운영 수업을 듣기 시작했다. 낸터컷 넥타스 주스회사의 산실 역할을 했던 배럿 헤이즐틴 교수님의 '엔지니어링 90(엔진 90이라는 애정 어린 별명으로 불렸던)' 수업도 들었다. 이 수업에서는 모든 학생들이 미래의 사업 계획서를 작성해야 했는데, 나는 덕분에 난생 처음으로 경영의 형식적인 측면에 대해 배울 수 있었다.

금융업계의 돈 잘 버는 직업을 향한 여정은 순조롭게 진행되었다. 나는 선수 겸 학생으로서 자동차, 보트, 으리으리한 저택 등 오래 전부터 꿈꾸었던 인생을 향해 나아가고 있었다. 캠퍼스 안에서 여러 역할을 소화했고, 우리 학교 농구부는 개교 이래 가장 훌륭한 성적을 내고 있었다. 모든 게 순탄해 보였다. 가족과 친구들은 내 원대한 계획이 착착 이행되고 있다고 생각했겠지만, 나는 돈보다 삶의 의미에 대해 고민하는 시간이 점점 늘어났다.

대학교 2학년 생활이 거의 끝나갈 무렵, 나는 친구 루크와 함께 옆 기숙사에서 〈바라카BARAKA〉라는 다큐멘터리 영화를 보게 되었다. 루크는 영화에 대해서 이렇게 설명했다. "이 영화는 내가 지금까지 본 영화 중에서 가장 아름다운 작품이고, 보고 나면 세상을 대하는 시각이 달라져."

'바라카'는 여러 언어로 '축복'을 의미한다. 정식 배우도 없고 줄거리도 없는 영화라 처음에는 뭐가 뭔지 감이 안 잡혔지만 장관이라는 것은 알 수 있었다. 전 세계의 놀라운 지형지물을 촬영해 토착민들의 의식, 풍습과 함께 나란히 보여주는 것이 이 영화의 형식이었다. 24개국을 망라하며 인도네시아의 우뚝한 유적지, 캄보디아의 킬링필드, 혼란스럽고 다채로운 인도 등을 소개했다.

그중에서도 한 장면이 나의 시선을 사로잡았다. 무리를 지어 더러운 강물을 헤치며 기도하고 봉헌하는 사람들의 모습으로 시작되는 장면이었다. 어떤 남자의 어깨에 놓인 뭔지 모를 장신구에서 연기가 피어올랐다. 어떤 여자는 그 성스러움에 경도되어 손을 부들부들 떨며 강물을 떴다. 강기슭 온 사방에서 불길이 피어올랐다. 막판에 시커멓게 탄 무언가가 등장했다. 나는 어느 정도 시간이 지난 다음에서야 그것의 정체를 알아차리고 깜짝 놀랐다. 한쪽 끝은 얼굴이었다. 다른 쪽 끝은 발이었다. 화장된 시신이었던 것이다.

나는 배를 걷어차인 것 같은 심정이었다. 어디에서 촬영한 장면이고 왜 화장을 하는지 알 수 없었지만, 실제 있었던 일이라는 것은 알 수 있었고 무언가 종교적으로 의미심장했다. 만약 이 영화 속의 장면들이 내가 기숙사 방에 앉아 있는 바로 지금, 바로 이 순간 어딘가에서 실제로 벌어지고 있는 일이라면 달려가서 내 눈으로 직접 확인하고 싶다는 생각밖에 나지 않았다. 나는 코네티컷에서 어린 시절을 보내고 로드아일랜드에서 대학교를 졸업했지만 뉴욕으로 건너가기 전에 어떻게든 다른 문화를 접해봐야겠다는 열망이 생겨났다.

나는 그 작품을 빌려다가 다른 친구들을 초대해서 영화 감상 파티를 열었다. 볼 때마다 새로운 사실을 발견할 수 있었고, 내 편협한 환경을 넘어 광활한 공간을 탐험하고 싶은 욕망이 점점 커졌다.

그 성스러운 강을 촬영한 곳이 어디인지 인터넷에서 찾아보니 인도의 정신적인 수도 바라나시였다. 바라나시는 인도에서 가장 성스러운 물줄기로 꼽히는 갠지스 강 좌안에 위치한 도시다. 갠지스 강은 신과 동일시되며 힌두교 전설에 따르면 그 일대를 시바 신이 건설했다고 한다. 젊은 힌두교도들은 종교적 의미가 깃든 강물에 죄를 씻어 보내고, 나이먹고 병든 사람들은 바라나시에서 숨을 거두어 열반에 이르기를 바란다. 나는 그곳에 가야만 했다.

나는 혼자만의 시간이 필요하다는 판단 아래 농구부를 탈퇴하고 나의 정신세계와 믿음에 대해 고민하기 시작했다. 지금의 종교를 믿어야 하는 이유를 파악하고 싶었기에 라비와 매주 만나서 유대교 율법을 공부했다. 그뿐 아니라 다른 종교와 믿음도 집중적으로 연구하기 시작해서 매달 도교, 힌두교, 그리스도교, 불교, 이슬람교 등등 한 가지씩을 정해 관련 도서를 열심히 읽었다. 내가 들은 모든 가르침이 진리라고 믿기보다 접근방법을 180도 바꾸어, 기존의 가정을 모조리 의심하고 나 스스로 신뢰할 수 있는 것만 받아들이기로 했다.

고등학교에서는 순응하기를 권장했다면 대학교에서는 내가 알고 있다고 생각했던 것에 의문을 제기해도 괜찮다고 — 심지어 바람직하다고 — 가르쳤다. 나는 난생 처음으로 나의 기벽과 특이한 관심사를 탐구하고 찬양할 수 있었다. 『길 위에서』(미국 서부 및 멕시코를 횡단한 체험을 토대로 쓴 미국 작가 잭 케루악의 소설. 이 책으로 그는 '비트 세대'를 주도하는 작가로 자리매김했다 — 옮긴이)나 『1984』, 『죽음의 수용소에서』처럼 개인의 개성과 삶의 의미를 찾도록 권장하는 책들을 읽었다. 듣는 음악은 모던 팝에서 밥 딜런, 리치 헤이븐스, 밴 모리슨과 같이 가사가 악기 연주만큼이나 가슴속을 파고드는 음악가들로 바뀌었다. 그들의 가사가 나의 경전이 되었다. 인생의 성공은 타인의 기대에 부응하는 것이 아니라 개인적인 성취를 이루는 데 있다는 깨달음이 나를 찾아왔다. 20대는 자신의 운명을 받아들이는 동시에 개척하는 시간이다. 나는 찾아 읽은 책과 광적으로 집착한 음악, 친구들 혹은 잘 모르는 사람들과 밤늦게까지 나눈 대화를 통해 타인의 변덕이나 기대와는 별개로 나의 정체성을 구축하기 시작했다.

개인적으로 워낙 많은 변화를 겪다 보니 이듬해에 해외에서 시간을 보낼 수 있는 방법에 대해 모색하게 되었다. 나는 인도를 비롯해서 남아프리카와 동남아시아의 여러 나라를 놓고 저울질했다. 결국 대안을 제시한 사람은 아버지였다. "선상 대학 프로그램을 알아보지 그러니? 얼마 전에 그 프로그램을 마치고 귀국한 내 환자 중 한 명이 입에 침이 마르도록 칭찬하던데."

처음에 나는 회의적인 반응을 보였지만, 알아보면 알아볼수록 10개의 나라를 여행한 뒤에 난생 처음으로 혼자 배낭여행을 할 수 있다는 데 매료되었다.

나는 도전에 응하고 싶었다. 희한하게 들릴지 몰라도 정말로 불편한 생활이 어떤 건지 경험하고 싶었다. 내가 존경한 수많은 음악가, 화가, 작가들은 행복하고 만족스러웠던 시절이 아니라 힘겹던 시절에 최고의 걸작을 만들어냈다. 내가 사랑한 노래들은 대부분 전쟁, 짝사랑 아니면 시민 혁명에서 받은 영감을 바탕으로 만들어진 작품이었다.

우리는 대부분 똑같은 비눗방울 속에서 평생을 보낸다. 자신과 의견이 비슷하고 말투도 비슷하며 보는 시각도 비슷한 사람들에게 둘러싸여 지낸다는 뜻이다. 나에게 익숙한 환경과 결별하는 것은 당연히 두렵지만, 낯선 세상으로 탐험을 떠나야 자신을 규정하는 꼬리표에 연연하던 습관에서 벗어나 자신의 진짜 본모습을 발견할 수 있다.

다음 달에 나는 선상 대학 프로그램에 지원했고 전형을 통과했다. 고등학교와 대학교 친구들이 들으면 같이 가고 싶어 할 테니 부모님 외에는 아무에게도 알리지 않았다. 그 친구들을 사랑하고 존경했지만 이번 여행은 혼자 떠나고 싶었다. 미래의 행로를 좌우하는 과거라는 익숙한 틀에서 벗어났을 때 내가 어떤 반응을 보일지 제대로 파악하고 싶었다.

출발이 며칠 안 남았을 때 나는 긴장을 달래며 일기장에 이렇게 썼다. "일생일대의 체험이 시작된다…… 나는 편견과 기대와 안락과 친구와 가족을 모두 두고 떠날 것이다. 이 100일이 나에게 정확히 어떤 영향을 미칠지 모르겠지만, 나는 분명 달라질 것이다."

안전지대가 끝나는 곳에서 진정한 자기 발견이 시작되는데, 내가 예상했던 시기보다 훨씬 일찍 내 안전지대가 끝나려 하고 있었다.

PENCILS OF PROMISE

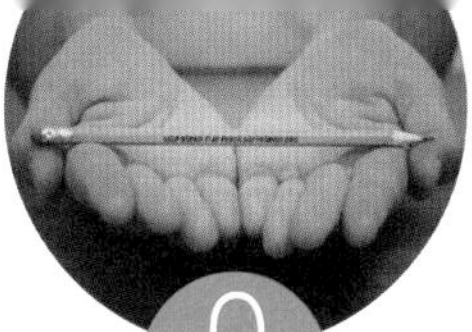

3

너에게는 존재 이유가 있다

불과 몇 시간 전에 조그만 현창을 통해 저 멀리서 10미터 높이로 날름대는 너울을 보았는데, 어느새 아침노을이 현창을 뚫고 내 선실 안으로 스며들었다. 일어나 보니 침대가 대각선 방향으로 선실 저편에 내동댕이쳐져 있고, 선실은 더 이상 알아볼 수 없을 지경이었다. 서랍이 열렸다 닫혔다 하는 소리가 듣기 싫어서 테이프로 고정해놓은 조그만 서랍장이 옆으로 쓰러져 있었다. 옷이며 교과서들이 온 바닥을 뒤덮었다. 내가 애지중지했던 캐논 SD300 카메라도 금이 간 채 바닥에서 나뒹굴고 있었다. 나는 룸메이트 재릿을 쳐다보았다. 평소에는 엄청 명랑하고 늘 일기장에다 미친 듯이 뭔가를 끼적이던 친구인데, 지금은 얼굴이 새하얗게 질렸고 무서워서 옴짝달싹도 못했다. 나는 무슨 일인지 쉽게 짐작할 수 없었지만, 좋은 일일 리 없다는 것만큼은 알 수 있었다. 그나마 두통이 가라앉았으니 다행이었다.

엑세드린을 깜빡하고 안 챙기는 바람에 간밤에 끔찍한 편두통이 엄습했을 때 죽은 듯이 곯아떨어지려고 앰비언 한 알을 먹었다. 나에게는 수면제가 낯선 존재가 아니었다. 고등학교 때부터 불면증이 발작을 일으키면 수면제를 먹었다. 다만 앰비언은 나를 가만가만 잠의 세계로 인도하지 않았다. 깊은 잠의 수렁에 빠뜨려 온갖 야단법석에도 꿈쩍 않게 잠 속에 가두어두었다. "이게 도대체 무슨 일이야?" 나는 재릿에게 물었다. 내가 일어서려고 하자 선실이 옆으로 기우뚱 움직였다. 우리는 침대를 붙잡았다.

"몇 시간 동안 그런 난리가 없었어." 그가 겁에 질린 표정으로 말했다. 나는 전혀 기억이 나지 않는데, 그는 묵직한 물건들 — 서랍장, 침대, 테이블 — 이 선실 바닥을 미끄러지는 소리를 듣고 새벽 세 시에 일어나서 가장 안전하지 않을까 싶은 복도로 나갔다고 한다. 우리 칸의 승객들이 거의 대부분 그와 똑같은 선택을 했다. 한 시간쯤 지났을 때 재릿은 기도를 좀 하고 생각난 것들을 몇 줄 적고 나도 살필 겸 선실로 돌아왔다. 세상이 온 사방에서 무너져내리고 있는데, 나는 약효를 제대로 발휘한 수면제에 취해 있었다고 한다.

13일 전에 나는 선상 대학 프로그램을 어서 빨리 시작하고 싶은 열망을 안고 브리티시컬럼비아 주 밴쿠버에서 익스플로러 유람선에 탑승했다. 100일 동안 우리는 지구를 한 바퀴 돌면서 4개 대륙의 여러 문화를 향해 모든 감각을 열어젖힐 것이었다.

그런데 항구를 등지고 한국을 향해 출발하자마자 거친 바다가 우리를 맞았다. 저기압 해류가 얼음처럼 차가운 태평양의 북쪽 가장자리를 휩쓸고 지나가며 온 사방의 바다를 헤집었다. 연식이 오래된 선상 대학 프로그램용 선박들은 겨울 동안 대개 비용이 좀더 많이 드는 대신 더 안전한 동서 항로를 선택했지만, 갓 만들어진 우리 배는 북태평양 횡단에 나선 참이었다.

날이 지날수록 배의 흔들림이 심해지자 학생들은 울렁거리는 속을 달래느라 멀미약을 사탕처럼 먹었다. 우리는 비틀비틀 흔들리며 이 수업에서 저 수업으로 옮겨 다녔고, 이제 갑판을 제대로 걸을 수 있다는 둥 썰렁한 농담을 주고받았다. 식사 도중에 접시가 식탁 위에서 미끄러지면 들까불며 웃었다. 이건 모험이었다. 우리는 강력한 쌍발 엔진이 장착된 2,400톤급 선박에 탑승한 650명의 대학생이었다. 우리는 천하무적이었다.

텔레비전도 없었고 인터넷은 비싸고 느렸기 때문에 밤마다 놀 거리를 찾았다. 론리 플래닛 여행서 시리즈도 읽고, 모노폴리나 스크래블처럼 어렸을 때 즐겼던 보드게임도 하고, 기타리스트와 신을 주제로 몇 시간 동안 토론도 벌였다.

하루하루 폭풍이 점점 더 심해졌지만 우리는 배의 수장으로, 남부 억양을 쓰는 백발의 버즈 선장을 철석같이 믿었다. 버즈 선장이 지시를 내리면 귀담아들었다. 그래서 점점 위세를 더해가는 폭풍을 뚫고 지나가도 배는 끄떡없을 거라고 장담했을 때, 우리는 그의 말을 믿었다.

버즈 선장은 날마다 날씨와 배의 좌표를 알려주었다. 구글 맵이 아직 일상화되기 전이라 학생들은 나중에 실제 지도를 보면서 배의 위치를 파악하려고 현재 위도와 경도를 열심히 받아 적었다. 오후가 되면 학생들의 생활을 총괄한다고 알려졌으나 아직 한 번도 만나보지 못한 관리자가 버즈 선장과 함께 선내방송으로 이동 상황과 배에서 벌어진 일들을 알려주었다. 심야 라디오 진행자처럼 말투가 워낙 다정해서 우리는 그를 '그 목소리'라고 부르기 시작했다. 집중해달라는 의미의 요란한 신호음이 딩동 하고 울리고 나면 그 목소리가 온 배에 울려 퍼졌다.

"안녕하세요. 오후 공지사항을 말씀드리겠습니다." 그가 노래하듯 읊조리면 마치 "여러분은 지금 음악을 늘리고 토크를 줄인 그 목소리를 듣고 계십니다"라고 말하는 것 같은 착각에 젖었고, 버즈 선장과 그 목소리가 걱정하지 않는 한 우리도 아무 걱정이 없었다.

거의 2주에 걸쳐 바다가 점점 거칠어지는 동안 우리는 달가닥거리는 식기와 미끄러지는 의자를 견뎠다. 바다로 나선 지 13일째 되던 날 일출 직전, 내가 앰비언을 먹고 깊은 잠에 취해 있었을 때 우리 배는 알래스카 해안으로부터 약 1130킬로미터 떨어진 지점에서 세 개의 대규모 폭풍 전선 속으로 진입했다. 내가 일어난 직후에 스피커가 지직거리는 소리와 함께 그 목소리가 들렸다.

딩동.

"안녕하십니까." 그 목소리는 밤새 한잠도 못 잔 것처럼 들렸다. "현재 악천후를 만난 관계로 전원 구명조끼를 착용하고 선실을 지키기 바랍니다. 파고가 워낙 높은 상황이라 모든 승객의 안전을 확보하기 위한 예방 차원에서 취하는 조치입니다. 다시 한번 반복합니다. 전원 구명조끼를 착용하고 선실을 지키기 바랍니다."

재릿과 나는 서로 쳐다보며 불안한 미소를 지었고, 옷장을 뒤져서 형광색의 투박한 구명조끼를 찾았다. 밴쿠버를 떠나던 날, 모든 학생들은 응급상황 시 모이게 될 지정된 '집결지'에서 모의 훈련을 받았다. 그때 선박 외벽에 걸린 구명보트에 승선하는 연습도 했다. 우리는 구명조끼를 입고 의연하게 항해 첫날을 보내는 척, 깜빡이는 구명보트 조명을 켜고 서로 옆구리를 찌르며 장난을 쳤다. 1학년으로 다시 돌아간 것 같은 기분이었고, 교관이 전하는 지시사항에 아무도 별 관심을 기울이지 않았다.

이번에는 모의 훈련이 아니었는데도 다들 지시사항을 심각하게 여기지 않았다. 재릿과 나는 구명조끼를 입자마자 매트리스 위에 서서 현창 너머로 점점 높아져만 가는 파도를 구경했다. 주 박람회장에서 날뛰는 야생마 위에 걸터앉은 카우보이처럼 한 시간 동안 배와 함께 파도타기를 했을 때 배 전체가 흔들리는 느낌이 전해졌다.

"무슨 일이 생겼나봐." 재릿이 말했다.

우리는 그때 몰랐지만, 세 개의 폭풍이 한데 힘을 모아서 만들어낸

18미터 높이의 무시무시한 파도가 우리 배를 향해 무서운 속도로 달려오고 있었다. 그 파도가 우리 배를 정면으로 강타한 것이었다. 물벼락이 뱃머리를 타고 넘어오자 선교에 달린 방탄 유리창이 산산조각나면서 제1전력장치가 물에 잠겼다. 이어 얼음처럼 차가운 물이 전자 제어판에 합선을 일으키자 엔진이 죽고 항해장비의 전원이 꺼졌다.

딩동.

그 목소리는 방금 전에 마라톤을 완주한 사람처럼 들렸다. 중간마다 숨을 헐떡이며 긴급 공지사항을 전했다.

"신사숙녀 여러분. 5층보다 높은 곳으로 대피하세요! 엘리베이터는 이용을 삼가해주십시오. 계단 이용 시에는 여성과 어린이들을 도와주시기 바랍니다. 구명조끼를 착용하고 지금 당장 집결지로 이동하세요!"

묵직한 깨달음이 내 가슴을 강타하자 나는 숨을 한 번 터뜨렸다. 위액이 목젖까지 치밀어올랐고, 다리가 후들거렸고, 일어날 기운조차 없었다.

응급훈련 때 들은 기억으로는 대롱대롱 매달린 구명보트가 유일한 탈출수단이었다. 그런데 모든 상황을 감안했을 때 밖으로 나가서 구명보트에 탑승할 방법이 없었고, 이런 폭풍 속에서는 운 좋게 고무보트에 탄다고 해도 당장 뒤집힐 게 뻔했다.

오늘 죽겠구나.

이런 생각이 들었다. 앞으로 두 시간 내로 이 얼음물 속에서 익사하겠구나. 나는 나락으로 떨어지고 있었다. 어떻게 이럴 수가 있을까?

이 배가 분명 가라앉을 텐데 나는 막을 방법이 없다. 이런 생각이 들면서 내 안에서 공포가 점점 자라나는 것이 느껴졌다. 하지만 이유가 뭔가요? 제가 세상에 태어난 이유가 그러기 위해서인가요? 바다 한가운데서 죽기 위해서? 눈을 감고 내가 늘 기도를 드리는 높으신 그분께 이렇게 묻자 문득 평정심이 파도처럼 밀려왔다.

나는 아직은 죽을 때가 아니라고 100퍼센트 장담할 수 있었다. 지금까지 그런 느낌은 처음이었다. 꽁꽁 얼어붙은 바다 속으로 이렇게 사라질 운명이 아니라 사는 동안 할 일이 많이 남았다는 완벽한 깨달음이 퍼뜩 나를 찾아왔다. '바다에서 비명횡사한 21세 청년'은 내 이야기가 아니었다. 촛불을 켜고 철야 예배를 드리거나 내 이름으로 장학기금이 마련되거나 하는 일은 없을 것이다. 내 존재 이유가 무엇인지 꼭 집어서 말할 수는 없었지만, 그것이 무엇이든 나에게는 존재 이유가 있었고 그것이 아직 충족되지 않았다는 강한 깨달음이 왔다. 그러자 '이렇게 죽겠구나' 하고 생각했던 것도 잠시, 이제는 살 수 있다는 확신이 생겼다.

방법만 알아내면 되는 문제였다.

나는 다시 현창을 내다보며 상황을 파악했다. 이곳은 육지에서 거의 1,130킬로미터나 떨어진 북태평양 해상이었고 겨울인데다 우리 배는 부딪치는 파도에 미친 듯이 요동치고 있었다. 저체온증은 기정사실이라 할 수 있었는데, 응급훈련 때 들은 몇 가지 요령 중에 피신해야 하는 상황이 되면 따뜻한 긴소매 옷을 입으라고 했던 게 생각났다. 나는 우선 브라운대학교 농구부 트레이닝 바지와 모자가 달린 트레이닝 스웨터를 입었다. 바로 그때 내 친구 데이브와 리드가 우리 선실로 뛰어들어왔다.

데이브는 목사의 아들답게 아주, 아주 독실한 친구였다. 텍사스 토박이인 리드는 진정한 남부 신사였다. 그리고 재릿은 오클라호마 주 스틸워터에 사는, 거듭난 기독교도였다. 그러니까 내가 사귄 새로운 형제들은 하나같이 구식이고 기사도 정신이 투철했다.

"밖에서 집단 히스테리가 벌어지고 있어. 다들 동그랗게 모여서 기도를 하고, 우리가 죽을 거라고 생각해." 리드가 말했다. 그와 데이브는 무슨 일이 벌어지건 간에 우리가 강력하게 앞장서서 다른 승객들을 5층과 6층으로 올려 보내야 한다고 다그쳤다.

"아무리 상황이 나빠져도 우리 넷은 절대 평정심을 잃지 말고 상황을 타개할 수 있다는 자신감을 보여야 해." 리드가 말했다. "사람들이 우리를 의지할 테니까 어떤 상황에서도 흔들림 없는 표정을 유지하도록 해."

나는 복도에서 벌어진 광란의 현장을 맞닥뜨리기에 앞서 얇은 긴소매 폴라플리스와 딱 한 벌 챙긴 옅은 카키색 바지로 갈아입었다. 살고 싶으면 헤엄을 쳐야 할 것이었다. 그리고 헤엄을 치려면 물을 잘 빨아들이는 무거운 트레이닝복은 안 될 말씀이었다.

나는 거울을 똑바로 들여다보며 가슴에 새긴 문신이 보이도록 셔츠를 들추었다. 2년 전에 '나는 믿습니다'라는 뜻의 히브리어 '아니 마아민Ani Ma'amin'을 날마다 거울을 마주하면 똑바로 보이도록 심장 바로 위에 좌우 반대로 새겼다. 이승에서 올바르게 살면 저승에서 구원을 받을 수 있다는 기도문의 처음 두 단어가 아니 마아민이다. 믿음의 힘이 있으면 가장 암울한 상황도 헤쳐나갈 수 있음을 믿는다는 뜻에서 새긴 문신이었는데, 지금은 그 믿음이 정말로 유일한 생명줄이었다.

아니 마아민. 나는 두 단어를 중얼거리며 위에서 나를 지켜보는 이들에게 기도를 드린 뒤 광란의 현장을 마주하러 밖으로 나갔다.

배가 더욱 심하게 흔들리는 가운데 나는 리드, 재릿, 데이브와 함께 집결지에서 모든 승객들이 위층으로 올라갈 수 있도록 거들었다. 전부 다 안전하게 위로 대피하자 나도 6층의 밀폐구역으로 올라가서 엘리베이터를 등지고 앉았다. 위아래로 요동치는 배에서 조금이라도 더 잘 버틸 수 있도록 학생들이 둘씩 짝을 지어 서로 힘껏 끌어안기 시작했다. 나도 재릿과 리드의 곁에 바짝 붙어서 옆에 앉아 있던 여학생과 팔짱을 꼈다. 내 왼쪽에서는 익스플로러 호와 몇 년 동안 함께 한 40대 중반의 승무원이 한 손에는 성경을, 다른 손에는 염주를 움켜쥔 채 최면에 걸린 듯 몸을 앞뒤로 흔들며 눈물을 흘렸다. 저 사람이 저 정도로 겁에 질렸다면 정말 심각한 거잖아. 나는 눈을 감고 가슴에 새긴 글자를 문질렀다.

딩동.

버즈 선장이었다. 그는 선원들이 엔진을 다시 살려내기 위해 제어장치를 복구하는 동안 폭풍을 견뎌달라고 했다. 해안 경비대에 조난 신호를 보내서 구조대가 출동했다는 이야기는 하지 않았다.

추가 지시를 기다리는 동안 사람들의 울음과 기도와 비명소리는 계속됐다. 나는 식당 바깥쪽에 자리를 잡았다. 학생들은 바닥을 구르지 않도록 기둥이나 난간이나 옆 사람을 붙잡고서 배가 완전히 뒤집히지 않기만을 바랐다. 우리 몸이 수면과 사실상 수평을 이룰 때까지 배가 이쪽으로 기울었다 다시 저쪽으로 기울었고, 포크와 나이프, 깨진 그릇들이 끼익 하고 불길한 소리를 내며 식당을 가로질렀다. 폭풍우가 몰아치는 바다 앞에서 우리가 속수무책이라는 사실과 이쪽저쪽으로 기울 때마다 물 아니면 구름으로 가득 메워지는 현창을 바라보는 것, 둘 중에서 어느 쪽이 더 끔찍했는지 나는 잘 모르겠다.

몇 시간쯤 지났을 때 몇몇 학생들이 어떻게 하면 이 죽음의 덫에서 벗어날 수 있을지 고민해보기로 했다. 그러자면 대빗에 매달려 있는 구명보트를 내려야 하는데 그게 바깥에 있었다. 나무 문을 지나면 튼튼한 난간이 달린 3미터 너비의 통로가 나왔다. 서로 단단히 붙잡으면 구명보트로 접근할 수 있을까? 누군가가 한번 해보자고 했다. 한 승무원이 끼이익 소리를 내며 문을 움직이자 휘몰아치는 바람에 문이 밀려 활짝 열렸다.

"문 닫아요! 문 닫아요!" 학생들이 비명을 질렀다.

배가 한쪽으로 기우는 와중에 벌어진 일이었다. 우리는 가파른 경사를 그리며 허공으로 솟았다. 발밑에 매달린 열린 문이 죽음의 바다를 향해 벌린 커다란 입처럼 보였다. 학생들이 문 쪽으로 미끄러지기 시작했다. 만의 하나 떨어지기라도 했다가는 얼음처럼 차가운 바닷물 속으로 빠질 것이었다. 비명소리가 점점 더 커졌다.

우리는 떨어지지 않도록 서로 꼭 붙잡았고, 익스플로러 호가 반대 방향으로 기울자 한 승무원이 손잡이를 잡고 겨우 문을 닫았다. 우리는 기진맥진한 채 쓰러졌다.

몇 시간이 지나자 배의 흔들림도 가라앉았고 버즈 선장이 제1엔진을 살려냈다. 다섯 시간이 지나자 제2엔진도 작동하기 시작했다. 엔진들이 부릉부릉 소리를 내지는 않았지만, 흔들리고 떨리기만 해도 엄청난 발전이었다. 우리는 점점 낙관적으로 바뀌었다. 승무원들이 저녁으로 롤빵을 나누어주기 시작했고, 하루 묵은 빵이 위장과 지친 신경을 달래는 데 도움이 됐다. 구명조끼를 입은 지 일곱 시간이 지났을 때 드디어 그 목소리가 되돌아왔다.

딩동.

"신사 숙녀 여러분, 이제 선실로 돌아가셔도 됩니다. 오늘 벌어진 사태의 처리 방안을 모색하는 동안 기다려주시면 감사하겠습니다. 선박이 심각한 손상을 입었으므로 깨진 유리를 조심하시고 이후에 전해드리는 공지사항에 귀를 기울여주시기 바랍니다."

나는 선실로 돌아가는 길에 폭풍의 잔해를 둘러보며 놀라움과 불안감을 금치 못했다. 한때 프로머스 여행서 시리즈와 세계지도가 꽂혀 있었던 책꽂이들은 안이 텅 비었거나 두 동강이 나 있었다. 식탁들은 산산이 부서졌고 삐죽빼죽한 유리조각들이 바닥을 덮었다. 대연회실에 있었던 역사적인 그랜드피아노는 뒤집혀서 박살이 났다.

충격을 받은 학생들이 자기 선실의 기물을 파괴하고 버즈 선장의 사임을 요구하며 선상 대학 프로그램을 집어치우라고 집단으로 폭동을 일으키는 광경이 언뜻 내 머릿속을 스치고 지나갔다. 하지만 그 날의 사태로 우리는 오히려 한결 가까워졌다. 역경은 사람들을 흐트러뜨리기보다 한데 묶는 경우가 더 많다.

그 후로 24시간 동안 어느 누구도 폭풍에 대해 떠들지 않았다. 모두들 말없이 자기 성찰에 돌입했다. 누가 울음을 터뜨리면 옆에서 하던 일을 멈추고 달래주었다. 몇몇 학생들은 조용히 자발적인 조직을 결성해 도서관을 복구하고 깨진 유리조각들을 치웠다. 또 몇몇은 일기를 쓰거나 위성전화로 부모님에게 연락해 무사하다는 소식을 전했다. 다음 날, 보드게임을 하고 있는 두 친구 옆을 지나가는데 앞에 가던 친구가 이렇게 말하는 소리가 들렸다. "너희들 지금 장난해? 전함 게임하는 거야? 진짜?" 나는 몇 주 만에 처음으로 배를 잡고 웃었다. 걱정을 떨쳐버릴 수 있어서 정말 다행이었다.

며칠 뒤에 우리는 하와이의 호놀룰루에 정박했다. 엔진이 너무 심하게 망가져서 원래 목적지인 한국까지 갈 수 없었기 때문이었다. 나는 육지에 내리자마자 무릎을 꿇고 뜨끈뜨끈한 인도에 입을 맞추었다. 손을 흔드는 가족들과 얼굴을 환히 빛내는 훌라 댄서들의 모습에 심장이 뛰었다. 나는 안전했다.

하지만 이제 내게는 존재이유가 있다는 것을 깨달았기에 나는 이전과 달라졌다. 엄청난 재난을 거치면서 나의 존재 이유가 명확해졌다. 죽을지 모르는 상황과 맞닥뜨렸을 때 내 안 깊숙한 곳에서 무언가가 반기를 들고 나섰다. 내가 살아가는 데는 이유가 있었다. 익스플로러 호가 저 멀리서 까닥거리는 가운데, 나는 이번에는 감사의 뜻을 담아서 가슴에 새긴 문신을 다시 문질렀다. 익스플로러 호는 만신창이가 되었지만 그래도 가라앉지는 않았다.

PENCILS OF PROMISE

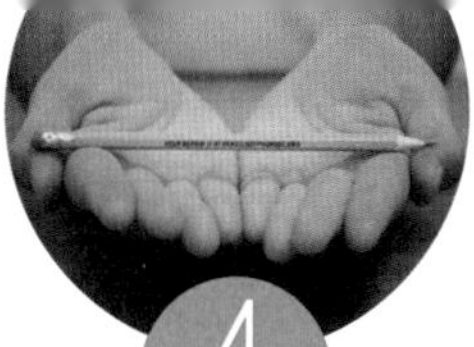

4

모든 연필에는 약속이 담겨져 있다

선상 대학 프로그램 경영 본부 관리 조직의 눈부신 활약 덕분에 우리는 익스플로러 호를 수리하는 동안 프로그램을 중단하지 않고 계속 진행할 수 있었다. 여러 호텔과 게스트하우스 신세를 지며 이 기착지에서 저 기착지로 여행하는 동안 많은 학생들이 각 나라의 기념품을 수집했다. 몇몇은 도시 이름이 그 나라 언어로 새겨진 작은 유리잔을 모았다. 또 몇몇은 모자를 사거나 맥주병을 한 개씩 챙겼다. 유명한 랜드마크 앞에 비니 베이비스 곰 인형을 놓고 사진을 찍은 친구들도 있었다. 다들 대학생답게 자기가 거쳐 간 곳을 기록하고 거기서 얻은 무언가를 기억하는 데 쓸 만한 잡동사니들을 찾았다.

하지만 나는 싸구려 기념품을 사고 싶지 않았고, 나중에 옛 추억을 떠올리며 애지중지 간직할 만한 물건을 수집하고 싶지도 않았다. 대신 배를 타기 전부터 내심 생각한 것이 있었다. 나는 여행하는 나라마다 한 아이씩 붙잡고 "온 세상을 통틀어서 뭐든 가질 수 있다면 뭘 제일 갖고 싶니?"라고 물을 작정이었다. 그러면 어느 나라에 가든 적어도 한 아이하고라도 친해지는 계기를 마련할 수 있을 거라고 생각했다. 나는 아이들에게 직접 대답을 적게 하고, 집으로 돌아갔을 때 그 대답을 가지고 지도를 만들 생각이었다. "평면 텔레비전"이나 "아이팟" 아니면 "초고속 자동차", 이런 대답을 아이들에게서 듣게 될 것 같았다. 내가 어렸을 때 가지고 싶었던 물건들 — 최신 장난감, 반짝이는 자동차, 넓은 새 집 — 과 비슷하지 않을까 싶었다.

하와이에서 귀엽게 생긴 여자아이가 다가와서 친구를 하자고 하기에 나는 당장 좋다고 했다. "하지만 먼저 아주 중요한 질문을 하나 할게." 내가 말했다. "온 세상을 통틀어서 뭐든 가질 수 있다면 뭘 제일 갖고 싶니?"

아이는 한 손가락을 턱에 대고 흘끗 자기 엄마 쪽을 쳐다보며 눈치를 살폈다. "춤추는 거요." 아이는 자신 있게 고개를 끄덕이며 대답했다.

나는 웃음을 터뜨렸다. "아니, 그게 아니라 이 세상을 통틀어서 뭐든 마음대로 가질 수 있다면 그게 뭐겠느냐고."

아이는 그제야 내 질문을 제대로 이해하고 미소를 지었다. "춤추는 거요!" 아이는 재미있어 하며 똑같은 대답을 했다.

"와, 멋진데?" 나는 활짝 웃으면서 답했다. 아이의 솔직한 대답은 듣는 이를 무방비 상태로 만드는 힘이 있었다. 나도 그때까지 살면서 가장 행복했던 순간들을 돌이켜보니 아무 거리낌 없이 춤을 추던 기억과 연관이 있는 경우가 많았다. 처음으로 관람한 마이클 잭슨 콘서트, 우리 아버지의 마흔 번째 깜짝 생일 파티, 해마다 열렸던 동창회 댄스파티, 리스트가 끝도 없었다. 가장 순수한 즐거움은 누구나 누릴 수 있고 사회적 지위나 인지도, 물질적인 욕망과는 아무 상관이 없다. 여행 도중에 만난 사람들의 때 묻지 않은 시각을 통해 많은 것을 배울 수 있음이 분명했기에 나는 앞으로 남은 여행 기간 동안 해답을 제시하려고 애를 쓰기보다 질문을 하는 데 더 많은 시간을 할애하기로 마음먹었다. 열심히 귀를 기울일 줄 아는 것이야말로 끝없이 말을 하는 것보다 훨씬 소중한 능력이다.

베이징에 갔을 때는 자금성 입구에서 만난 여자아이에게 이 세상에서 가장 갖고 싶은 게 무엇이냐고 물었더니 아이는 "책"이라고 대답했다.

"진짜? 뭐든 되는데?" 나는 다시 한번 물었다.

"책이요."

아이의 엄마가 말하길 아이가 학교를 좋아하는데 자기 책이 한 권도 없다고 했다. 내가 날마다 당연하게 여겼던 것이 이 아이에게는 간절한 소망이었던 것이다.

홍콩의 주룽반도에서는 어린 남자아이를 붙잡고 갖고 싶은 게 뭐냐고 물었다. 아이의 형이 내 질문을 중국어로 옮겨주고 나서 동생의 대답을 다시 영어로 옮겨주었다. "마법이래요."

베트남의 메콩 강가에서는 낯을 가리는 여섯 살짜리 여자아이에게 가장 가지고 싶은 게 뭐냐고 물었다. 아이는 갈색 진창길을 내려다보며 조용히 말했다. "우리 엄마가 건강했으면 좋겠어요. 엄마가 아파서 종일 누워 있는데 엄마 손을 잡고 학교에 가고 싶어요."

여행을 시작한 지 30일이 지났다. 일어나보니 시뻘겋게 이글거리는 태양이 인도의 첸나이 항 너머로 떠오르고 있었다. 나는 어서 빨리 바라나시에 가고 싶은 생각뿐이었다.

바라나시를 흐르는 갠지스 강은 세계에서 가장 지저분한 강으로 꼽히지만 — 산업폐기물과 분뇨로 심각하게 오염됐다 — 가장 성스러운 강이기도 하다. 나는 〈바라카〉의 그 장면을 접한 이래 갠지스 강의 강둑을 따라 걷고 싶었고, 엄청난 파도를 겪고 났더니 그런 마음이 더욱 커졌다. 우리가 목숨을 부지할 수 있을지 확신할 수 없었던 몇 시간 동안 나는 그 어느 때보다 열심히 기도했다. 그러자 내게는 할 일이 남았다는 생각 — 존재 이유가 있다는 생각 — 이 점점 더 강해졌다. 이제는 그게 정확히 뭔지만 알아내면 되는 것이었다. 힌두교에서 가장 성스러운 물줄기이자 전 세계를 통틀어 가장 경건한 곳으로 꼽히는 갠지스 강에서 어쩌면 해답을 찾을 수 있을지 몰랐다.

인도에서 보낸 첫날밤, 나는 엄청난 고열에 시달렸다. 다음 날 아침

공항에 도착했을 때 온 몸이 식은땀 범벅이었고 체온이 39.4도에 달했다. 내가 얼마나 아픈지 남들이 알아차리면 여행을 못하게 만류할까봐 보안 검색대 앞에서 다른 친구들을 앞세우고 그동안 기운을 추슬렀다. 무거운 배낭까지 메고 있어서 눈앞이 부옜고 금속 탐지기를 통과할 차례가 되어서 발을 떼자 다리가 휘청거렸다.

잠시 후 정신을 차리고 보니, 내가 반듯하게 누워서 고함을 지르는 인도 보안요원들을 올려다보고 있었다. 기절한 것이었다. 보안요원 둘이 팔을 한쪽씩 붙잡고 나를 일으켜 세웠다. 나는 정신이 오락가락해서 그들이 나를 유치장으로 끌고 가는 줄 알았다. 그런데 그게 아니라 내 배낭을 벗겨서 엑스레이 벨트 위에 놓고 나를 부축해서 금속 탐지기를 통과하게 했다. 내가 무사히 통과하자 그들은 배낭을 내 어깨에 메어주고 손가락으로 탑승구를 가리켰다.

탑승구에 도착하자 한 친구가 다가와서 큰 소리로 외쳤다. "어디 갔었어? 다들 너를 찾느라 온 사방을 뒤졌잖아. 그런데 얼굴이 왜 그래? 귀신 같아. 땀으로 셔츠가 다 젖었네?"

나는 그에게 방금 전에 기절했다고 털어놓았다. 그러고는 "아무한테도 알리지 말아줘" 하고 애원했다. 그 무엇도 바라나시로 가는 길을 막을 수 없었다. 나는 너무 아파서 바라나시에 도착하면 갠지스 강물에 몸을 씻기로 마음먹었다. 이보다 더 안 좋을 수가 없는 상황이라 오직 성수만이 도움이 될 수 있을 것 같았다.

그 뒤로 며칠에 걸쳐 열이 조금씩 가라앉았다. 밤이 되어서 아그라

시 외곽의 기차역에 갔을 때 난생 처음 접하는 놀라운 광경이 나를 맞이했다. 머리끝에서부터 발끝까지 먼지를 뒤집어쓴 수많은 아이들이 맨발로 돈과 음식을 구걸하고 있었던 것이다. 믿기지 않을 만큼 많은 어린아이들이 혼자 돌아다녔다. 생후 6개월 된 동생을 안고 구걸하는 네 살짜리도 있었다. 아이들 얼굴에 새겨진 고통의 흔적이 폐부를 찔렀다.

우리는 구걸하는 아이들에게 돈을 주면 폭력 조직의 말 잘 듣는 일꾼으로 전락해 길거리로 내몰리고 그 악순환에서 영원히 벗어나지 못한다고 사전에 경고를 받았다. 몇 명이서 아이들에게 먹을거리를 사주었지만, 그래도 속수무책으로 맥이 빠지는 기분은 어쩔 수 없었다. 어떤 식으로 도와주면 좋을지 알 수가 없었다. 나는 뜬눈으로 밤을 지새우며 그날의 광경을 곱씹었다.

다음 날 아침, 우리는 아그라 성을 보러 갔다. 아그라 성은 타지마할이 보이는 붉은 색의 아름다운 사원이다. 하지만 나는 주변의 건축물에 집중할 수가 없었다. 길거리에서 구걸하던 아이들만 계속 생각났다. 나는 그중 한 명에게 물어보기로 마음먹었다. 그 아이들은 정말이지 가진 게 아무것도 없었다. 만약 뭐든 가질 수 있다면 뭘 제일 갖고 싶어 할까?

나는 일행들에게서 떨어져 나와 길거리로 되돌아갔다. 거기에서 어젯밤에 구걸을 하던 커다란 갈색 눈의 어린 남자아이를 발견했다. 내가 혼자 앉아 있는 아이에게 말을 걸려고 다가가자 한 남자가 와서 통역을 해주었다. 각 나라마다 한 아이씩 붙잡고 온 세상을 통틀어서 뭐든 가질 수 있다면 뭘 제일 갖고 싶으냐고 묻고 있는데 이 아이는 뭘 갖고 싶어 할지 궁금하다고 물었다. 아이는 잠깐 고민하더니 딱 잘라 대답했다.

"연필이오."

"정말?" 나는 믿기지 않았다. 가족도 없고 아무것도 없는데, 그렇게 단순한 걸 가지고 싶어 하다니.

사람들이 몇 명 더 다가와서 끼어들었다. 아이를 다그쳤다. "뭐든 된다잖아. 저 사람이 줄 수도 있어!"

내 배낭 안에 노란색 HB 연필이 들어 있었다. 나는 연필을 꺼내 아이에게 건넸다.

연필이 아이의 손으로 건네진 순간, 아이의 얼굴이 환하게 빛났다. 아이는 다이아몬드라도 되는 것처럼 연필을 쳐다보았다. 사람들이 말하길 그 아이는 학교에 다닌 적이 없지만 다른 아이들이 연필을 잡고 글을 쓰는 걸 보았다고 했다. 한 번도 학교에 다닌 적이 없다니 나로서는 충격이었다. 하지만 잠시 후, 그것이 전 세계 수많은 아이들의 현실이라는 생각이 들었다. 연필처럼 사소한 물건이, 교육의 기초라 할 수 있는 그것이 아이의 잠재력을 자극하는 계기가 될 수 있을까?

나에게 연필은 필기도구였지만, 그 아이에게 연필은 열쇠였다. 하나의 상징이었다. 창의력, 호기심, 가능성으로 향하는 문이었다. 위대한 발명가, 건축가, 과학자, 수학자들은 모두 어렸을 때 연필 한 자루에서 출발했다. 나무와 흑연으로 이루어진 그 막대를 가지고, 그게 없었다

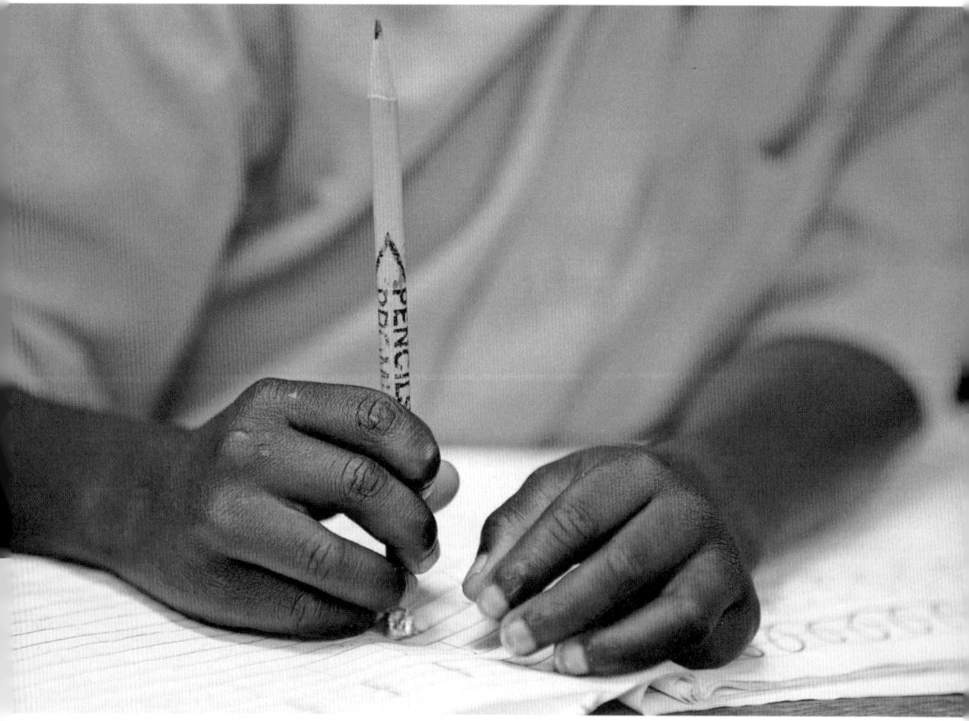
PENCILS

면 접근할 방법이 없었을 내면의 세계를 탐험했다.

그때까지만 해도 나는 내가 세상을 바꾸기에 너무 어린 나이라고 생각했다. 주변에서 말하길 자선단체에 거금을 기부할 능력이 없으면 누군가의 인생을 바꿀 수 없는 거라고 했다. 하지만 한 아이에게 연필 한 자루를 선물하는 사소한 행동으로 인해 그런 고정관념이 산산이 부서졌다. 집채만 한 파도도 처음에는 잔물결에서 시작하는 법이다. 이게 딱 내 스타일이네. 나는 생각했다. 앞으로는 돈을 주거나 아예 모르는 척하지 말고 가는 곳마다 아이들에게 연필과 볼펜을 나눠주어야겠다.

다음 날, 우리는 닷새 일정으로 여행을 온 수십 명의 다른 학생들과 인솔자 자격으로 따라온 50, 60대의 교수들과 함께 바라나시로 향했다. 우리가 바라나시에 도착했을 때는 힌두교에서 섬기는 '변신의 신' 시바를 기리는 시브라트리 축제가 열리고 있었다. 이 성스러운 행사를 위해 수십만 명이 바라나시를 찾았다. 우리는 다음 날 아침에 일출 투어를 하면서 갠지스 강에서 시신을 태우는 화장식을 구경하기로 했다. 무척 독실한 신자였던 현지 가이드 바나이는 갠지스 강변에서 시신을 화장하면 죽은 뒤에 열반에 오를 수 있다고 설명해주었다. 그런데 화장하려면 돈이 많이 들어서 금전적 여유가 없는 가난한 사람들은 종종 사랑하는 이의 시신을 천으로 싸서 강물에 흘려보낸다고 했다. 다음 날이면 우리도 이 모든 광경을 볼 수 있었다.

전날 먼저 다녀간 일행들이 촛불이 은은하게 비추는 강변을 담은 아름다운 사진들을 보내주었지만, 나는 카메라 뒤에서 경험하는 데 만족하고 싶지 않았다. 직접 뛰어들고 싶었다. 인도 사람들처럼 강물 속에 몸을 담그고 싶었다.

나는 바나이에게 물었다. "강물이 얼마나 더러워요?"

"생물학적으로는 정말 더럽죠." 그가 말했다. "하지만 성스럽다고, 신이 내린 물이라고 믿는다면 신이 나를 해칠 리 없지 않겠어요?"

바나이는 손을 뻗더니 강물을 떠서 한 모금 마셨다. 같은 배에 타고 있던 사람들이 여기저기서 입을 떡 하고 벌렸다. 나는 속으로 활짝 웃었다. 나와 비슷한 영혼을 만난 것이었다.

나는 그날 저녁을 먹는 자리에서 다음 날 일출 투어 때 갠지스 강에 들어갈 생각이라고 몇몇 친구들에게 조용히 알렸다. 소문이 금세 퍼졌고 한 인솔자가 나를 찾아왔다. "절대 허락할 수 없다." 그가 말했다. "물 속에 들어갔다가는 심각한 병에 걸릴 테고 어쩌면 기생충에 감염되어서 죽을 수도 있어. 절대 들어가면 안 돼."

나는 그에게 조언은 감사하지만 판단은 내가 내리겠다고 말했다.

다음 날 아침에 나는 적절한 때가 되면 강물 속으로 뛰어들 수 있도록 청바지 안에 반바지를 입었다. 어제 그 인솔자와 다시 맞닥뜨리자 그는 이렇게 말했다. "물 속에 들어갔다 나오면 버스에 태우지 않겠다." 역시 교수인 그의 아내도 맞장구를 쳤다. "위험해. 물에 들어갔다가 아프기라도 하면, 그럴 게 뻔하다만, 너를 두고 갈 거야." "이런 건방진 말씀을 해서 죄송하지만, 두 분이 제 부모님도 아니잖아요." 나는 딱 잘라 말했다.

버스를 타기 전에 바나이가 내게 다가왔다. "다들 걱정하고 있어요. 물 속에 들어가고 싶어 한다면서요. 왜요?"

"세상에서 가장 성스러운 물이잖아요." 나는 고장난 테이프가 된 것 같은 심정이었다. "신과 가장 가깝다고 하는 곳에서 기도하고 명상하고 싶어요. 내가 힌두교도는 아닐지 몰라도 모두 다 그렇게 열심히 기도하는 곳이 성지라고 믿거든요."

그가 내 어깨에 손을 얹었다. "아주 훌륭해요. 하지만 뛰어들지는 마요…… 투어가 끝난 뒤에 어디로 들어가면 좋을지 내가 알려줄 테니까."

나는 심장이 두근거렸다. 동지가 생긴 것이었다.

일출 투어 때 보니 남녀노소가 강물에 몸을 담그고 있었다. 어떤 사람은 물 위에 몸을 띄운 채로 명상을 했고, 어떤 사람은 아이들에게 아침 의식을 가르쳤다.

다시 강변으로 돌아와서 다른 일행들이 주변 건물을 촬영하고 있을 때 바나이가 내게 고개를 끄덕이더니 물 속으로 연결된 계단을 가리켰다. 나는 살금살금 옆쪽으로 걸어가서 청바지를 벗었다. 그런 다음 강둑을 지나 물 속으로 들어갔다. 온 몸을 담근 뒤 충동적으로 고개를 넣고 입을 벌려, 목욕할 때나 수영할 때 하던 것처럼 벌컥벌컥 쏟아져 들어오는 물을 머금었다. 그런 다음 일어나서 이 세상에서 가장 성스러운 — 그리고 생물학적으로는 가장 더러운 — 물을 마신 게 실수인지 아닌지 따져보지도 않고 도로 뱉었다. 이제는 돌이킬 수 없었다.

나는 다시 어깨까지 물 속에 담그고 눈을 감은 채 기도문을 외웠다.

10분 뒤에 내가 물에서 나오자 짙은 노란색 옷을 입고 폭포처럼 쏟아지는 백발에 주황색 터번을 감은 나이 많은 사제가 큰 소리로 내게 물었다. “갠지스 강에 왜 들어가오?”

내가 들어간 이유를 설명하자 그는 내 손을 잡았다. 그러더니 밝은 빨간색과 노란색이 섞인 실 뭉치를 꺼내 내 손목에 실을 두 번 돌려서 묶어주었다. 그는 눈을 감고 나를 지켜달라는 기도문을 읊조린 뒤 그것이 바라나시의 성스러운 끈이라고 알려주었다.

인도 남자아이들 몇 명이 우리 주변으로 몰려들었다. 함께 몇 블록을 걷고 헤어지는 순간이 되었을 때 아이들이 돈을 구걸했다. 나는 돈 대신 주머니에서 연필을 몇 자루 꺼내 아이들에게 한 자루씩 나누어 주었다. 당장 변화가 나타났다. 아이들이 어느 상점주인에게 받은 종이에 그림을 그리고 글자를 적어서 남들에게 보여주었다. 새로운 해방감과 독립심을 느낀 것이다. 그렇게 작은 선물이 가진 게 아무것도 없는 아이들에게 가능성과 경이로움과 유대감을 심어줄 수 있다니 가슴이 뭉클했다. 내 머릿속에서 여러 생각들이 부글부글 일었지만 나는 너무 흥분하지 말자고 마음을 다잡았다. 하지만 아무리 애를 써도 연필을 쥐고 있던 그 아이들의 모습이 지워지질 않았다.

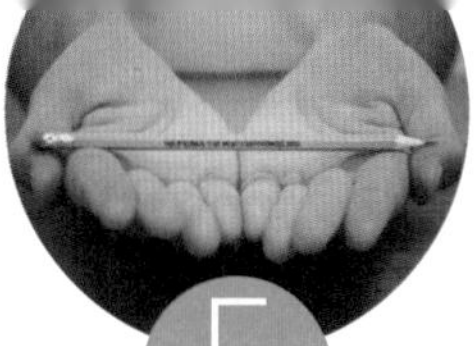

5

사소하지만 남들에게는 커다랗게 느껴질 수 있는 일을 하라

인도를 떠난 우리는 케냐 마사이마라의 광활한 평원과 남아프리카의 흑인 거주 지구를 거쳐 이제는 너무 커져버린 브라질의 빈민 지역을 둘러보았다. 나는 가이드를 따라서 유명한 유적지를 돌아다니기보다 내 또래의 현지인을 사귀어서 그 친구의 마을에 묵는 방법을 택했다. 그렇게 하면 남들이 다니는 길에서 훌쩍 벗어나 시골 마을이 어떤 식으로 돌아가는지 그 속내를 들여다볼 수 있었다. 나는 다른 사람들은 어떻게 사는지 알아보는 데 집착하게 되었고 다른 이들을 돕고 싶은 마음에 몸이 달았다. 선상 대학 프로그램이 끝날 때가 되자 우리는 지구를 한 바퀴 돌았고 나는 불 위에 앉아 있는 것 같은 심정이었다.

가족들이 기다리는 포트로더데일 항에 도착하자마자 나는 그때까지 여행을 하면서 만난 사람들과 비교했을 때 미국인들의 몸집이 얼마나 거대한지 한눈에 들어왔다. 개발도상국에서는 뚱뚱한 사람을 본 적이 거의 없었는데 플로리다 해변에서 손을 흔들고 있는 사람들의 절반 이상이 거대해 보였다. 마르셀 프루스트도 말하지 않았던가. "새로운 풍경을 찾는 게 아니라 새로운 시각을 개발하는 것이 진정한 탐험"이라고. 여행하는 동안 타국에서 문화적 충격을 경험하지 않을까 걱정했더니 가장 큰 문화적 충격이 모국에서 나를 기다리고 있었다.

할머니는 몇 개월 동안 딱딱한 빵과 질척거리는 샐러드로 연명한 나를 보카라고의 골프클럽으로 데리고 가서 접시에 소 가슴살 구이, 미트볼, 게필테 피시(송어나 잉어를 잘게 썰고 달걀과 양파 등을 섞어서 만든 경단을 수프로 끓이는 유대인식 요리 — 옮긴이)를 산더미처럼 쌓아 먹였다. 나도 그 자리를 즐기고 싶었지만 남은 음식을 쓰레기통에 버리는 것을 보며, 내가 여행한 여러 나라에서는 주린 배를 안고 자는 사람들이 얼마나 많을까, 그 생각뿐이었다.

그날 밤, 애틀랜타에서 손꼽히는 나이트클럽 기획사를 차린 스코트 형이 사우스비치 클럽에서 나의 귀환을 자축하자고 했다. 미국 땅을 다시 밟은 지 불과 열 시간 만에 마이애미의 명소, 스카이바에 가게 된 것이었다. 옷을 거의 벗다시피 한 미녀들이 폭죽을 흔들고 5천 달러짜리 대형 돔페리뇽을 들고서 춤을 추었다. 그들의 몸짓은 내가 지난 몇 개월 동안 접했던 여러 종교 의식과 섬뜩하게 닮은 구석이 있었지만, 브라질의 칸돔블레 제전이나 베트남의 카오다이교 사원에서 만난 사람들은 삶을 찬양했지 술병을 찬양하지는 않았다. 나도 모르는 사이에 내가 주변 사람들을 잣대질하고 있었다. 그들은 내가 본 것을 보지 못했고, 나는 단 하루도 그들의 입장에서 살아본 적이 없었으니 부당한 일이었는데 말이다.

하지만 아무리 애를 써도 다시 여행을 떠날 때까지 그런 느낌은 사라지지 않을 게 분명했다. 나는 해외를 여행하는 동안 훌쩍 자랐는데 집에서의 생활은 거의 예전 그대로인 듯했다. 어렸을 때 썼던 방으로 되돌아간 것 같은 기분이 들었다. 어둠 속에서 전등 스위치를 찾을 수 있을 만큼 속속들이 알지만, 모든 게 환히 밝혀지면 내가 너무 커버린 현실을 깨닫게 되는 그런 방. 부모님은 자식들이 여행을 하겠다고 하면 "경비만 제외하고 모든 면에서 지원을 아끼지 않겠다"고 입버릇처럼 말씀하셨기에, 나는 다시 광활한 세상으로 나설 계획을 세웠다.

5월과 6월에 닥치는 대로 아르바이트에 매달렸더니 7월부터 두 달간 허리끈을 졸라매며 배낭여행을 할 수 있을 만한 금액이 모아졌다. 나는 친구 루크와 함께 유럽에서부터 시작해 싸구려 샌드위치로 연명하며 파리, 빈, 프라하처럼 관광객들 사이에서 인기가 많은 도시들을 둘러보았다. 그런가 하면 일부러 인적이 드문 길을 찾아서 슬로바키아의 브라티슬라바나 크로아티아의 스플리트처럼 좀더 외딴 도시들도 찾아다녔다. 이렇게 멀찌감치 떨어진 곳에서 우리는 자기 집으로 초대하는 친절한 사람들을 만날 수 있었다. 크로아티아의 두브로브니크에서는 버스정거장에서 만난 노년 부부의 집에 묵었다. 그들은 집에서 먹는 아침이 얼마나 그리운지 모르겠다는 우리 이야기를 듣고, 매일 아침마다 따뜻한 빵과 스크램블 에그, 부엌에서 방금 전에 짠 주스로 아침을 차려주었다. 이런 대접을 받았더니 기운이 솟았고, 나를 가족처럼 대해주는 이방인을 길에서 우연히 만날 수도 있다는 것을 새삼 깨달을 수 있었다. 음식도 물론 맛있었지만, 친절은 돈으로 값어치를 따질 수 없다는 것을 몸소 느낄 수 있는 계기였다. 그런 마음씨의 값어치를 측정하려면 이 사람에게서 저 사람에게 전해지는 연민의 무게를 재는 수밖에 없을 것이다.

유럽을 떠난 뒤에는 선상 대학 프로그램에서 만난 데니스, 그의 대학 룸메이트 재크와 함께 배낭 하나 짊어지고 남은 여름 동안 싱가포르, 타이, 캄보디아를 여행했다. 싱가포르의 미래지향적인 분위기와 타이의 눈부신 해변은 우리를 실망시키지 않았다. 캄보디아에서는 의지의 오스트레일리아 사나이이자 〈타이타닉〉과 〈엑스맨〉 등 세계 최고로 꼽히는 영화들을 총괄 배급했던 전직 영화사 사장, 스코트 니슨의 집에 묵었다.

몇 년 전에 스코트는 프놈펜에서도 악명이 높은 스텅민쩨이 쓰레기 매립지를 방문한 적이 있었다. 그 일대에서도 가장 가난한 수천 명의 아이들이 그곳에서 비참하게 살고 있었다. 그는 멀리서 도움을 주는 것으로는 부족하다는 사실을 깨닫고 할리우드 생활을 접었다. 집과 포르셰를 팔고 혼자 캄보디아로 건너온 그는 캄보디아 어린이기금CCF을 설립하고 가장 가난한 지역의 아이들에게 집과 교육, 식량과 기술훈련을 제공하고 있다.

그의 재단은 작고 민첩했을 뿐 아니라 무엇보다 운영자가 나와 죽이 아주 잘 맞았다. 나는 여러 차례 스코트와 함께 스텅민쩨이를 걸었다. 썩은 쓰레기 냄새가 코를 찔렀지만 모두들 그를 아는 눈치였고, 그는 여러 가족에게 아이들을 데리고 와서 건강 검진을 받으라고 당부했다. 그는 도움이 절실한 아이들에게 손을 내밀었고, 후원하는 이들과 개인적인 교감을 나누고 있었다.

그는 후원하는 아이들에게는 최선의 방편이기에 캄보디아인들로 구성된 실무진을 두고 있지만 미국에서 후원금을 모금할 인력이 필요하다고 했다. 나는 그 자리에서 바로 CCF 최초의 모금 책임자를 자청했고, 더 많은 아이들을 가르칠 수 있도록 어린이기금을 돕는 데 대학 생활의 마지막 1년을 바치겠다고 맹세했다.

나는 핼러윈 날(10월 31일 — 옮긴이)에 태어나서 생일 때마다 늘 코스튬 파티를 열었는데, 이번에는 선물 대신 문 앞에서 10달러를 기부해 달라고 했다. 파티를 통해 수천 달러가 모금되었고, 내가 난생 처음으로 주관한 후원 행사로 기록되었다.

첫 번째 파티는 성황리에 끝났지만, 다음번 파티를 계획할 때는 암초에 부딪쳤다. 나와 CCF와의 관계를 입증할 증거가 없어서 장소를 임대할 때 비영리 행사 할인을 받을 수 없었던 것이다. 스코트에게 제휴관계를 증명할 방법이 없겠느냐고 물었더니 그가 양면 명함을 보내주었다. 내 이름과 '모금 책임자'라는 직함이 한쪽 면에는 영어로 적혀 있고, 다른 쪽 면에는 캄보디아의 모국어인 크메르어로 적힌 명함이었다.

정말 사소한 것이었지만 그 명함이야말로 그때까지 내가 받은 선물 중에서 최고의 것이었다. 덕분에 소속감이 느껴졌다. 내가 중요한 인물이 된 것 같았다. 명함을 만드는 데 쓰인 20달러를 통해 나는 존재 가치를 느꼈고, 그 후로 몇 년에 걸쳐 CCF를 위해 수천 달러를 모금할 수 있었다. 종이 한 장으로 불현듯 내게 자랑스러운 신분이 부여되었던 것이다.

목표의식은 그 어느 때보다 투철해졌지만 그래도 나를 이해하는 사람이 아무도 없는 것 같은 기분은 여전했다. 대학 4년 동안 워낙 갑작스럽고 엄청난 변화를 겪어서 가끔은 내 마음이 이끄는 곳에 비하면 내 인생이 한참 뒤처진 것처럼 느껴지기도 했다. 내가 졸업 후에 비영리단체를 설립할 계획을 세우자 부모님, 교수님, 동창생들이 모두 말렸다. 힘들게 공부해서 경제학, 사회학, 공공 및 민간부문기구, 이렇게 세 가지를 전공했는데 조건이 아깝다는 것이었다. "가장 잘나가는 회사에 취직해야지." 그들은 말했다. "그래야 가능한 한 돈을 많이 벌어서 30대나 50대에 더 좋은 세상을 만드는 데 그 돈을 쓸 수 있지."

나는 내키지 않았지만 그들의 논리를 따랐다. 내 이력서면 기회가 많다는 것을 알았기에 이제 막 사회에 진출한 대학 졸업생이 지원할 수 있는 곳 중에서 가장 연봉이 높은 여러 회사에 입사 지원서를 제출했다. 하지만 마음속 깊은 곳에서는 이제 삶의 목적이 전과 180도 달라졌다는 것을 알고 있었다.

지난 몇 년 동안 여러 가지 일을 하면서 번 돈으로 통장 잔고를 늘릴 수 있었지만 지갑을 들여다보면 그 안에서 가장 소중한 물건은 스코트가 보내준 명함이었다. 나보다 더 큰 무언가와 나를 연결시켜주는 고리였기에 나란히 있는 지폐들보다 그 명함이 훨씬 의미 있었다. 인간의 존재이유는 워낙 많은 곳에서 드러나지만, 내가 좀더 광범위한 합집합과 연결되어 있음을 느끼게 만드는 사소한 것들을 통해 드러나는 경우가 가장 많다.

나는 대기업의 세계로 뛰어들려는 찰나였지만, CCF의 명함을 보고 있으면 세상을 좀더 탐험하고 싶은 생각이 고개를 들었다. 그래서 개발도상국으로 다시 한번 긴 여행을 떠나기로 결심했다. 배낭도 있고, 조종사용 안경도 있고, 라틴아메리카에서 4개월 동안 버티기에 충분한 돈도 있었다.

유언장을 쓰고 남쪽으로 떠나는 비행기에 올라타기만 하면 끝이었다.

PENCILS OF PROMISE

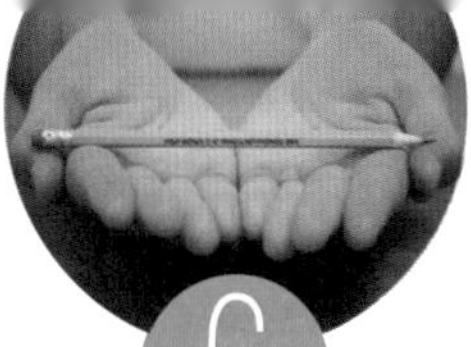

6

관광객은 구경하고 여행자는 찾아다닌다

왜 그랬는지 모르겠지만 나는 그래야겠다고 이성적으로, 아니 어쩌면 감정적으로 다짐을 했다. 스물세 살의 나이에 유언장을 작성하기로 말이다.

별 건 없었다. 음반은 여동생에게, 일기는 형에게, 그리고 그때까지 모은 돈은 모두 CCF에 보내달라고 적었다. 나는 출국하기 전날 밤, 저녁을 먹은 뒤 유언장을 컴퓨터로 출력해서 어머니에게 증인 서명을 부탁했다.

나무로 된 부엌 싱크대에 놓인 내 유언장에 서명을 하려고 펜을 든 어머니의 두 뺨을 타고 눈물이 흘러내렸다. "정말로 내가 서명을 해야겠니?" 어머니가 애원했다. 나는 고개를 끄덕였다. 앞으로 몇 개월 동안 혼자 오지를 여행할 텐데, 무슨 일이라도 생겼을 때 내 유품이 알맞은 주인을 찾아갈 수 있도록 조치를 취해놓고 싶었다. 엄청난 값어치는 없어도 내게는 소중한 것들이었다. 가끔 떠나보면 아끼는 물건들의 진정한 가치를 느낄 수 있다.

저녁을 먹는 자리에서 아버지가 여행 일정을 물었다. 나도 모르게 웃음이 나왔다. 아버지는 다시 한번 반복했다. "괜히 심심해서 물어보는 게 아니다. 처음 13일 동안 날마다 어딜 가는지 알아야겠다. 숙소까지는 필요 없지만, 가는 도시나 마을의 이름 정도는 알아야겠어."

"아빠, 첫날밤도 어디서 보낼지 모르는데 그 후로 13일 동안 어디에서 지낼지 무슨 수로 알려드릴 수가 있겠어요?" 나는 아버지에게 선상대학 프로그램 시절에 룸메이트였던 재릿이 그 전 해에 여행한 세묵 참페이에 대해 이야기했다. 에메랄드 색 천연 수영장과 동굴이 있어서 촛불로 길을 밝히며 수 킬로미터를 헤엄칠 수 있다고 했다. "맨 먼저 세묵 참페이부터 들를 거예요. 과테말라시티 북쪽 어디쯤인가에 있어요. 그리고 거기에서부터 중앙아메리카와 남아메리카를 둘러볼 거예요. 여행 계획이라고는 그게 전부예요."

"매트도 그래도 괜찮다고 하고?"

원래는 어렸을 때 친구 매트와 처음 두 달 동안 함께 여행할 생각이었는데, 지금은 녀석이 여행을 시작한 지 한 달쯤 되었을 때 한두 주 정도 합류하는 것으로 가닥을 잡은 듯했다. "사실은 오늘 저녁에 매트한테서 이메일로 안 좋은 소식을 들었어요. 내일 아침에 같이 출발할 수 있을지 잘 모르겠어요."

"지금 그거 웃자고 하는 소리냐?"

"아니에요. 저도 그래서 마음이 안 좋아요. 아무튼 최소한 앞으로 며칠 동안은 세묵 참페이에 있을 거예요. 정말 끝내주는 곳이라던데."

"가이드북 가지고 와서 어떤 곳인지 보여주겠니?"

"말씀드렸잖아요. 저는 가이드북 안 가지고 다닌다고요."

아버지는 더 이상 참지 못하고 폭발했다. "가이드북을 안 가지고 다닌다니 그게 도대체 무슨 소리야!" 아버지는 고함을 질렀다. "너 지금 작정하고 네 아비를 열받게 만들려는 거냐?"

나는 한숨을 마시면서 오므린 발가락으로 운동화 밑창을 눌렀다. "이제는 그런 식으로 여행하지 않아요. 도중에 만난 여행자나 현지 주민들의 조언을 들을 거예요. 여행 일정은 가면서 만들 거고요." 스물세 살 특유의 천진난만한 자신감이 잔뜩 깃든 말투였다.

아버지는 화를 참느라 아랫입술을 미친 듯이 씹는 한편으로 나를 노려보며 어이없다는 듯이 고개를 저었다. "아무튼 조심해라." 아버지가 말했다. "그리고 아빠의 원칙 명심하고."

뉴욕에서 과테말라시티로 향하는 비행기에 앉아 있는데, 내 유언장에 서명하던 어머니의 모습이 자꾸 떠오르면서 언젠가는 죽을 수밖에 없는 인간의 운명에 심장이 두근거렸다. 비행기가 추락할지 모른다거나 내 여행이 비극으로 끝날지 모른다고 생각해서 그런 건 아니었다. 오롯이 혼자 여행을 떠난 게 난생 처음이라 그런 거였다. 선상 대학 프로그램이나 그 이후에 떠난 여행들은 경이로운 경험이긴 했지만 늘 몇 명의 친구들과 함께 다녔다. 그런데 이제는 가이드라고 할 사람이 나밖에 없었다.

나는 과테말라시티에 도착하자마자 당장 시내버스를 타고 세묵 참페이의 에메랄드 색 수영장을 찾아나섰다. 내가 예상했던 것보다 훨씬 환상적이었고, 북 과테말라 티칼에 우뚝 솟은 마야의 신전들도 마찬가지였다.

다음 행선지는 리오둘세라는 강변 도시였다. 플로레스에서 버스표를 사는데 문신을 하고 하얀 민소매 티셔츠를 입은 10대 6명이 돈을 달라며 치근거렸다. 나는 스페인어를 못 하는 척했다. "노 아블로 에스파뇰." 사실은 그들이 하는 말을 한 마디도 빠짐없이 알아들으면서 시치미를 떼고 미국 억양을 최대한 섞어서 이렇게 말했다. 그들은 너나없이 킬킬거렸고, 버스에 올랐을 때 나를 포위하듯 자리를 잡았다. 그러고는 각자 나한테서 뭘 훔칠 생각인지 이야기하기 시작했다. 나는 시계 할래. 나는 여권. 지갑은 내 거다. 이후로 7시간 동안 나는 절대 자리에서 일어나지 않았다. 해가 지고 버스 안이 어두워지자 슬그머니 신발을 벗어서 지갑과 여권을 발바닥 아래에 숨겼다. 마침내 리오둘세 정거장에 도착했을 때 나는 사방에 포진한 아이들을 흘끗 쳐다보았다. 모두 쿨쿨 자고 있었다. 나는 쏟아지는 비를 맞으며 조용히 버스에서 내려 안도의 한숨을 내쉬었다. 새벽 한 시가 다 되어가고 있어서 잘 곳을 찾아야 했다.

여권과 돈을 신발 깊숙이 감춘 채 숙소를 찾아서 어두컴컴한 골목길을 몇 개 지났을 때 어떤 남자가 여기에서 8킬로미터쯤 떨어진 호스텔까지 택시로 데려다주겠다고 했다. 남자가 그러면서 근사한 차를 가리키길래 나는 그게 택시일 거라고 짐작했고, 우리는 요금을 흥정했다. 하지만 잠시 후 그가 나를 데려간 곳은 아무도 없는 골목길에 세워놓은 창문이 깨진 고물차 앞이었다. 누군지 모르는 이 남자와 어두운 밤길을 달리는 것은 잘못된 선택일 것 같은 예감이 들었다. 내가 휙 하니 등을 돌려 발걸음을 옮기자 남자가 갑자기 고함을 지르기 시작했다. 그는 내가 보는 앞에서 조수석 쪽으로 달려가 글러브 박스 안으로 손을 넣었다. 그러고는 권총을 꺼냈다.

나는 도망쳤다. 비를 뚫고 질주하는데 심장소리가 쿵쾅쿵쾅 귀를 때렸다. 45미터 앞에 철문이 달린 호텔이 있었다. 나는 철문을 두드리며 야간 경비원에게 제발 문 좀 열어달라고 소리쳤다. 버저가 울리는 순간 뒤를 돌아보니 총을 쥔 남자가 9미터 뒤에서 쫓아오고 있었다. 나는 안으로 뛰어 들어가서 (그 야심한 시각에 카운터 직원이 두 배의 금액을 요구했음에도 불구하고) 방을 잡고 뜬눈으로 밤을 지새우며 방금 전에 있었던 일을 머릿속으로 재생하고 또 재생했다. 사방의 벽에서 거미들이 기어다녔고, 내가 애당초 왜 집을 떠났을까 하는 의문이 처음으로 고개를 들기 시작했다.

나를 행복하게 만드는 모든 것들과 정신적, 육체적으로 그렇게 멀리 떨어져본 적은 처음이었다. 나는 완벽하게 혼자가 된 것 같은 기분이

들었다. 하지만 그날 밤만 잘 버티면 상황이 괜찮아질 것임을 알았다. 가장 어두컴컴할 때 별들은 가장 밝게 빛난다는 말도 있지 않은가. 리오둘세에서 보낸 그날 밤은 지독히 어두웠지만, 믿음이 시험에 들었을 때는 저 앞에 빛이 있을 거라고 믿으며 계속 걸어가기만 하면 된다.

며칠 뒤 아티틀란 호에 도착했을 때 나는 라스 피라미데스라는 명상 수련원에서 한 달 가까이 지내기로 마음먹었다. 매일 아침마다 20명의 여행자가 오전 여섯 시 반에 일어나서 세 군데 화산 너머로 태양이 떠오르는 광경을 감상한 뒤 종일 요가, 명상, 비전秘傳 수업을 받았다. 각자 피라미드 모양의 지붕이 달린 (그래서 이름이 라스 피라미데스였다) 조그만 오두막집에서 지내면서 날마다 세 끼를 차려먹었다. 그렇게 단순하고 건강한 생활은 처음이었는데, 느릿느릿 흘러가는 나날 속에서 선명하게 평온함을 느낄 수 있었다. 마지막 주에 닷새 동안 절대 침묵하기로 한 날들을 생각하면 이상하게 마음이 들떴다. 수련원을 설립한 샤티에게 정신적인 가이드라는 것에 대해 배웠는데, 조용한 시간을 빌려 지금까지 살아오는 동안 내 정신적인 가이드였을지 모를 사람들에 대해 곰곰이 생각해보고 싶었다.

매트가 마침내 도착하자 침묵 수련을 앞두고 밀린 이야기도 나누고 휴식도 취할 겸, 호숫가의 조그만 휴양지 라스 크리스탈리나스로 향했다. 그 동네에 사는 가족들과 픽업트럭 뒷자리에 타고 가는 동안 태양이 우리의 어깨를 달구었다. 수정처럼 맑은 물에서 수영을 하고 났을 때 매트가 혼자 근처에 아이스크림을 사러 갔다. 내가 가죽 장정이 된 일기장에 몇 가지 단상들을 끄적이고 있을 때 40대 중반의 아담한 과테말라 남자가 끼어들었다.

"안녕하세요?" 그가 서툰 영어로 물었다. "내 이름은 호엘 푸악입니다. 당신은 이름이 뭔가요?" 그는 몇 주 동안 연습한 사람처럼 천천히 발음했다. 평소 같았으면 혼자 있게 해달라고 했겠지만, 나는 얼마 전에 "관광객은 구경하고 여행자는 찾아다닌다"는 만트라를 내 삶에 도입한 참이었다. 나는 교회나 박물관, 그 이상을 경험하러 나선 여행자였다. 현지인들의 눈을 통해 각 나라를 둘러보고 싶었던 찰나, 겸손한 이 남자의 말투에 왠지 모르게 호기심이 동했다. 나는 남자에게 내 이름은 애덤이라고 밝히고 그에게 어쩐 일로 호숫가에 나왔느냐고 물었다. 그는 손자의 세례식을 축하하러 나온 길이라고 했다. 10분 정도 일상적인 대화를 나누었을 때, 그가 내게 말을 건 이유를 밝혔다.

"나는 선생님이에요. 영어를 혼자 배웠는데 발음이 별로 좋지가 않아서요. 우리 아이들을 가르치고 싶은데 당신한테 영어를 좀 배울 수 있을까요? 우리 마을로 초대할게요. 우리 집에서 있고 싶을 때까지 있으면 돼요."

"여기에서 얼마나 먼 데 사시는데요?" 나는 반농담조로 물었다.

"산 속으로 두 시간 거리예요. 팔레스티나라는 마을이에요. 휴대전화 번호를 드릴 테니까 오고 싶은 마음이 생기거든 연락하세요." 그는 아주 진지했다.

나는 뜻밖의 제안에 기분이 좋았지만 좀더 많은 정보가 필요했다.

가족들은 내 행선지를 알고 싶어 할 게 아닌가. "제가 선생님 댁에서 지내겠다고 결정하기 전에 선생님 댁이 있는 도로 이름과 번지수를 알려 주실 수 있을까요?"

"우리 동네에는 도로 이름이 없어요. 번지수도 없고요. 그냥 팔레스티나에 사는 호엘을 찾아왔다고 하면 됩니다. 아주 작은 마을이거든요. 사람들이 다 나를 알아요."

그러더니 그는 작고 딱딱한 손을 내밀었다. 자기 땅에서 농사를 지어서 식구들을 부양하는 가장의 손이라는 것을 알 수 있었다. 그는 단호하게 고개를 끄덕이며 나와 악수한 다음, 그의 제안을 받아들일지 말지 나 혼자 고민하게 만들고 떠났다.

잠시 후 매트가 함박웃음을 지으며 돌아왔다. "아이스크림 가게를 간신히 찾았어. 오래 기다리게 해서 미안. 나 없는 동안 별일 없었지?"

그날 밤에 나는 잠을 이룰 수가 없었다. 호엘이 내 인생에 등장한 데는 분명한 이유가 있지 않을까, 적어도 이 남자가 일종의 가이드일 수 있지 않을까 싶었다.

그의 입장에서는 나를 집으로 부르면 아이들과 손자들의 미래가 달라질 수 있었다. 그의 눈에 비친 나는 더 넓은 세상을 향해서 난 창문이었다. 그의 가족들은 나에게 사소한 도움을 받으면 지금보다 폭넓은 시각을 기르고, 이를 바탕으로 조그만 마을에서 벗어나서 살 수 있었다.

호엘을 보고 나는 온 가족의 반석이었던 돌아가신 아푸 할아버지가 생각났다. 아푸는 강인했기에 홀로코스트에서 살아남을 수 있었고, 믿음이 있었기에 우리 할머니를 만날 수 있었고, 불굴의 용기가 있었기에 가족을 데리고 모국을 떠나 미국으로 건너올 수 있었다. 그렇게 해서 우리에게 더 나은 삶의 기회를 선물할 수 있었다. 어린 시절에 나는 고민거리가 생기면 늘 직접 아푸를 찾아가서 물었고, 아푸가 돌아가신 뒤에는 기도를 통해 조언을 청했다. 기도를 하면서 어떤 신호나 전령을 보내달라고 청하곤 했는데 호엘이 전령일 가능성이 있다면 그의 제안을 받아들여야 했다.

나는 오래 전부터 엄청난 죄책감으로 괴로워했었다. 당첨이 확실한 복권을 들고 인생이라는 추첨장에 태어났다는 죄책감이었다. 나는 사랑이 넘치는 가족이 있었고, 훌륭한 교육을 받았으며, 건강했다. 하지만 내가 무슨 자격으로 그런 행운을 누렸을까? 나는 이런 축복 속에서 태어났는데 수많은 다른 사람들은 고통 속에서 태어난 이유가 뭘까? 나는 급속도로 발전하는 도시에서 태어났는데 다른 사람들은 전쟁으로 갈기갈기 찢긴 나라, 전기나 수도시설조차 없는 마을에서 태어난 이유가 뭘까? 인정하기는 싫었지만 나보다 운이 나빴던 사람들에게 빚을 지고 있는 듯한 심정이었다. 내가 보기에 나는 그런 행운을 누리기 위해서 노력한 게 아무것도 없었다.

그런데 호엘의 부탁과, 보다 나은 인생을 살 수 있도록 아이와 손자와 증손자들을 가르치는 게 꿈이라는 그의 이야기를 듣고 나니 내게 주어진 행운은 누군가의 힘겹고, 대개는 비참했던 기나긴 세월의 소산이라는 생각이 들었다. 나는 아푸의 꿈이 낳은 결과물이었다. 나는 윗대의 모든 조상들이 무릅쓴 희생으로 빚어졌기에 그들은 한 번도 누리지 못했던 삶을 살 수 있었다. 그들은 자신들이 그토록 열심히 일군 꿈을 내가 완벽하게 달성하고, 그 선물을 후대에 물려주기를 바라지 않을까. 호엘을 통해 선조를 추모할 기회가 찾아왔다는 생각이 들었다.

호엘의 손자가 자라서 자기를 위해 할아버지가 기꺼이 행한 희생에 죄책감을 느낀다면 호엘과, 그가 순수한 의도로 실행에 옮긴 모든 일들을 모욕하는 행위가 될 것이었다. 같은 맥락에서 내가 지금 누리고 있는 것들에 죄책감과 의무감을 느끼면 선대의 노고와 바람이 빛을 잃지 않겠는가. 극적인 감정의 변화가 일었다. 이제 나는 의무감이 아니라 다른 방식으로 선대를 추모하겠다고 다짐하는 데서 힘을 얻었다. 남들에게 보다 나은 기회를 선물함으로써 아푸를 기릴 기회가 내게 주어졌다.

그로부터 6일 뒤에 나는 과테말라 주민들을 가득 태우고 덜컹덜컹 비포장 도로를 달리는 미니버스에 몸을 싣고 호엘의 마을로 향했다. 두 명의 농부가 은니를 드러내며 나를 보고 씩 웃었다. 내 왼쪽에서는 어린애가 엄마의 무릎에서 울었고, 오른쪽에서는 어떤 노인이 벌채용 칼을 꽉 잡고 있었다. 라스 피라미데스의 친구들은 나더러 무슨 일이 벌어질지 모르는 산 속으로 혼자 떠나다니 미쳤다고 했지만, 나는 호엘을 믿었고 이것이야말로 내가 찾고 있던 경험이라고 생각했다.

호엘이 말한 대로 팔레스티나에는 도로 이름도 번지수도 없었다. 내가 동네 아주머니를 붙잡고 호엘 푸악을 찾아왔다고 하자 그녀는 기다란 흙길을 가리켰다. "토노 데레초." 그녀가 말했다. 직진하라는 뜻이었다. 이웃사람이 호엘의 집을 가르쳐주었고, 내가 도착하자 그는 집에서 기르는 개와 닭 그리고 방 한 칸짜리 옆집에 사는 노구의 자기 아버지에게 나를 소개했다. 그의 아버지는 허리가 굽었지만 갈고리 같은 손가락으로 내 손을 꽉 잡고, 난생 처음 만난 미국인을 집 안으로 들여 애지중지하는 기념품을 보여주었다. 그가 액자 위에 앉은 먼지를 천천히 닦아내자 하늘에서 촬영한 흑백의 뉴욕 사진이 나왔다. 그의 친구에게 받은 선물이었다. 쌍둥이 빌딩이 6년 전에 무너졌건만, 이 사진에서는 여전히 스카이라인 속에서 당당하게 군림하고 있었다.

호엘이 내게 집을 구경시켜주었다. 깨진 변기도 있고 조그만 냉장고도 있었다. 그런 다음 내가 잠잘 곳을 보여주었다. 조그만 방 한쪽에 놓인 싱글 침대였다. 그와 그의 아내 아우엘리아가 같은 방의 다른 쪽에 놓인 더블 침대를 썼다.

"시작합시다." 호엘이 불쑥 말하더니 빨간색의 조그만 플라스틱 테이블을 내 앞으로 옮겼다. 영어 성경, 스페인어-영어 사전 그리고 커다란 녹음기가 놓인 테이블이었다. 호엘은 영성을 추구하는 인간의 욕구에 대해 열변을 토했다. 과테말라의 당면 과제와 과테말라시티의 위험성에 대해서도 이야기했다. 그는 배에 난 흉터를 보여주면서 얼마 전에 근처 시장에서 노숙자들에게 찔린 상처인데, 다들 구경만 하고 아무런 조치를 취하지 않더라고 했다.

그는 가족들에게 영어를 가르치려면 정확한 발음을 알아야 했기에 그가 아는 책 중에서 가장 훌륭한 교재인 성경을 활용했다. 우리는 잠언의 첫 구절에서부터 시작했다. 그는 내게 구식 녹음기에 대고 큰 소리로 성경을 읽어달라고 했다. 매일 저녁마다 녹음된 내 목소리를 들으면서 똑같이 따라 읽을 작정이라고 했다.

나는 그 뒤로 3일 동안 시간이 날 때마다 우리가 함께 잠을 청하는 방 안의 먼지 쌓인 바닥에 책상다리를 하고 앉아서 녹음기에 대고 성경을 읽었다. 방은 좁고 전등은 어두침침했지만 구석구석 생기가 넘쳤다. 청록색과 노란색이 어우러진 벽에는 만화 주인공, 묵은 달력에서 오려낸 그림, 잡지에 실린 먼 지방의 사진들이 붙어 있었다. 오후마다 호엘과 나는 카세트테이프를 되감아 들으며 녹음이 제대로 되었는지 확인했다. 골동품이 된 카세트 플레이어에서 지직거리며 흘러나오는 내 목소리를 듣노라면 팔레스티나라는 마을에서 기독교 성경을 낭독하는 유대인이라는 이 아름다운 아이러니에 나도 모르게 웃음이 터졌다.

호엘의 집에는 조그만 텔레비전이 있어서 밤이 되면 같이 영화를 보곤 했다. 3월이었는데 어느 날 저녁에 〈엘프〉(미국에서 제작된 크리스마스 특선 코미디 영화 — 옮긴이)가 방영되었다. 우리는 스페인어로 이어지는 대화를 들으며 배를 잡고 웃었는데 호엘은 영어 자막에 집중했다. 그리고 영화가 끝나면 어마하게 큼지막한 헤드폰을 끼고 그날 녹음한 테이프를 들었다. 내가 자기 귀에 대고 말하는 대로 한 단어씩 중얼중얼 따라하는 그의 음성을 듣다 보면 내 몸에 소름이 돋았다. 호엘은 내가 웃

는 걸 보더니 자기도 따라 웃으며 말했다. "적선은 필요 없어요. 당신이 떠났을 때 내가 우리 아이들과 다른 동네 사람들을 가르칠 수 있게 독학할 거예요."

나는 가난한 사람들을 돕는 것이 자선사업이라고 막연하게 생각하고 있었다. 서양에서는 가진 것과 돈이 많은 사람들은 덜 가진 사람들에게 자신들이 가진 것들을 나눠주어야 한다고 가르친다. 나는 그래서 자선사업을 단순 거래이자 일방통행으로 여겼다.

그런데 호엘을 통해 내가 자선사업의 본질을 착각하고 있었음을 깨달았다. 가난한 사람들에게 구호품을 나눠주면 그들에게 몹쓸 짓을 하는 셈이 된다. 의존의 악순환을 만들기 때문이다. 나는 산간벽지에서 호엘과 3일을 보낸 뒤 이제는 그에게 독학의 길이 열렸다는 판단 아래 그 마을을 떠났다. 그는 휴대용 카세트 플레이어로 내가 녹음해준 테이프를 매일 밤마다 들으면서 새로운 언어를 익힐 수 있을 것이다. 그보다 더 중요하게는 앞으로도 남의 도움 없이 가족들에게 영어를 가르칠 수 있을 것이다.

호엘과의 만남을 통해 내 안에서 새로운 호기심이 일었다. 나는 그 뒤로 3개월에 걸쳐 12시간짜리 야간 버스를 타고, 페루, 볼리비아, 에콰도르, 콜럼비아, 아르헨티나, 칠레 등 여러 나라를 누볐다. 그리고 가는 곳마다 아이들에게 연필을 나눠주면서 아이들의 부모에게 온 세상을 통틀어 뭐든 가질 수 있다면 뭘 제일 갖고 싶냐고 물었다. "좀더 깨끗한 정부"나 "새로운 도로", 아니면 "더 나은 직장" 같은 답변을 예상했건만 그들의 대답은 거의 매번 똑같았다. "아이의 교육"이었다. 호엘이 악착같이 추구했던 것도, 그 이전에 아푸가 추구했던 것도 바로 그 꿈이었다.

가장 풍족한 계층이건 가장 가난한 계층이건 아이들의 미래는 지금 자신들이 누리는 것보다 낫길 바라는 부모의 마음은 똑같았다. 아이들의 밝은 미래를 위해 자신의 행복은 기꺼이 희생할 수 있다는 태도야말로 내가 서로 판이하게 다른 문화권에서 목격한 어머니, 아버지들의 공통점이었다. 하지만 경기 규칙은 여전히 불공평하기 짝이 없다.

나는 4개월에 걸쳐 중앙아메리카와 남아메리카를 여행하는 동안 종종 호엘을 생각했다. 밤마다 잠 못 이루고 뒤척일 때면 그가 지금도 침대에 앉아서 카세트테이프를 듣고 있을지 궁금해졌다. 그는 미지의 세계로 앞장서는 자세를 통해 리더십의 진수를 보여주었다. 누굴 만나건 응당한 대접을 해주어야 한다는 교훈을 가르쳤다. 그리고 마지막으로 윌 페럴(《엘프》의 주인공 — 옮긴이)의 연기는 어떤 언어로 들어도 재미있다는 것까지.

함께 한 마지막 날 아침에 나는 호엘과 그의 아버지에게 나중에 다시 오겠다고 약속했다. 언젠가 과테말라의 그 지역을 후원하는 사업을 시작할 수도 있었다. 나는 라틴아메리카 여행을 마치면 뉴욕으로 갈 거라고 했다. 배낭과 버스를 고층빌딩과 지하철로 바꾸게 될 거라고.

잠들지 않는 도시(뉴욕의 별명이다 — 옮긴이)에 밤 도깨비가 한 명 더 추가될 예정이었다.

PENCILS OF PROMISE

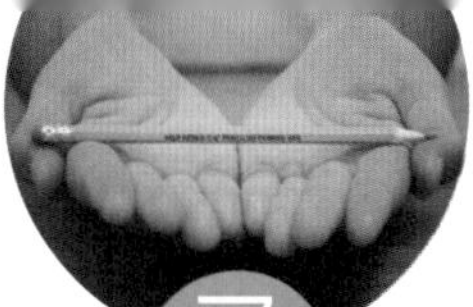

7

허락을 구하는 것은 거절을 자청하는 것과 같다

나에게 꿈에 그리던 일자리를 제안하며 택배로 계약서를 부친 베인 앤드 컴퍼니 컨설팅 회사에서 근사한 호텔을 잡아놓고, 나와 20여 명의 다른 입사 후보들을 뉴욕으로 불러서 주말 동안 성대한 행사를 열었다. 회사 홍보도 하고 우리들에게 베인 앤드 컴퍼니에서 일하겠다는 다짐을 받아내겠다는 것이 그들의 목적이었다. 행사의 절정은 토요일 저녁, 미트패킹 지구에서도 가장 인기 있는 음식점으로 꼽히는 BLT 피시에서 열린 비공개 만찬이었다. 나는 티셔츠와 반바지 대신 드레스 셔츠와 양복바지를 입고, 그 회사에서 가장 존경받는 임원들 앞에서 입사 선서를 하기 위해 다른 후보들과 함께 꼭대기 층에 모였다.

최고급 술과 넘쳐나는 샴페인…… 1980년대 월 가를 상상하면 떠오르는 장면과 비슷했다. 저녁 식사를 하는 내내 인사 최고 담당자가 주기적으로 일어나서 베인에 입사 선서를 한 사람들에게 경의를 표했다. "하버드를 졸업한 스티븐 돕슨에게 축하 인사를 건넵니다. 프린스턴을 졸업한 마리아 아카디아에게 따뜻한 환영의 말을 건넵니다." 그녀는 공식적으로 신입사원이 된 그들에게 샴페인을 병째 건네며 이렇게 외쳤다. "또 없나요?"

잘 차려입은 예비 졸업생 한 명이 자리에서 벌떡 일어서며 외쳤다. "저도 선서합니다!" 펑 소리와 함께 샴페인 뚜껑이 열렸고 모두 박수갈채를 보냈다. 우리 테이블에 앉은 베인 직원들이 나를 유심히 지켜보는 가운데, 다른 후보들이 한 명씩 차례대로 일어섰다.

나도 베인을 선택하기로 마음을 정했지만, 그 자리에 초대된 대부분의 후보들처럼 디너파티라는 의례적인 절차를 통해 공식화될 때까지 기다렸다. 행사가 막바지로 치달을 무렵, 나도 자리에서 일어나 입사를 선서했다. 온 사방에서 박수갈채가 터졌고 황금색 샴페인 잔이 내 손에 쥐어졌다. 모든 게 낯설었지만 기분 좋았다.

나는 그 전 몇 개월 동안 긴축 생활을 하느라 외국의 유스호스텔에서 묵으며 라면으로 연명했다. 그런데 오늘밤에는 공짜로 환상적인 스테이크를 먹고 있었다. 이렇게 맛있는 음식은 몇 개월 만에 처음이었다.

나는 베인 뉴욕지사에서 가장 나이가 어린 여성 임원의 오른편에 앉아 있었는데, 그녀는 안심 스테이크를 주문해놓고 건드리지도 않았다.

채소만 먹고 끝이었다. 나는 5분 만에 내 스테이크를 해치웠건만 그녀의 완벽한 스테이크는 고스란히 남았다. 술기운에 긴장이 조금 풀렸는지, 그녀가 웨이터에게 접시를 치워달라고 손짓하고 왼쪽에 앉은 사람과 하던 이야기를 계속하자 나는 살금살금 포크로 그녀의 스테이크를 찍어서 내 접시로 옮겼다.

맞다, 바보 같은 짓거리였다. 그리고 전혀 살금살금 가져오지도 않았던 모양이다.

"지금 내 스테이크를 가져간 거예요?" 그녀가 내 쪽을 돌아보며 물었다. 임원과 미래의 동료 등 같은 테이블에 앉아 있던 사람들이 전부 다 나를 쳐다보았다. 누군가가 믿기지 않는다는 듯이 앵무새처럼 따라했다. "정말이에요? 정말 스테이크를 가져갔어요?"

나는 얼굴이 화끈거렸다. 얼굴이 시뻘겋게 달아오르는 게 느껴졌다. "죄송합니다." 나는 더듬더듬 사과했다. 마지막 그 샴페인을 마시지 말았어야 하는 건데. 아니면 그 전 잔을. "오랫동안 배낭여행을 하고 난 다음이라 이렇게 훌륭한 음식을 버리기 아까워서요. 제가 무슨 생각이었는지 모르겠지만 정말 부적절한 행동이었습니다. 정말 죄송합니다."

"이제 그걸 먹는 수밖에 없겠군." 테이블 맞은편에 앉아 있던 임원이 웃으며 말했다. 나는 그 뒤로 몇 분 동안 모든 이의 시선을 한 몸에 받으며 그날 저녁의 두 번째 스테이크 접시를 깨끗하게 비웠다. 첫 번째 스테이크만큼 맛있었지만 한 입 씹을 때마다 배낭여행 문화와 대기업의 특혜 사이에서 괴리감이 느껴졌다. 한 가지 사실만큼은 분명했다. 이 회사에서 성공하려면 옷차림만 바꾸어서 될 일이 아니라는 것이었다.

베인에서 입사 제의를 받다니 황홀하긴 했지만 그곳에 가기로 결정하기까지 쉽지 않은 여정이었다. 미국에서 가장 잘나가는 회사들이 매년 가을 같은 기간에 예비 입사자를 선정하기 때문에 나는 2주 동안 다섯 군데 투자은행, 다섯 군데 컨설팅 회사, 한 군데 사모펀드사와 연속으로 면접을 치르며 정신없는 날들을 보냈다.

면접 때 골드만 삭스에서는 나를 당황시키려는 의도가 다분한 질문들을 퍼부었다. “1과 100 사이 숫자를 모두 더하면 얼마인가?” 즉흥적으로 이렇게 묻는 식이었다(정답은 5050). 사모펀드를 운용하는 블랙스톤에서는 전혀 아무것도 없는 상태에서 대차대조표와 재무모델을 만들라는 둥 8명의 직원이 나를 괴롭혔다. ‘안전빵’이라고 생각했던 부티크 컨설팅 업체의 면접을 망쳤다는 생각이 들었을 때, 아니나 다를까 나한테서 전혀 아무런 인상도 받지 못했다는 그 회사의 전화를 받았다.

남들이 나를 어떤 식으로 간주할지 섣불리 넘겨짚으면 안 되겠다는 생각이 퍼뜩 들었다. 날마다 몇 개의 문이 닫히고 또 다른 문들이 열렸고, 어떤 곳은 다른 곳들에 비해 조짐이 좋았다. 1차 면접이 2차 면접이 되고, 2차 면접이 최종 면접이 되었지만 입사 통지서를 받기 전까지 확실한 것은 아무것도 없었다.

나는 면접을 모두 마치고 집으로 돌아가서 각 회사의 전화를 초조하게 기다렸다. (일순위었던) 베인의 전화를 받은 것은 생일 전날이었다. 몇 분 동안 손에 땀을 쥐게 하는 한담이 이어진 끝에 베인 측에서 공식적으로 합격을 알렸고, 베인 로고와 더불어 "생일 축하해요, 애덤"이라고 적힌 케이크를 계약서와 함께 보내왔다. 환상적인 생일 선물이었고 짜릿했지만 나는 리먼 브라더스의 유명한 투자은행 사업부에서도 입사 제의를 받은 상태였다.

투자은행답게 연봉이 훨씬 높아서 리먼의 제안이 솔깃하기는 했지만 걸림돌이 하나 있다면 소처럼 일을 해야 한다는 것이었다. 컨설팅회사의 근무시간도 만만치 않았지만 — 오전 아홉 시부터 오후 아홉 시까지 사무실을 지켜야 된다고 했다 — 은행은 그보다 더 심했고 내가 아는 투자은행 1년 차 직장인들은 하나같이 자기 일을 싫어했다. 리먼에 입사하면 자본을 관리하는 법을 배울 테지만, 베인에 입사하면 회사를 경영하는 법을 배울 것이었다. 이런 회사에서 몇 년 동안 일을 한 다음 정말로 돈이 모이는 헤지펀드사나 사모펀드사로 옮기는 것이 나의 계획이었다. 통장이 충분히 두둑해지면 회사를 때려치우고 꿈에 그리던 비영리단체를 설립할 계획이었다. 하지만 그러자면 먼저 돈과 경험이 필요했으니 앞으로 15년에서 20년 동안 금융업계에서 일을 할 생각이었다.

나의 멘토이자 재무관리업체를 훌륭하게 운영 중인 조지 스탠턴에게 도움을 청하면 올바른 판단을 내릴 수 있지 않을까 싶었다.

"살다보면 경험보다 돈을 선택해야 하는 때가 생기기 마련이지." 그는 냉정하게 말했다. "하지만 몇 만 달러가 아니라 몇 백만 달러 차이가 날 때 그런 선택을 하는 거야. 지금의 네 상황에서 5만 달러는 큰 돈이겠지만, 거시적인 관점에서 보았을 때 결국에는 경험을 쌓는 것이 훨씬 값진 선택이 될 게다."

그날 저녁 BLT 피시에서 베인 입사 선서를 했을 때 조지의 충고가 내 귓전을 울렸다. 나는 돈을 받고 경영대학원을 다니는 셈 치자고 마음먹었다. 그 과정에서 뭔가 배울 수만 있다면 회사에서 얼마든지 혹사당해도 상관없었다. 보상은 여러 가지 형태로 주어지는 법이라 기대하는 바를 미리 정하면 직장 생활을 통해 월급 말고도 훨씬 많은 것을 얻을 수 있다.

몇 주 동안 면밀한 훈련을 거친 뒤 내게 첫 번째 프로젝트가 떨어졌다. 유명한 소매업체의 부동산 증식 전략 수립을 거드는 일이었다. 나는 스테이크를 슬쩍했던 임원의 밑에서 일을 하게 되었다. 다행히 그녀는 처음 만난 자리에서 그때 일을 웃어넘겼다. "용감한 행동이었어. 어이없지만 용감했지." 그녀는 이런 식으로 놀렸다.

처음 몇 개월 동안은 새로운 일을 배우느라 어찌나 정신이 없었던지 베인에서 하는 일들이 흥미진진하게 느껴졌다. 훈련은 강도가 높았고 나는 사회생활을 하는 내내 진가를 발휘할 새로운 기술들을 터득하고 있었다. 그런데 재무모델과 멋들어진 파워포인트 프레젠테이션 자료를 만드는 작업이 처음에는 재미있었지만, 1년이 끝나갈 무렵에는 하루에 12시간씩 엑셀 시트를 들여다보며 제정신을 유지하는 게 쉽지 않았다.

그래서 나는 좀더 재미있게 회사생활을 할 수 있는 다른 방법들을 찾아나섰다.

나는 삼남매 중 둘째답게 정말 장난기가 다분했는데, 이것이 회사에서 내 맡은 바 임무가 되었다. 프린터를 분홍색 종이로 채우고, 동료의 자리를 신문지로 뒤덮인 요새로 둔갑시키고, 가장 친한 친구 프리야를 끊임없이 괴롭혔다. 장갑 안에 클립을 잔뜩 집어넣고, 책상에 놓인 모든 소지품의 좌우를 바꾸어서 거울에 비친 모습처럼 만들고, 통화용 헤드폰에 로션을 발라놓고 그녀의 자리로 전화를 거는 식이었다.

함께 일하는 동료들은 진심으로 좋았지만, 일 자체에 대한 열정은 없었다. 고객 확보 절차를 재평가해서 신용카드 회사의 수익률을 높이고, 거대 보험업체를 대신해서 장기소득보장보험을 조사하는 일이 짜릿할 리 없었다. 고객과의 면담 내용을 기록하는 것도 선임 컨설턴트인 내 임무 가운데 하나였다. 처음 몇 달 동안은 나도 참석자들이 하는 말을 열심히 받아 적었지만, 이내 심드렁하게 고개만 끄덕이며 스프링이 달린 공책에 일기를 적기 시작했다. 이 일에 좀더 관심이 생겼으면 좋겠지만 내 천직이 아니다, 열정이 있는 곳에 내가 잘할 수 있는 일이 있다, 이런 식이었다.

뉴욕에서 지낸 처음 1년 동안 나는 술을 마시고 아가씨들 뒤꽁무니만 쫓아다녔다. 매주 일주일에 대여섯 번씩 파티에 참석했다. 이 술집에서 저 클럽으로 전전하며 해가 뜰 때까지 10잔에서 15잔씩 벌컥벌컥 들이켰다. 행복하고, 자유롭고, 살아 있는 기분만 느낄 수 있다면 수단과 방법을 가리지 않았다.

양복바지 안에 버튼다운 셔츠를 넣어서 입는 컨설턴트 복장이 혐오스럽게 느껴지기 시작했다. 남의 유니폼을 빌려 입은 것 같은 기분이 들었다. 연말이 되자 나는 회사로부터 일 처리에 실수가 없고 팀 기여도도 높지만 한 가지 중대한 문제점이 있다는 평가를 받았다. 고객과의 면담에 신경을 쓰지 않는 것처럼 보인다는 것이었다.

나는 대수롭지 않게 받아들이면서 더 열심히 노력하겠다고 말했다. 하지만 나도 알고 회사에서도 알다시피 그건 거짓말이었다.

2008년 9월, 내가 베인에서 근무한 지 1년이 조금 지났을 때 리먼 브라더스가 파산을 선언했다. 내가 왼쪽이 아니라 오른쪽을, 베인이 아니라 리먼을 선택했더라면 어떻게 되었을까? 금전적인 측면에서 나아 보였던 제안이 알고 보니 훨씬 위험한 제안이었다. 나는 물질적인 요소란 얼마나 쉽게 빼앗길 수 있는 것인지 깨달았다. 다시금 나의 일상을 진지하게 평가해보았다. 나는 거의 매일 밤마다 파티를 벌이고 있었다. 병원에서 일주일에 술을 얼마나 마시느냐는 질문을 받았을 때 나는 50잔 정도 마신다고 솔직하게 대답했다. 클립보드를 보고 있던 의사가 충격을 받은 표정으로 고개를 들었다. "지금 농담하는 거죠? 계속 그런 식으로 마시다가는 제 명에 못 죽어요!"

나도 계속 그렇게 술을 마시면 간이 더 이상 버티지 못할 거라는 생각이 들었다. 그보다 더 심각한 사실이 있다면 내 인생을 평가해보았을 때 지금의 내 모습이 마음에 들지 않는다는 것이었다. 나는 철저하게 이기적인 자세로 나에게 득이 되는 것들만 추구하고 있었다. 뉴욕으로 건너온 이래 정말로 남을 위해서 한 일은 하나도 없었다. 근사한 아파트에 살았고 파티, 여자 등 내가 꿈꾼다고 생각했던 모든 것들을 누릴 수 있었지만 허전하고 비참했다.

부모님과 만났을 때 나는 말했다. "좀더 열정을 불사를 수 있는 일을 하고 싶어요."

"안 된다. 먼저 현실 세계를 경험해야지." 부모님은 이렇게 말했다. 내가 경제적으로 탄탄해질 수 있는 안전한 길에서 이탈하지 않기를 바랐던 것이다.

"하지만 제가 제가 아닌 것 같은걸요." 나는 투덜거렸다.

"일이 원래 그런 거지!" 아버지는 고함을 질렀다. "어린애처럼 칭얼거리지 말고 정신 좀 차려라."

아버지의 말이 맞았다. 이제는 정신을 차려야 할 때였다. 몇 달 전에 세계적으로 손꼽히는 비영리재단이 베인의 무료 고객이 되었을 때, 나는 그 프로젝트를 맡은 간부에게 나도 참여하고 싶다고 깍듯하게 이메일을 보냈다. 하지만 그녀는 나를 선택하지 않았고 거기에는 그만 한 이유가 있었다. 연례회의 때 내가, 불타는 밤을 보내고 난 뒤에 잠깐 눈을 붙이는 곳으로 유명한 "복지실에서 자고 있을 가능성이 가장 높은 직원"으로 뽑혔던 것이다. 장난삼아 주는 상이었지만, 사내에서 내가 어떤 평가를 받고 있는지 경각심을 불러 일으킬 만한 사건이었다.

분위기를 얼른 바꿔야 하는데, 청소부가 나타나주길 기다려서는 될 일이 아니었다. 내 운명은 내가 책임져야 했다. 나는 술집에 드나드는 시간을 줄이고 헬스클럽에서 보내는 시간을 늘리며 건강을 챙기기 시작했다. 체력이 좋아지자 좀더 자신감 있고 빠릿빠릿하게 회의에 임할 수 있었다. 뉴욕 안에서 빈곤층을 보살피는 유수의 비영리단체 컨설팅 프로젝트가 떨어졌을 때 나는 허락을 구하지 않았다.

담당자로 내정된 친구 프리야 — 항상 내게 골탕 먹었던 그녀 — 를 찾아가서 나도 동참하겠다고 딱 잘라서 말했다. 나는 진지했고 대충 하고 때울 생각이 추호도 없었다. 팀원으로 선발이 되건 안 되건 상관없이 팀 회의 때 참석하겠다는 내 말을 듣고 그녀는 선택의 여지가 없음을 알아차렸다.

허락을 구하는 것은 거절을 자청하는 것과 같다고 볼 수 있는데, 이번에 나는 거절당할 일이 없었다. 나는 간절히 원하는 게 있으면 적극적으로 달려드는 성격으로 사내에서 유명하기도 했기에 그녀는 내가 프로젝트에 참여할 수만 있다면 수단과 방법을 가리지 않을 것임을 알았다. 임원의 접시에 놓여 있던 스테이크를 슬쩍하면 그런 식으로 소문이 나고도 남지 않겠는가.

나는 그 뒤로 몇 개월 동안 잘되길 바라는 비영리단체의 조직 개선안을 프리야와 함께 모색하면서 베인에서 배운 모든 것을 활용할 수 있었다. 밤늦게까지 엑셀로 파일을 만들고 고객을 면담하는 자리에서 억지로 면담 내용을 받아 적은 보람이 있었다. 이제 나는 잽싸게 계산기를 두드리고 남들 앞에서 효과적으로 프레젠테이션 하는 방법을 알았다. 내 예전 모습이 다시 드러나기 시작하는 게 느껴졌다. 아직은 내 일과 관심사가 완벽하게 일치하지 않았지만 이제는 기회가 찾아오면 주저 없이 잡아야 한다는 것을 깨달았다.

PENCILS OF PROMISE

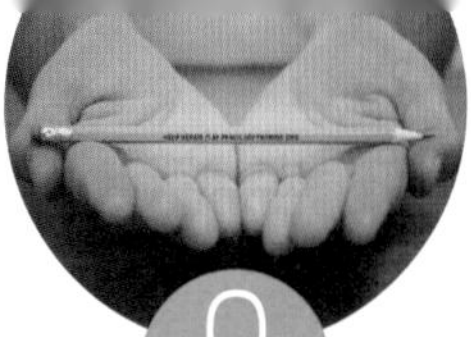

8

번쩍 하는 깨달음의 순간을 포착하라

뉴욕의 생활 리듬에 적응하기 시작했을 때 내가 베인의 '사외 연수 제도'에 지원할 자격을 거의 갖추었다는 사실을 알게 되었다. 사외 연수 제도란 본인이 선택한 회사에서 6개월 동안 근무하고 안전하게 베인으로 복귀할 수 있는 제도였다. 연수를 받는 동안에는 베인의 정식 직원이 아니었다. 사외 연수를 받는 6개월 동안에는 나를 고용한 회사에서 월급을 받았다. 하지만 다시 돌아올 수 있는 안전장치가 있었기에 위험을 감수하고 새로운 것을 시도할 자신감이 생겼다.

대부분은 신생업체나 헤지펀드사나 사모펀드사를 사외 연수업체로 선택했지만, 비영리단체에서 근무하는 직원들도 있었다. 나는 이 기회를 통해 CCF의 스코트 니슨과 좀더 공식적인 형태로 함께 일할 수 있었다. 베인을 떠나 있는 동안 어린이기금의 어린이 후원 사업을 확대하는 한편으로 동남아시아를 배낭여행할 수 있었다. 바로 내가 꿈꾸었던 생활이었기에, 나는 사외 연수 자격을 확보하는 데 총력을 기울였다.

회사에 집중되었던 관심이 차츰 다른 곳으로 옮겨지자 일 이외의 생활을 좀더 심층적으로 들여다볼 수 있었다. 나는 뉴욕에서 출중한 인물들을 만나고 전보다 자극이 되는 대화를 나누고 있었다. 선상 대학 프로그램에서 사귄 친구 데니스는 비영리단체에서 근무하는 젠 윌리엄스를 나와 연결시켜주었다. 우리 둘이 죽이 잘 맞을 거라고 했다. 젠과 나는 9월 말의 어느 토요일 오전에 만나서 브런치를 같이 먹었다. 그녀는 워싱턴대학교 2006년도 졸업생들이 결성한 젊은 노숙자들을 돌보고 후원하는 라이너스 비영리재단에서 자신이 어떤 일을 하는지 이야기했다. 산더미처럼 쌓인 팬케이크와 오렌지주스를 앞에 두고, 한 달에 한 번씩 운영진과 통화하면서 17개 캠퍼스 지부를 어떤 식으로 관리하는지 설명했다.

"네 밑으로 직원이 몇 명인데?" 내가 물었다.

"아니, 이게 내 본업은 아니야." 그녀는 선을 그었다. "나는 전략홍보회사 마케팅 부서에서 일을 하고 있어. 라이너스는 부업이고."

"그렇구나. 하지만 맨 처음 결성한 사람들은? 그 사람들은 정규직으로 근무하지 않아?"

"아니, 그 친구들한테도 부업이야. 다들 직장이 따로 있어. 좋아하는 일이기 때문에 자원봉사로 하는 거야."

내게는 혁신적인 발상이었다. 뉴욕으로 건너온 이래 내 일상은 베인에서 일하고 퇴근 후에는 술을 마시는 생활로 점철됐다. 가끔 이 두 가지가 중첩될 때도 있었지만 그 밖의 다른 일은 생각해본 적이 없었다. 과외 활동이라는 개념은 대학을 졸업한 뒤로 폐기처분되었다. 나는 동호회 활동도 하지 않았다. 무슨 강의를 듣지도 않았다. 일하고 노는 것 말고는 그 어떤 것도 하지 않았다.

"나도 동참하려면 어떻게 하면 돼?" 내가 물었다.

브런치를 먹은 뒤에 데니스를 만나서 센트럴 공원을 걸었다. 따뜻하고 화창한 9월의 오후였고 여름의 마지막 기운이 남아 있었다. 나뭇잎도 아직 물들기 전이었다. 하지만 긴장감이 도시에 감돌았다. 총체적인 경기 침체가 정점을 찍고 있었다. 리먼 브라더스가 파산을 선언했고 월가의 5대 투자은행 중 하나였던 베어 스턴스는 그보다 몇 개월 전에 무너졌다. 여기저기서 정리 해고가 속출했다. 내 친구들 중에서도 몇 명은 입사하자마자 해고되는 바람에 고향으로 내려가서 부모님에게 얹혀 지냈다.

데니스는 뉴욕은행을 그만두고 영화사를 크라우드펀딩하는 회사를 창업했다. 몇 년 전에 나와 함께 동남아시아를 여행했던 그와 재크, 두 친구가 벤처 투자자들에게 성공적으로 투자를 유치해 꿈을 실현하고 있었다.

"안정적인 직장을 박차고 나온 너의 용기가 존경스럽다." 공원을 걸으면서 내가 말했다. "하지만 나는 앞으로 24년 동안 가능한 한 돈을 많이 벌어서 그동안 축적한 자금과 인맥으로 전 세계 개발도상국에 학교를 세울 생각이야. 경제적으로 자리를 잡았다 싶을 때만 모험을 감행할 거야." 나는 완벽하게 계획을 세워놓았다는 확신이 있었다.

"넌 완전히 잘못 생각하고 있어." 데니스가 말했다. "지금이야말로 모험을 감행할 때지. 앞으로 24년 뒤면 가정도 있고 주택 대출금도 갚아야 할 거 아냐. 그러면 모험을 감행할 수 없게 되는 거야. 책임져야 할 게 너무 많으니까. 지금처럼 젊었을 때나 저질러보는 거지." 데니스의 말에도 일리가 있었는데, 녀석은 거기서 그치지 않았다. "게다가 경기가 지금처럼 안 좋을 때 뭘 시작해야 제일 좋거든. 내가 보기엔 지금처럼 뭔가 근사한 걸 만들어보겠다고 애를 쓰다보면 최소한 실무 경험이라도 쌓을 수 있으니까. 그러는 게 12개월 동안 실업자로 지내는 것보다 낫지 않겠어?"

데니스의 말이 맞았다. 지금이야말로 모험을 감행할 때였다.

그날 저녁에 나는 뉴욕 필하모닉 연주회에 초대를 받았다. 뉴욕 바로 옆에서 어린 시절을 보내기는 했어도 교향악단의 연주회는 처음이었다.

교향악단이 함께 연주하는 소리도 매혹적이었지만, 쏟아지는 박수갈채를 맞으며 모두 무대를 떠나고 거구의 사나이 혼자 그랜드피아노 앞에 앉았을 때 내 관심은 한층 고조됐다. 프로그램 소개에 따르면 그는 내가 아는 몇 안 되는 작곡가 중 한 명인 라흐마니노프를 연주할 예정이라고 했다. 나는 한 사람이 방금 전에 교향악단이 일으켰던 것과 똑같은 수준의 반응을 청중들로부터 이끌어낼 수 있을지 궁금했다.

피아니스트의 라흐마니노프 협주곡 연주가 시작되자 부드러웠던 멜로디가 이내 쩌렁쩌렁한 화음으로 바뀌었다. 우레 같은 소리가 피아노에서 쏟아져 나왔다. 그가 건반을 두드리며 격렬하게 몸을 흔들자 몇 가닥 안 되는 머리카락이 이쪽에서 저쪽으로 흩날렸다. 청중들은 그가 연주하는 음표 하나하나에 매달렸다. 눈을 감았더니 그가 연주에 불어넣은 열정이 들렸다. 이 사람이 피아노에 미친 것처럼 나도 한 가지에 미치면 성공할 수 있겠다는 생각이 들었다.

나는 나보다 더 거대한 무언가를, 남들까지 움직일 수 있는 무언가를 시작하고 싶은 나의 소망에 대해 심각하게 고민하기 시작했다. 자원봉사단체를 결성한 젠의 이야기와 젊었을 때 도전해야 한다는 데니스의 충고에 대해서도 생각했다. 사람들은 근사한 아이디어가 저절로 난데없이 떠오르는 줄 알지만, 사실은 수많은 사소한 순간과 깨달음이 서로 얽혀서 돌파구로 한 걸음씩 다가갈 수 있었기에 그런 아이디어가 떠오르는 것이다. 개발도상국을 누비며 연필을 나누어주었을 때 느꼈던 즐거움과 언젠가는 학교를 설립하고 싶은 소망에 대해 생각하는데, 문득 어떤 이름 하나가 내 뇌리를 스치고 지나갔다.

약속의 연필.

번갯불이 번쩍 하고 내 몸을 관통한 것 같은 기분이 들었다. 연필은 내가 굳게 믿는 독학의 능력을 상징했고, 약속에는 맹세나 서약 그리고 인간이라면 누구나 간직하고 있는 미개발의 잠재력, 이렇게 이중적인 의미가 담겨 있었다. 온갖 아이디어들이 떠올랐고 나는 흥분해서 주먹을 불끈 쥐었다.

살다보면 이후로 모든 게 달라지겠구나, 하고 느껴지는 순간들이 있다. 이 순간에 등장한 새로운 가능성을 모르는 척 무시하고 지나가면 우리의 인생은 예전 그대로일 것이다. 하지만 울려 퍼지는 가능성에 환호하면 인생행로가 영원히 달라진다. 모든 게 바뀌려 하는 아주 특별한 순간이 내게 찾아왔다. 그렇다는 것을 피부로 느낄 수 있었다.

나는 스물다섯 번째 생일을 한 달 앞두고 있었는데, 지난 4년 동안 생일 때마다 캄보디아 어린이기금의 후원금을 모금하는 파티를 열었다. 올해에는 일인당 20달러씩, 모두 합해서 5천 달러를 모아야겠다는 생각이 들었다. 그런 다음 명절 맞이 파티를 열어서 4~5천 달러를 추가로 모금하면 온전한 학교를 하나 설립하는 데 필요한 자금을 마련할 수 있겠다는 생각도 스쳤다.

바로 그때 링컨센터의 무대가 어두워지면서 객석의 조명이 켜졌다. 중간 휴식시간이었다.

친구 렌이 통로로 나가고 있었다.

"그만 가야겠어." 내가 말했다.

"이제 겨우 중간 휴식시간인데?" 그는 어리둥절해하며 물었다.

"알아. 그래도 그만 가야겠어. 방금 전에 벌어진 어떤 일로 모든 게 달라졌거든. 당장 노트북에다 이런저런 아이디어들을 정리해야겠어."

렌이 교향악단의 연주를 끝까지 들어보라고 설득해서 계속 자리를 지키기는 했지만 머릿속이 어지러웠다. 원래는 연주회가 끝나면 두 군데에서 열리는 파티에 들를 생각이었는데, 에이버리 피셔홀에서 나오면서 친구들에게 문자를 보냈다. *오늘밤에는 못 가겠다. 엄청난 일이 생겼거든. 내일 전화할게.*

부모님에게도 문자를 보냈다. *내일 집에 내려가요. 드릴 말씀이 있어요. 오늘 저녁에, 꼭 이루고 싶은 아이디어가 생각났거든요.*

부모님이 답장을 보내왔다. *진정하고 내일 아침에 보자.*

모든 게 딱 맞아떨어졌다. 나는 사외 연수 기간에 단체를 설립하고 6개월 회사를 쉬는 동안 어느 정도 궤도에 올린 다음 베인으로 돌아가서 젠과 그녀의 친구들처럼 부업으로 계속 운영할 작정이었다. 그러면 회사를 접거나 몇십 년 동안 기다리지 않아도 뭔가 의미 있는 일을 시작할 수 있었다. 가장 중요하게는, 그동안 나만 챙기면서 살았던 내가 학교를 세워서 에바 할머니에게 바칠 수 있었다. 할머니가 내게 얼마나 중요한 존재인지 마음을 전하고, 앞으로 몇 세대에 걸쳐 깊은 영향을 미칠 할머니의 유산을 남길 수 있었다.

나는 아파트로 달려가서 밤을 새워가며 장황한 선언문을 작성했다. 다음과 같은 조직 강령으로 시작되는 선언문이었다.

약속의 연필은 개발도상국 내의 빈곤지역에 초등교육시설 설립을 목표로 하는 비영리단체가 되고자 한다. 우리는 시설을 건립함에 있어 파트너가 되길 희망하기에, 각 지역 사회는 우리 단체와 매우 적극적으로 공조하겠다는 자세를 보여야 한다. 각 교육시설의 궁극적인 목표는 설립 5년 내에 지역 주민들의 힘으로 자립, 존속하는 것이다.

우리는 교육이야말로 가난과 질병을 물리칠 수 있는 가장 강력한 도구이며 초등교육, 즉 아이들의 손에 연필을 한 자루 쥐어주는 것이 자기 역량 강화와 보다 나은 삶을 약속하는 첫 걸음이 될 수 있는 그 단계의 교육이 어린이들에게 미치는 영향이 가장 크다고 믿는다.

나는 학교를 설립할 만한 지역과 미래의 모금 행사들을 단숨에 적고 다음과 같은 목록을 만들었다.

다음 단계

- 홈페이지
- 법인 설립
- 변호사 상담
- 회계사 상담
- 1호 학교 설립 부지 결정
- 로고를 맡길 그래픽 디자이너 물색
- 명함, 편지지와 봉투

해가 떴고 나는 밤을 꼬박 새웠다. 나는 엄청난 깨달음을 부모님에게 전하기 위해서 그리니치로 내려가는 열차에 올랐다. 부모님은 예전부터 내가 터무니없는 생각을 하면 가차 없이 공격을 하셨기 때문에 어느 누구보다 부모님의 의견에 신뢰가 갔다. 부모님은 늘 나에게 가장 도움이 되는 방향을 고민하는 분들이니 잔인하다 싶을 정도로 솔직한 평가를 내릴 것이었다. 내가 부모님을 설득할 수 있다면 이 아이디어는 되는 아이디어였다.

내가 20분에 걸쳐 조목조목 상세하게 설명했을 때 어머니가 먼저 입을 열었다. "참 터무니없는 발상이긴 하다만 사회 연수용으로 나쁘진 않네. 솔직히 솔깃한데?"

우리는 몇 시간에 걸쳐 계획안을 해부했다. 첫 번째 학교는 어디에 지을까? 모금은 어떤 식으로 하는 게 좋을까? 초기 팀원으로 누구를 끌어들이면 좋을까? 물음표가 끝도 없이 이어졌지만 꼼꼼이 따져야 할 중요한 부분들이었다. 해야 할 일이 산더미 같았지만 첫 번째로 취해야 하는 조치가 뭔지는 분명했다. 착수금을 은행 계좌에 입금해야 했다.

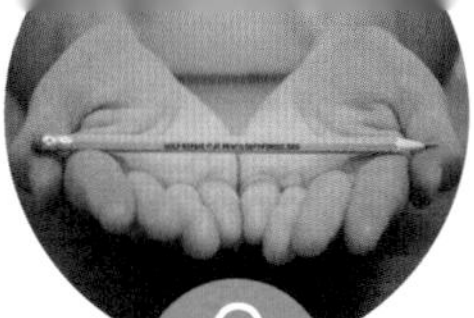

9
원대한 꿈은 사소하고 터무니없는 행동에서 비롯된다

약속의 연필을 주제로 대화를 나누면 나눌수록 점점 더 실감이 나기 시작했다. 몇 주가 지나자 서류작업을 시작해야 할 시점이 찾아왔다.

나는 10월의 첫날, 집에 내려간 김에 어머니에게 차를 빌려서 시청으로 향했다. 약속의 연필 공식 대표로 내 이름을 넣어서 사업자 등록증을 작성하고 그 근처 뱅크 오브 아메리카로 차를 몰았다. 내가 처음으로 통장을 개설했던 바로 그 지점이었다.

"계좌를 하나 새로 만들고 싶은데요." 나는 중소기업 상담코너에 앉아 있는 여직원에게 말했다. 명찰에 '데비'라고 적혀 있었다. "약속의 연필이라고, 이제 막 설립한 단체용으로요."

"어머, 그 이름 마음에 드네요." 데비가 말했다.

“저도요.” 나는 미소를 지었다. “계좌를 개설하려면 뭐가 있어야 하죠?”

“노란색 사업자 등록증을 들고 오셨으면 최소 25달러만 입금하시면 돼요.”

원대한 꿈은 종종 사소하고 터무니없는 행동에서 비롯된다. 대부분의 사람들은 최저 한도액으로 시작하다니 그 무슨 말도 안 되는 짓이냐고 생각하겠지만, 나는 시작이 아무리 미미해도 크게 성공할 수 있다는 것을 보여주고 싶었다. 게다가 그 달에 내 스물다섯 번째 생일이 있었으니 운명이라는 예감이 들었다. 나는 데비에게 25달러를 건넨 뒤 2008년 10월 1일이라고 찍힌 입금표를 받았고, “애덤 브라운, 약속의 연필 대표”라고 적힌 수표책을 들고 나왔다.

그러고는 www.pencilsofpromise.org로 도메인(발음이 비슷한 도메인과 .com으로 끝나는 쌍둥이들까지 모조리 싹쓸이했다)을 등록하고, 지메일로 건너가서 PencilsofPromise@gmail.com으로 무료 이메일 계정을 개설했다. 이 새로운 계정으로 법조계에 종사하는 친구와 친척들에게 이메일을 보내 1023 서류를 작성해야 하는데 도와줄 만한 사람을 아느냐고 물었다. 1023 서류는 501(c)(3) 비영리단체 자격을 획득하려면 작성해야 하는 장황한 서류였다. 비영리단체 자격을 획득하기까지는 몇 개월이 걸리지만 당장 모금 활동을 시작해도 법적으로 아무 문제가 없었고, 일단 승인을 받으면 소급 적용되어서 모든 기부금에 소득 공제를 받을 수 있었다. 다행히 삼촌 밑에서 일하는 젊은 변호사가 무료로 모든 서류 작성을 도와주겠다고 했다. 우리는 퇴근 후에 만나기 시작했고 그녀 덕분에 필요한 서류를 금세 취합할 수 있었다.

나는 공식 계좌와 이메일 주소, 법무 절차 등 모든 것이 순조롭게 처리되고 있는 가운데 첫 번째 모금 행사를 기획하기 시작했다. 해마다 찾아오는 내 핼러윈 생일파티였다. 멘토들마다 경기가 이렇게 안 좋은데 후원금을 무슨 수로 모을 수 있겠느냐고 했다. 하지만 야심만만한 꿈으로 무장한 나는 사명감에 불탔고, 경험상 뉴욕의 20대들은 경기와 상관없이 늘 놀 거리를 찾아다닌다는 것을 알고 있었다. 재미있는 사람들과 어울리는 동시에 세상에 긍정적인 영향을 미칠 수 있는 근사한 파티를 열면 소액 기부금을 꽤 많이 모을 수 있을 것이었다.

트라이베카에 M1–5 라운지라는 엄청나게 널찍한 공간이 있었다. 대형 댄스플로어도 있고 한가운데에 바가 있어서 술을 주문하느라 한참 기다릴 필요가 없었다. 나는 매니저에게 핼러윈 전날인 목요일에 가게를 빌리고 싶다고 제안했다. 손님을 대거 모으는 대신 입구에서 20달러씩 걷어서 전액 약속의 연필에 기부하겠다고 했다. 그는 처음에는 미지근한 반응을 보였지만, 내가 최소 200명은 부를 수 있다고 장담하자 좋다고 했다. 과연 그렇게 많은 인원을 모을 수 있을지 알 수 없었지만 승부수를 띄워야 했다.

비디오 아티스트로 일하는 내 친구 루크가 '핼러윈 걸'이라는 자작곡으로 뮤직 비디오를 만들어서 동참을 촉구하겠다고 했다. 비디오 제작 현장은 웃음바다였다. 모두들 희한한 코스튬을 입고 나와서 빈둥거렸다. 하지만 학교 설립 기금 마련을 돕겠다고 열을 내는 친구들이 감동적이기도 했다. 나뿐 아니라 친구들의 대화에도 약속의 연필이라는 이름이 등장하기 시작했다. 내 친구 댄이 입버릇처럼 말하길 "친구는 네가 선택한 가족"이라고 했다. 녀석의 말이 맞았고, 나의 선택이 이보다 더 기쁠 수 없었다.

나는 디데이 3주 전, 페이스북에 행사 초대 페이지를 만들고 각 친구들에게 '주최자'의 자격을 부여했다. 우리가 초대한 사람을 다 합하면 수천 명이었다. 며칠 뒤 유튜브에 '핼러윈 걸' 비디오를 올리자 사람들이 기대감에 웅성거리기 시작했다.

엄청난 참여율을 기대하기는 했지만, 막상 400명이 몰려오자 어안이 벙벙했다. 우리는 순식간에 8천 달러를 모금했다. 내 예상보다 3천 달러나 많이 걷힌 것이다. 파티는 대성공이었고 파티 내내 사람들이 내게 다가와서 이야기했다. "이 단체에 좀더 적극적으로 동참하고 싶어요. 나중에 또 뭉쳐요. 이런 기회를 찾고 있었거든요."

나와 가장 친한 친구들이 앞으로도 계속 기금 마련 파티를 돕겠지만 단순한 행사, 그 이상에 관심 있는 소수를 중심으로 집행부가 꾸려졌다. 내 대학교 친구이자 세계적으로 손꼽히는 건축가 밑에서 일을 하던 탁월한 엔지니어 리처드는 학교 설계와 공사를 돕겠다고 했다. 딜로이트에서 컨설턴트로 근무하던 친구 리비는 일요일에 나와 브런치를 먹으며 냅킨에 온갖 아이디어를 쏟아낸 다음부터 함께하기로 했다. 내

고등학교 단짝친구이자 골드만 삭스의 3년차 투자 상담사였던 마이크는 솜씨를 발휘해서 재무 관리를 돕고 싶다고 했다. 나는 심지어 젠 윌리엄스에게 전문가의 솜씨 좀 빌리자며 자원봉사 관리를 맡겼다. 마지막으로 내 친구와 한동네에 사는 미미는 핼러윈 파티에 참석해서 내게 말하길 좀더 적극적으로 동참하고 싶다고 했다.

일주일 뒤에 같이 술을 마시는 자리에서 그녀는 기구를 한 단계 발전시키는 데 쓸 만한 좋은 아이디어들을 쏟아냈다. 그녀는 가벼운 자원봉사 수준을 넘어서 약속의 연필에 전력을 다하고 싶어 했다. 이야기를 나누면 나눌수록 우리가 비슷한 단체를 꿈꾸고 있다는 걸 느낄 수 있었다. 그녀의 에너지는 전염성이 있었다. 그녀는 탁월한 근면함으로 실질적인 결과물을 만들어냈다. 이런 친구들로 이루어진 소규모 집행부가 늦은 밤이나 주말에 베인 사무실에서 만나기 시작했다.

나는 다음 행사인 명절 맞이 가면무도회를 준비하는 동안 매일 밤, 라오스의 교육과 관련이 있는 사람을 온라인에서 발견할 때마다 무작정 이메일을 보냈다. 여행지 중에서 동남아시아가 가장 마음에 들었는데, 그 지역에서 가장 가난한 두 나라가 라오스와 미얀마였다. 미얀마는 혼란스러운 정치 상황으로 인해 외부인들에게 폐쇄적이었기에 라오스가 누가 봐도 적합한 선택지였다. 나는 단체, 교수, 여행 가이드 등 라오스와 관련이 있는 사람들에게 되는 대로 연락해서 학교를 짓고 싶은 나의 바람을 설명하고 제휴나 공조나 조언을 구했다. 라오스에서 이미 활동 중인 비영리단체장에게서 맨 처음으로 이메일 답장이 날아왔는데 놀랍게도 다른 나라를 알아보라는 내용이었다.

첫 번째 시도 대상을 잘못 선택한 것 같네요. 라오스는 새로운 기구와 사업을 시작하는 데 어려움이 많은 나라입니다. 쉽지 않아요.

나는 다시 이메일을 보내서 추가로 시시콜콜하게 물었지만 그는 답장이 없었다.

그의 설명에 의기소침해졌고 답장이 없으니 더욱 그랬지만 내 안 어딘가에서 꿋꿋하게 밀고나가라는 소리가 들렸다. 대부분의 벤처회사들이 초기에 쓰러지는 것은, 안 된다는 소리를 하도 많이 들어서 더 이상 시도를 하지 않기 때문이다. 내가 조언을 청했던 사람들 중에 어떤 이는 사외 연수 기간 동안 쓸데없이 비영리단체에 매달리지 말고 헤지펀드사에서 경험을 쌓으라고 했지만 나는 포기하지 않았다. 밤이면 잠이 오지 않아서 새벽 서너 시까지 새로운 실마리를 찾고 거기에 매달렸다.

연줄을 찾느라 몇 주 동안 미친 듯이 애를 썼을 때 도리라는 사람에게서 이메일이 도착했다. 그는 전직 은행원으로 인근에 사는데 라오스와 사랑에 빠져서 은퇴 후에 '아이들에게 선택의 자유를'이라는 단체를 설립했다고 했다. 그들 부부는 지난 10년 동안 그곳에 20개의 학교를 설립했다. 2주 뒤에 나는 퇴근 후 타임스 광장에 있는 내 사무실에서 N노선 열차를 타고 프린스 가 근처로 그들을 만나러 가고 있었다.

이후 4시간 동안 우리는 실버 스퍼스 카페에서 감자튀김을 몇 접시 해치우며 끈끈한 사이로 발전했다. 우리는 둘 다 비즈니스 분야에서 맨 처음 사회생활을 시작했고 여행을 통해 열정을 발견했다는 공통점이 있었다. 도리는 그들의 단체가 정확히 어떤 식으로 운영되는지 설명해주었다. 그들은 각 마을에 공사대금의 10퍼센트를 투자해달라고 했다. 나도 지역 사회와 그런 식의 연대가 필요하다고 생각했는데 좋은 본보기였다. 그들은 학교 한 채를 설립할 수 있는 기금을 쾌척한 후원자들을 데리고 1년에 한두 번씩 라오스를 찾아가고, 그 나머지 기간 동안에는 TC라고 불리는 현지 직원 통찬이 프로젝트를 관리했다. 2만5천 달러가 있으면 서너 달 사이에 학교를 한 채 지을 수 있었다. 도리는 심지어 품목별 예산까지 보내주겠다고 했다.

나는 이미 추수감사절 휴가 때 2주에 걸쳐 라오스를 방문하기로 계획을 세워놓았는데 인심 좋은 도리 덕분에 이제 제휴 단체를 통해 노하우를 터득하고, 교육청 관계자도 소개받고, 첫 번째 학교를 설립하는 데 도움도 받을 수 있게 되었다.

한편 미미가 대규모 가면무도회를 열 만한 훌륭한 장소를 발견한 것에 탄력을 받아 우리는 근무하는 틈틈이 쉴 새 없이 이메일을 주고받으며 파티 후원자들을 설득할 만한 자료를 준비했다. 나는 배낭여행 때 찍은 사진을 덧붙이고 선언문을 다듬어서 우리 단체의 비전과 미션을 소개했다. 젠이 마지막 페이지에 목표 모금액을 대담하게 정해보라고 해서 나는 이렇게 적었다. "향후 10년 동안 25만 달러를 모금하는 것이 우리의 목표입니다." 그 당시에는 이것이 엄청나게 야심 찬 목표처럼 느껴졌다.

건축업계에서 근무하는 엔지니어 친구 리처드가 추수감사절 휴가 때 떠난 첫 번째 라오스 여행에 동참했다. 우리는 오토바이를 타고 비엔티안의 길거리를 누비고 방비엥의 남송 강을 따라 달렸다. 하지만 폭도들이 방콕 공항을 점령하자 리처드는 기한 만료된 비자를 들고 동남아시아에 발이 묶일까 걱정한 나머지 먼저 돌아갔다. 혼자 남은 나는 버스를 타고 북쪽의 루앙프라방으로 10시간에 달하는 여행길에 올랐다. TC를 만나고 우리의 첫 번째 학교를 설립할 마을을 찾기 위해서였다.

라오스 북부 산악지역의 버스정거장에 도착했을 때는 새벽 한 시가 다 되어가고 있었고 머리 위 하늘에서 별들이 반짝였다. 나는 툭툭을 타고 시내로 들어가서 눈 붙일 만한 곳을 찾은 결과, 라타나 게스트하우스라는 곳에서 일박에 12달러 50센트에 에어컨이 있고 온수가 나오는 방을 얻을 수 있었다. 여주인은 영어를 잘했고 게스트하우스의 위치도 완벽해서 시내 한복판, 야시장 바로 옆이었다.

그 뒤로 며칠 동안 TC는 나에게 루앙프라방을 가리켜 지구상에서 가장 특별한 고장이라고 하는 사람들이 왜 그렇게 많은지 그 이유를 보여주었다. 19세기 후반에 프랑스의 식민지가 되었고 1995년에 유네스코 세계 문화유산 보호지역으로 지정된 이 매력적인 마을은 메콩과

남칸, 이렇게 두 강을 끼고 있다. 고대 사원이 프랑스 식민지 풍의 건축물과 나란히 서 있다. 짙은 노란색 승복을 입은 승려들이 매일 아침 동틀 녘에 길거리를 돌아다니며 시주를 받고, 어린아이들은 햇볕을 가려주는 분홍색 우산을 들고 자전거로 울퉁불퉁한 길을 달리며, 시간이 멈춘 것처럼 느껴진다. 나는 당장 그곳을 "만 개의 미소가 있는 땅"이라고 부르기 시작했다. 그렇게 평화롭고 온화한 사람들은 내 평생 처음이었다.

하지만 내가 만난 목가적인 풍경과 아름다운 사람들 이면에는 가혹한 현실이 도사리고 있었다. 시골에서는 대부분의 주민들이 대나무로 만든 오두막집에서 살았고 거의 혹은 전혀 교육을 받지 못했다. 대다수의 하루 생활비가 2달러가 안 되었다. 그 일대 전체가 엄청나게 가난했지만 나는 특별한 곳을 출발점으로 삼아야 했다. 첫 번째 학교를 설립할 만한 마을을 찾아야 했다.

다행히 TC가 루앙프라방 교육청의 많은 관리들과 긴밀한 관계를 맺고 있어서 나를 그쪽에 소개해주었다. 그들은 친절하고 정중했지만 아무도 영어를 할 줄 몰랐다. 그들이 내 이름을 발음하느라 애를 먹자 나는 이니셜로 간단히 줄이자고 마음먹었다. "그냥 AB라고 불러주세요. A, B, C, D 할 때 AB요." 고맙게도 TC가 통역해주었다. 그들은 가장 도움이 절실한 열 군데 마을 명단에 교실은 몇 개가 필요하고, 어떤 연령대의 아이들을 위한 학교이며, 시내와의 거리는 얼마나 되는지, 그런 세세한 정보까지 넣어서 알려주었다.

라오스에서 보내는 마지막 날이 되었는데 명단에 있는 마을 중에서 아직 둘러보지 못한 곳이 세 군데였다. 나는 운영 중인 학교 교실을 구경하고, 각 학교에 다니는 아이들과 못 다니는 아이들을 만나고 싶었다. 그런데 일요일이라 학교가 모두 문을 닫았다.

나는 실망감을 달래며 마지막으로 파퉁 마을로 향했다. 명단에 따르면 3세에서 5세까지의 어린이들을 가르칠 유치원(보육원 포함)이 가장 절실하다는 곳이었다. 우리는 마주치는 아이들에게 손을 흔들어가며 숲이 울창한 산과 눈부시게 파릇파릇한 논을 지났다. 도착한 뒤에는 흙길을 걸어서 강가 마을로 들어가 보니 1학년에서부터 3학년까지 교실 3개로 이루어진 건물과 여기에 딸린 4학년용 대나무 오두막이 보였다. 그보다 어린 아이들을 위한 시설은 하나도 없었다.

오두막 교실 안을 들여다보니 어린 여자아이 3명이 선생님도 없는데 칠판에 글씨 쓰는 연습을 하고 있었다. 내가 있는 줄도 모르고 가장 나이가 많은 아이가 단어를 조그맣게 말하면 나머지 둘이 열심히 받아 적었다. 그러면 가장 나이가 많은 아이가 잘못 쓴 부분을 고쳐주며 좀 더 열심히 공부하라고 다그쳤다. 초등학교 4학년 때 내 짝과 생김새가 비슷해 보였다. 그 아이가 다른 데서 태어났더라면 인생이 얼마나 달라졌을까 싶었고, 불과 몇 세대 전에는 우리 가족도 조그만 마을에서 살았다는 게 생각났다. 내가 칠판 앞으로 다가가자 아이들은 당장 어색해하며 서로 끌어안고 웃음을 감추느라 입을 막았다.

나는 맨 먼저 칠판에 내 이름, 애덤을 적어서 보여주었다. 아이들은

이해를 못하는 눈치였다. 나는 교육청에서 어떤 식으로 거리를 좁혔는지 떠올리고는 내 가슴을 가리키며 라오어로 말했다. "코이 쑤 AB(내 이름은 AB야)." 나는 대문자로 AB라고 쓴 다음 분필을 가장 나이가 많은 아이에게 건넸다. 그 무렵 대나무 오두막 안으로 15명의 동네 아이들이 모여들었는데, 내가 "이제 네 차례"라며 칠판을 턱으로 가리키자 다들 흥분하며 정신없이 키득거렸다. 한참을 기다리고 여러 차례 부추긴 뒤에야 한 아이가 칠판 위에 근사한 라오어를 잽싸게 적고 분필을 내게 다시 건넸다. "칸통." 아이가 말하자 모여 있던 아이들이 또다시 웃음을 터뜨렸다.

그 여자아이의 뒤를 이어서 다른 아이, 다시 다른 아이, 또 다시 다른 아이가 자기 이름을 적었다. 아이들은, 엄마는 빨래를 하고 아빠는 고기를 잡는 강가에서 혼자 놀다가 공부를 하러 임시 교실에 모인 것이었다. 아이들은 자기 마을에 찾아온 낯선 남자를 보고 엄청나게 흥분했지만, 내가 그들을 보고 느낀 떨림이 더 컸을 것이다. 나는 약속의 연필 이름으로 첫 번째 학교를 설립할 만한 곳을 찾았다.

다음 날 나는 뉴욕으로 돌아갔다. 기금 마련 가면무도회까지 일주일이 남았고 미미와 그 일당들이 막바지 작업에 박차를 가하고 있었다. 우리는 모든 이들에게 제대로 된 복장을 갖추어 입을 수 있는 기회를 제공하는 파티를 열기로 했다. 그 당시에는 보통 자선행사의 입장료가 너무 비싸게 책정되어서 젊은 전문직 종사자들이 정식 자선행사에 참석하기가 쉽지 않았다.

우리는 오로지 페이스북을 통해 홍보하고 유튜브 비디오를 통해 행사를 알리는 최초의 비영리 단체였기 때문에 훨씬 저렴하게 입장권을 판매할 수 있었다. 미미가 주류 후원사를 확보한 덕분에 비용이 대폭 절감된 측면도 있었다. 우리가 시도한 방법이 효과가 있었다. 입장권이 600장도 넘게 팔린 것이었다. 우리는 전원이 자원봉사자였기에 그날 저녁, 최소 비용을 제하고 거둔 순수입이 2만 달러가 넘었다.

그해 연말까지 우리의 사업계획에 대해 듣고 후원을 자청하는 사람들로부터 성금이 잇달았다. 우리는 25달러로 계좌를 개설한 지 3개월 만에 1천여 명의 후원자들로부터 약 3만5천 달러를 모금했다. 약속의 연필이 이제는 개인적인 프로젝트가 아니라 하나의 운동처럼 느껴졌다.

정신병자와 리더의 차이는 그가 추구하는 바에 동참하는 사람들이 있는지의 여부다. 약속의 연필 밑그림을 그린 사람은 나였지만 첫 번째 핼로윈 파티를 거든 친구들이 있었기에 날개가 달렸다. 가면무도회 준비에 열과 성을 다한 미미가 있었기에, 나를 루앙프라방 교육청과 연결해준 도리와 TC가 있었기에, 라오스 행 비행기에 탑승한 리처드가 있었기에, 남들이 안 된다고 할 때 우리는 전진할 수 있었다. 우리 사회는 설립자와 CEO를 너무 찬양하는 경향이 있다. 사실은 얼리어답터와 전도사들이 있기 때문에 그 회사가 성공할 수 있는 것인데도 말이다.

초창기에 하지만 불가능한 것을 믿는다는 한 가지 공통점 아래 뭉친

어중이떠중이였다. 우리는 남들이 정한 고정관념을 깨고 우리가 물려받은 것보다 나은 세상을 만들고 싶었다. 그런 마음으로 팀워크를 발휘하고 하나의 꿈을 현실로 이루어내는 데 다같이 헌신적으로 매달린 덕분에 몇 개월만 있으면 약속의 연필 사상 최초의 학교를 탄생시킬 수 있게 되었다.

하지만 이렇듯 자신감이 하늘을 찌르다 보니 내가 회사에서 잘리기 직전이고, 우리가 그렇게 열심히 일군 모든 것이 와르르 무너질 수도 있는 상황이라는 것을 미처 알아차리지 못했다.

PENCILS OF PROMISE

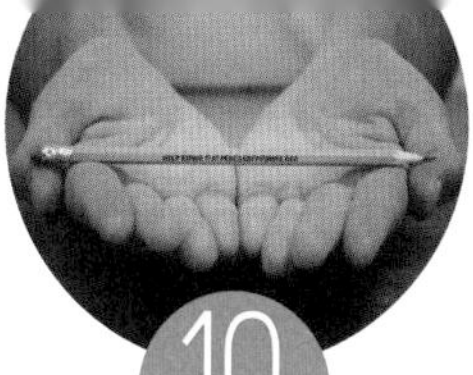

10

교만을 넘어 겸손해지는 연습을 하라

나는 라오스에서 겪은 행복감과 성황리에 끝난 모금 행사에 취해 새해를 맞이했지만, 뉴욕의 모든 것이 온 사방에서 추락하고 있음이 이내 분명해졌다. 회사에서는 직원들을 무더기로 해고했고, 실업자들은 일자리를 찾았지만 헛수고였으며, 도산하는 기업이 허다했다. 이런 혼란스러운 분위기 속에서 회사에서는 3년차 컨설턴트들을 모조리 한 자리에 소집했다. 무슨 일인지 소문은 무성했지만 실상을 아는 사람은 아무도 없었다.

임원들이 우리를 25층의 대형 회의실에 앉히고 사외 연수 제도의 변화 가능성에 대해 논의하고 싶다고 했다. 나는 라오스로 다시 돌아갈 날만을 손꼽아 기다렸고 회사의 승인 아래 떠나는 여행의 계획과 전략을 마치 군인처럼 정확하게 세우고 있었다. 그런데 그 모든 것이 위기에 봉착하나 싶어 걱정스러웠다.

우리는 직원관리팀장 레베카와 함께 한 테이블에 동그랗게 모여 앉았다. 나는 손톱을 물어뜯었다. 레베카는 심각한 표정으로 우리를 물끄러미 쳐다보았다.

"통상적으로 사외 연수 기간은 6개월이지만 이제는 원하면 9개월까지 휴직이 가능합니다." 그녀가 선언했다.

안도감이 물밀 듯 밀려왔다. 레베카의 설명에 따르면 해고 없이 급여 대상자의 숫자를 감축할 수 있도록 정책을 바꾸었다고 했다. 사외 연수에 나선 직원들은 월급을 받지 못하지만 건강보험 혜택은 누릴 수 있었고 나중에 원래 자리로 복귀할 수 있었다.

회사로서는 환상적인 소식이 아니었을지 몰라도 나로서는 환상적인 소식이었다. 배낭여행을 하면서 빠듯한 예산으로 근근이 연명하는 것이라면 이골이 났다. 그동안 쌓은 노하우에다 지금까지 일을 하면서 모아놓은 돈이 있었으니 휴직 기간 동안 월급 없이 살 수 있었다. 나는 레베카를 따라서 그녀의 사무실로 좇아갔다. "어디에다 신청하면 될까요? 저는 9개월도 좋은데요."

나는 베인에서 근무한 지 2년째였기 때문에 주도적으로 맡은 일이 없는 경우에는 호출이 있을 때만 출근하면 된다는 것을 알았다. 우리끼리 "지상 근무"라고 부르는 관행이었다. 크리스마스와 신년 기간에는 고객 업무가 기본적으로 중단되기 때문에 그 기간 동안 지상 근무를 하면 유급 휴가를 몇 주 더 누릴 수 있었다. 따라서 복귀 날짜를 12월 중순으로 잡으면 1월 초까지 아무 일도 맡지 않을 가능성이 컸다. 그 날짜에서 거꾸로 계산해 보니 3월 중순이었다.

준비할 시간이 몇 개월밖에 없었다. 앞뒤 볼 것 없이 전력 질주해야 했다.

사외 연수를 신청하려면 수석 컨설턴트가 되어야 하는데 내 동기들은 대부분 승진을 낙관하는 분위기였다. 내가 어떤 사외 연수 계획을 세웠는지 설명하자 베인 관리팀에서 말하길 보통 벤처사업은 승인하지 않는다고 했다. 그 방침을 바꿀 권한이 있는 사람은 뉴욕지사장 제임스뿐이었다. 내 동기들은 대부분 제임스를 무서워했지만 나는 그와 음악이라는 공통 관심사가 있었다. 해마다 열리는 자선 경매 행사 때 내가 가장 높은 가격을 부른 사람에게 매달 믹스 앨범을 만들어주겠다고 제안했는데, 그걸 낙찰받은 사람이 제임스였다. 나는 매달 그와 만나서 어떤 음악을 좋아하는지 듣고, 그의 취향을 만족시키면서 내가 듣는 최신곡도 함께 소개하는 믹스 앨범을 만들어주었다. 음악이라는 공통의 관심사가 우리 사이를 친근하게 만들어주었기에, 내가 선례를 깨고 휴직 기간 동안 약속의 연필을 운영할 수 있도록 허락해달라고 하자 그는 알았다고 했다.

베인 경영진은 휴직 기간 동안 약속의 연필 일을 해도 좋다고 허락했지만 이미 설립된 단체에서 근무해야 한다는 것이 사외 연수 제도의 조건이었다. 따라서 약속의 연필이 출범 전이면 그 일을 할 수가 없었다. 3월 중순부터 휴직에 들어가기로 마음을 먹었으니 맨 처음 계좌를 개설한 시점에서 단체를 구성해 시동을 걸기까지 약 5개월 정도밖에 여유가 없었다.

사업가들은 매주 100시간씩 할애해야 하는 일을 맡느라 50시간짜리 일을 포기하는 경우가 많은데 나는 양쪽 다 해보려고 애를 쓰고 있었다. 나는 무엇이든 감당할 수 있다고 생각했지만 어느 정도 시간이 지나자 한쪽이 무너지기 시작했다.

나는 라오스를 다시 찾기 전에 마지막으로 파티를 열기로 했다. 친구들도 한 자리에 불러 모으고, 약속의 연필 기금도 마련하고, 가면무도회 때 쓰고 남은 엄청난 양의 알코올도 소진하기 위해서였다. 필요한 양을 상당히 과다 측정하는 바람에 내 아파트 베란다에 보드카 144병을 보관하고 있었던 것이다. 한번은 집에 놀러 온 친구가 남은 쿠어스 라이트 맥주 60상자가 내 방에 쌓여 있는 것을 보더니 농담조로 물었다.

"나한테 뭐 할 말 없어?"

발렌타인데이 때 음료를 무료로 제공하는 파티를 열면 재고를 생산적으로 소진할 수 있을 것 같았다. 그러면 모금도 하고, 약속의 연필을 보다 많은 사람들에게 소개하고, 내 방에 움직일 공간도 다시 확보할 수 있었다. 나는 적당한 건물 꼭대기 공간을 물색하고 밤새 음료를 무료로 제공하는 파티 입장권의 가격을 40달러로 책정했다.

그 무렵 회사일도 점점 바빠지기 시작했다. 나는 유명한 두 은행 간의 합병 후 통합안을 준비하는 중책을 맡고 있었다. 이 임무를 맡으면서 새로운 중간 관리자 밑으로 배속되었는데, 대학을 졸업한 이래 줄곧 베인에 근무한 프레스콧이었다. 그는 연한 살구색 바지를 즐겨 입었고, 회사에서 유일하게 자기 이니셜이 찍힌 근사한 메모지를 쓰는 직원이었다.

고난이도의 재무 프로젝트였고 베인이 이 프로젝트를 따내면 프레스콧은 임원으로 승진할 수 있었다. 따라서 나는 또 무슨 지시가 내려질지 전혀 알지 못한 채 늦게까지 야근을 할 때가 많았다. 발렌타인데이 파티가 열리는 날, 나는 제 시각에 퇴근해 시내에서 열리는 파티를 준비할 생각이었다. 그런데 하루 일과가 거의 끝나갈 무렵 프레스콧이 자칭 '백만 불짜리'라고 부르는 슬라이드를 하나 만들라고 했다. 베인에서 '백만 불짜리 슬라이드'라고 하면 프레젠테이션에서 가장 중요한 무기, 클라이언트를 설득할 수 있는 무기라는 뜻이었다. 슬라이드 한 장에 불과하지만 엄청난 작업이 필요했다. 수천 장의 연례 보고서와 서류 속에 숨겨진 데이터를 찾아서 만들어야 했다. 알맞은 수치를 찾더라도 내 재무 지식으로 슬라이드에 필요한 그래프를 만들 수 있을까 싶었다.

나는 얼른 해치우려고 서둘렀지만 오후 여덟 시가 되도록 끝내지 못했다. 음료, 스피커, 파티 장식용품이 모두 내 아파트에 있었다. 아홉 시 입장에 맞춰서 파티 준비를 거들러 온 티크, 게이브, 댄도 마찬가지였다. 내 전화에서 불이 났다.

"지금 어디야?" 티크가 물었다.

150명이 온다는데 모든 준비물이 너희 집 안에 갇혀 있다. 게이브는 이런 문자를 보내왔다.

나는 회사 보고서 안에서 가장 적당한 수치를 찾아서 미친 듯이 일을 마무리 지었다. 이제 퇴근해도 되겠다고 생각했을 때 프레스콧이 나를 자기 사무실로 불렀다. "이거 한참 보강해야겠는데?" 그가 말했다. "자네, 자정까지 퇴근 못하겠어."

"안 되는데요." 내가 말했다.

"몇 군데 회사의 수치를 추가해서 이 슬라이드 작업을 마치고, 어떤 데이터가 쓰였는지 출처까지 명기해서 엑셀로 만들어야 해."

나는 이후 45분 동안 보고서를 뒤지는 한편으로 최대한 빨리 데이터를 입력했다. 결과물이 완벽하지 못했지만 참석해야 할 행사가 있다는 설명과 함께 제출하고, 북적거리는 타임스 광장 전철역으로 달려가서 시내로 향했다. 아파트에 도착했을 때 나는 온 몸이 땀투성이였지만, 그래도 제때 티크와 댄을 도와서 음료들을 바퀴 달린 대형 쓰레기통으로 옮길 수 있었다. 우리는 빌린 밴에 스피커와 파티용품을 싣고 창고 꼭대기 층으로 쏜살같이 달려갔다.

밤 열 시가 되어서야 도착했지만 그래도 대부분의 참석자들보다 먼저 도착했다. 행사를 준비한 다른 친구들이 여기저기서 도대체 어디 있다 온 거야? 하는 눈빛으로 나를 흘끗 쳐다보았지만 그것만 빼고는 모든 게 별 탈 없이 진행되었다. 입장권은 모두 팔렸고 1만 달러가 넘게 모금이 되었다. 성공이었다. 이로써 위기를 모면했다. 거의.

월요일 아침 회사로 복귀했을 때는 180도 다른 운명이 나를 기다리고 있었다. 오전 아홉 시에 자기 사무실로 오라는 프레스콧의 이메일이 내게로 날아들었다.

"엉뚱한 데이터를 보냈더군. 그대로 썼으면 이 프로젝트를 따내지 못할 뻔했잖아. 내가 자네 실수를 만회하느라 새벽까지 직접 데이터를 뒤졌어."

이 정도만 되어도 심각한데 이보다 더 심각한 소식이 나를 기다리고 있었다.

"지금까지 본 중에서 이렇게 형편없는 보고서는 처음일세. 이걸 보면 자네는 승진해도 될 만한 직원이 아니야. 자넬 수석 컨설턴트로 추천하지 못하겠어. 내가 겪은 바를 토대로 자네는 승진시키면 안 되는 직원이라고 보고할 거야."

같이 일을 한 지 3주밖에 안 됐는데 이 중간 관리자가 내 이력을 쑥대밭으로 만들려 하고 있었다. 나는 머리끝까지 화가 났다. 내가 몇 달 동안 실수 하나 없이 일을 처리하는 것을 본 관리자들도 있는데, 이 자는 내 최악의 일면만 본 게 아닌가. 이제 내가 원했던 모든 것이, 내가 그토록 열심히 일했던 모든 것이 위기에 처했다.

몇 시간 뒤에 직원관리팀장 레베카가 자기 사무실로 나를 불렀다.
"프레스콧이 당신을 수석 컨설턴트로 추천하지 못하겠대. 그러면 사외 연수를 못하게 된다는 뜻이야. 그뿐 아니라 당신을 더 이상 자기 팀원으로 쓰고 싶지 않다고 해서 당신한테 새로운 프로젝트, 새로운 중간 관리자가 배정될 거야. 앞으로 5주 안으로 당신의 능력을 보여주지 않으면 사외 연수에서 제외되고, 이 회사에서도 잘리게 돼."

그녀는 내게 새로운 내부 프로젝트를 맡겼다. 베인에서 면접하고 채용하는 입사 후보들을 평가하는 일이었다. 회사 측에서는 직원들의 SAT 점수, 대학 학점, 채용된 이후에 보인 실적 등 모든 데이터를 검토하고 상관관계를 파악해 어떤 부류의 직원이 회사에서 가장 높은 성과를 보이는지 알아내라고 했다. 나에게 배정된 새로운 관리자 케이티는 "프레스콧하고 있었던 일은 단순한 실수였으면 해. 어쩌다 한 번 있었던 일이라는 걸 보여줘"라고 했다. 또 한 번의 기회가 주어진 것이었다.

다행히 케이티와 나는 죽이 잘 맞았고 데이터를 철저하게 분석한 결과, 회사에서 가장 높은 성과를 보이는 최고의 컨설턴트는 4.0 만점의 학점을 받은 우등생들이 아니라는 사실이 밝혀졌다. 업무현장이 절대 완벽할 수 없으니 우등생이긴 했지만 완벽주의자는 아니었던 직원들이 끊임없이 달라지는 환경에 가장 훌륭하게 대처할 법도 했다. 우리는 몇 주 만에 수백 장의 슬라이드를 만들어서 인사팀에 넘겼다. 그 어느 때보다 스트레스가 심했지만, 마지막 평가 차 만났을 때 레베카는 내가 승진 합격 판정을 받았고 사외 연수도 떠날 수 있게 되었다고 전해주었다.

나는 크게 안도의 한숨을 내쉬었다. 이로써 값진 교훈을 깨달았다.

자신감이 하늘을 찌를 때가 자칫하다가는 앞으로 넘어질 가능성이 가장 크다는 것을 말이다. 나는 베인이라는 내 직장을 당연하게 여겼고 오로지 과거의 성과만으로 설렁설렁 다음 단계로 넘어갈 수 있을 거라고 생각했다. 하지만 사실 우리에 대한 평가는 매일 새롭게 바뀐다. 30년 동안 신뢰를 쌓은 기자도 표절한 한 문장 때문에 오랜 경력이 하수구로 직행할 수 있다. 나는 하루 저녁 게으름을 피웠다가 몇 개월 동안 쌓은 성과에 오점을 남겼다. 우리는 날이면 날마다 자신의 능력을 입증할 책임이 있고, 결과에 대해서 자기 자신 말고는 어느 누구도 비난할 자격이 없다. 나는 그 당시 프레스콧을 원망했지만, 그와 함께 보낸 3주가 내 직장생활을 통틀어서 가장 값진 경험이었다는 것을 나중에 깨달을 수 있었다. 그는 적절한 때 내 콧대를 꺾어주었다. 인간은 성공보다 실수를 통해 배우는 교훈이 훨씬 많다. 나는 하마터면 직장과 약속의 연필을 설립하기에 가장 좋은 기회를 동시에 날릴 뻔했지만, 그는 조금도 부족함이 없는 결과물을 요구할 권리가 있었다. 나는 두 번 다시 똑같은 실수를 반복하지 않을 것이다.

다행히 세상은 우리에게 두 번의 기회를 허락하고, 나는 완벽한 시점에 승진이 되었다. 약속의 연필에서 설립하는 첫 번째 학교가 라오스에서 양해 각서(학교 설립 조건을 명시하는 법적 합의서) 서명을 앞두고 있었다. 어서 빨리 동남아시아로 건너가야 했다.

PENCILS OF PROMISE

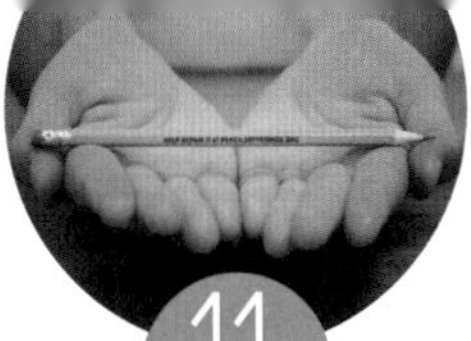

11

네가 되고 싶은 이상형과 비슷한 말투를 써라

3월 17일, 뉴욕시민 대부분이 성 패트릭의 날을 기념하고 있었을 때 베인의 동료들은 다음 날 회사를 떠나는 나를 위해 건배했다. 뉴욕 필하모닉 연주를 들은 그날부터 내가 근무 외 시간에 주로 화제로 삼은 것은 경영 컨설턴트라는 내 본업이 아니라 약속의 연필이라는 새로운 단체를 향한 염원이었다. 그러다 보니 거의 항상 미래 시제를 썼다. 나는 어떤 식으로 첫 번째 학교를 탄생시킬지 구체적인 청사진을 표현하려고 애썼고, 그 결과 사람들과 대화를 나눌 때마다 꿈이 조금씩 현실에 가까워졌다. 하지만 지금까지 5개월 동안 소문이 자자한 부두를 따라 걸었다면 이제는 머리부터 풍덩 바다 속으로 뛰어들 시점이었다. 과테말라로 떠났을 때처럼 이번에도 처음 48시간 말고는 세부적인 계획이 없었다. 하지만 앞으로 펼쳐질 미지의 대륙을 항해할 방법을 찾을 수 있을 거라는 믿음이 있었다.

나는 진이 빠질 정도로 비행기를 갈아탄 끝에 드디어 루앙프라방에 도착하자마자 곧장 라타나 게스트하우스의 낯익은 나무 울타리를 향해 달려갔다. 도착한 다음 날 양해 각서에 서명하기로 했기 때문에 그 날 밤만큼은 푹 쉬어야 했다. 내가 한 달 가까이 묵을 예정이라고 하자, 라타나 주인은 그 즉시 점잖게 미소를 지으며 작지만 조용하고 에어컨이 딸린 방을 내주었다. "얼마인가요?" 내가 물었다.

"일박에 10달러예요." 그녀가 말했다. 내가 뉴욕을 벗어났다는 게 실감났다.

다음 날 아침, TC가 조마 베이커리 카페로 와서 나와 함께 아침을 먹었다. 이 카페는 라오스 주민들이 운영하는 곳으로 시내에서 와이파이와 샌드위치가 가장 훌륭한 음식점이었다. 나는 얼른 아침을 해치운 다음 TC의 오토바이 뒷자리에 올라탔고, 우리는 가까운 교육청으로 향했다. 거구의 미국인이 아담한 라오스 남자의 허리를 붙잡은 채 공식 석상에 들어섰으니 얼마나 우스꽝스럽게 보였을까. 내가 몇 주 동안 가방 밑바닥에 처박혀 있었던 것처럼 보이는 구겨진 셔츠를 입고 간 것도 — 챙겨간 버튼다운 셔츠가 그것뿐이었다 — 별 도움이 안 되었을 것이다. 나는 어떤 분위기일지 짐작도 하지 못하고 있다가 양해 각서 조인식을 치르기로 한 방 안에 들어선 후에야 그 자리가 얼마나 엄청난 자리인지 깨달았다.

6명의 교육청 관리가 완벽하게 준비를 마쳐놓고 우리를 기다리고 있었다. 나는 TC와 참석한 유치원 원장님들과 함께 앞쪽 테이블로 안내되었고, 나머지는 우리 맞은편 테이블에 앉았다. 부청장이 한 명씩 소개하면 참석자들이 짧은 박수갈채를 받으며 일어났다. 영어를 할 줄 아는 사람이 아무도 없었지만 TC가 최선을 다해 통역해주었다. 나는 그들이 하는 말을 정확히 이해하지는 못했지만 어떤 심정인지는 똑똑히 느낄 수 있었다. 그들은 이 학교를 현실로 만들기 위해 전력을 다하고 있었다. 그들이 공식 서류를 건넸을 때 나는 어떻게 해야 하는지 분명히 알고 있었다. 도착하기 전까지 이미 수십 번 넘게 검토한 서류였기에, TC와 나는 얼른 양해 각서에 서명을 했다. 이제 학교를 짓기 전에 필요한 공식 절차가 모두 끝났다.

3일 뒤에 우리는 기공식에 참석하기 위해 파퉁으로 향했다. 양옆에 그 지역 교육청 직원을 한 명씩 끼고 낡아빠진 회색 트럭 뒷자리에 앉아서 덜컹거리며 길을 가는데, 친구나 가족들 중에서 한 명이라도 같이 왔으면 얼마나 좋았을까 하는 생각이 굴뚝같았다. 아무리 자신만만해지려고 해도 나는 이제 겨우 스물다섯 살이었고 친구나 가족들의 응원이 간절했다.

도착해보니 나중에 벽을 세울 자리에 끈으로 표시해놓고 온 마을 주민들이 우리가 현장에서 첫 삽을 뜨는 역사적인 순간을 기다리고 있었다. 이게 꿈인가 생시인가 싶었다. 뉴욕에서 몇 달 동안 했던 이야기였지만 내 눈으로 직접 확인하고 보니 믿기지가 않았다. 남녀노소가 기다란 널빤지와 자갈을 운동장으로 나르며 성의를 보였다. 널빤지를 나르는 두 할머니를 보고 그러다 다칠 수도 있다며 내가 달려가서 말렸지만, 그들은 웃으며 괜찮다고 저리 가 있으라고 손사래를 쳤다. 그들이 라오어로 무언가 말하자 TC가 바로 통역해주었다. "평생 기다려왔던 일이래요. 말리고 싶으면 말려도 되는데 나라면 가만있겠어요!" 그는 웃음을 터뜨렸다.

이윽고 아이, 학부모, 교사, 교육청 관리들이 다함께 모여서 기공식을 거행했다. 한쪽 구석에 큼지막한 대못을 놓고 나이반(촌장)이 그 위를 힘껏 내리쳤다. 이로써 분주한 움직임이 시작되었고 1시간 만에 끈으로 표시해놓은 선을 따라 널빤지가 박히고 학교 건설공사가 본격적으로 시작되었다.

교육부에서 유치원을 국가 교육 과정에 포함한 지 15년밖에 안 되었기 때문에, 라오스에는 3세 이상 6세 미만의 어린이들에게 배정된 교실이나 교사가 없는 마을이 아직도 많았다. 정규교육을 받은 교육부 소속 교사들은 많았지만, 교육부도 그렇고 각 마을도 그렇고 아이들에게 교실을 지어줄 여력이 없었다.

약속의 연필에서는 파퉁에 널찍한 교실 하나와 화장실을 갖춘 유치원 공사비용을 부담하겠다고 합의했지만, 원자재나 육체노동의 형식으로 총 대금의 최소 10퍼센트는 마을에서 조달해야 한다는 조건을 달았다. 그래야 마을 주민들의 주인정신을 이끌어낼 수 있고, 더욱 중요하게는 유치원이 문을 열었을 때 부모들이 아이들을 열심히 학교에 보낼 가능성이 높아지기 때문이었다. 교육청에서는 정규교육을 받은 교사를 파견하고, 유치원을 관할, 지원 구역에 넣겠다고 약속했다.

몇 달 전에 대나무 오두막에서 만났던 아이들이 눈이 띄었지만, 나를 따라서 자기 이름을 맨 처음 칠판에 적었던 칸통이 특히 반가웠다. 칸통은 여전히 부끄럼을 많이 타서 내가 자기 쪽을 쳐다보기라도 하면 키득거리는 친구들 뒤로 숨었다. 나는 어떻게든 친해지고야 말겠다고 다짐했지만 금세 될 일이 아니라는 것을 알고 있었다. 그래도 상관없었다. 나는 라오스 비자가 만료될 때까지 한 달간 날마다 파퉁으로 건너와서 공사를 거들 작정이었다. 그런 다음 10주에 걸쳐 동남아시아의 다른 나라를 여행하고, 7월 초에 다시 라오스로 돌아와서 공사가 끝났는지 확인할 생각이었다.

우리는 오후 내내 강에서 잡은 맛있는 생선을 먹고, 신이 난 아이들과 게임을 하고, 학교가 점점 모습을 갖추어나가는 과정을 지켜보았다. 몇 달 동안 이 날을 상상했는데 짐작했던 것보다 훨씬 더 감격스러웠다. 지금의 나처럼 낯선 땅을 여행했던 친할아버지와 외할아버지 두 분이 생각났다. 널빤지를 나르는 이 마을의 여인들처럼 자식과 손자들을 위해 많은 것을 희생한 두 분의 할머니도 생각났다.

나는 시내로 돌아가는 길에 선글라스를 끼고 창밖을 내다보며 흘러내리는 내 눈물을 다른 사람들이 보지 못하게 감추었다. 이 학교가, 내 꿈이 바로 내 눈앞에서 실현되고 있었다.

그 뒤로 2주 동안 말 그대로 학교를 쌓아 올리느라 정신없는 날들이 이어졌다. 게스트하우스에서는 매일 아침마다 라노이라는 20대 후반의 라오스 아가씨가 기분 좋은 미소와 함께 아침상을 차려주었다. 빨래와 침대 시트 교환이 그녀의 일이었는데, 스쳐가는 여행객들을 상대로 게스트하우스 주인에게 배운 완벽한 영어를 연습할 만큼 배짱이 두둑했다. 나는 그날 할 일에 대해 그녀와 대화를 나눈 다음, 아이들과 어울려서 놀고 공사 진행상황도 확인할 겸, 롤링스톤스와 래콘터스의 노래를 시끄럽게 틀어가며 1시간 동안 골짜기를 지나고 다리를 건너서 파퉁으로 달렸다.

오전에는 일꾼들과 함께 배수로를 파고 벽돌을 나르고 시멘트를 발랐고, 오후에는 아이들과 함께 놀고 강물에서 헤엄쳤다. 이게 아주 당연한 일상이 되어서 아이들은 점심을 먹고 오후 쉬는 시간이 되면 으레 내 손을 잡고 운동장 뒤 언덕을 달려 내려가서 즐거운 비명을 지르며 형제자매들을 따뜻하고 얕은 물속으로 떠밀었다. 열 살짜리 남자아이들과 강물 위로 삐죽 고개를 내민 바위까지 헤엄치기 시합을 벌인 날도 있었고, 아이들이 집에서 만든 그물을 들고 나와서 나를 나무로 만든 낡은 카누에 태우고 고기잡이에 나선 날도 있었다.

강물을 따라 흘러내려가다 보면 종종 궁금해졌다. 지금 친구들은 무얼 하고 있을까? 친구들은 화려한 파티에 참석하거나 중요한 사람들과 회의를 하고 있을 텐데, 나는 산속에서 헤엄을 치고 술래잡기 놀이를 하고 있었다. 그런데 이보다 더 행복한 선택은 없었다. 내가 아는 중에서 가장 단순하면서 가장 보람찬 생활이었다.

어느 날 오후, 나는 상급반 아이들이 임시 교실에서 나오길 기다리며 나무 그늘에 앉아서 일기를 쓴 적이 있었다. 내 어깨 너머에서 나지막이 중얼거리는 소리가 들리기에 고개를 돌려보니 어린 여자아이 세 명이 있었다. 온 몸에 흙을 뒤집어쓰고 누더기를 걸치고 있는데 보호자가 아무도 없었다. 나는 문득 즉석 비디오를 찍고 싶어져서 카메라를 켜고 아이들에게 물었다. "짜오 쓰 냥(이름이 뭐니?)"

"누트." 첫 번째 아이가 깍지 낀 손 뒤로 얼굴을 묻으며 대답했다. 내가 다른 두 아이 이름을 물었을 때도 누트가 본능적으로 고개를 들고 친구들을 대신해서 대답했다. 사랑스러운 두 친구, 타문드와 니트는 열심히 웃으며 그 옆에 서 있었다. 나는 카메라를 운동장 주변으로 돌려서 교실 3개짜리 학교, 대나무 오두막, 우리의 첫 번째 학교 — 3세에서 5세까지의 어린이를 위한 유치원 — 가 건설 중인 현장을 담았다. 그런 다음 카메라를 다시 아이들 쪽으로 돌렸을 때 퍼뜩 어떤 깨달음이 내 머리를 때렸다.

"너희들이 우리 유치원의 첫 번째 원생이 되는 거니?" 내가 물었다. 큰 소리로 이야기하는 것이 꿈을 현실로 이루는 첫 번째 단계라는 생각이 다시금 들었다. 아이들은 영어를 한 마디도 몰랐지만, 무슨 뜻인지 알아듣고 다같이 키득거렸다. "좋아?" 내가 묻자 아이들은 또다시 좋아서 웃음을 터뜨렸다. 우리 학교에서 공부할 아이들이 얼마나 예쁘고 순수한지 완벽하게 느끼며 감동한 순간이었다. 그리고 생김새나 언

약속의 연필에서 지은 첫 번째 학교의 학생이 된 누트

어와 상관없이 우리 모두는 하나로 연결되어 있음을 보여주는 순간이기도 했다.

그날 저녁에 나는 동영상을 페이스북에 올리고 첫 번째 학교를 위해 열심히 땀을 흘렸던 모든 이의 명단을 태그로 달았다. 크건 작건 그들의 기여 덕분에 여럿의 인생이 완전히 바뀌게 되었음을 알림으로써 약속의 연필을 최대한 투명하게 운영할 생각이었다.

다음 날 아침에 일어나보니 동영상에 대한 반응이 엄청났다. 하룻밤새 친구와 모르는 사람들이 이메일과 메시지와 코멘트를 보냈다. 이제 이 학교는 함마의 희생에 보답하고 싶다는 내 개인적인 소망의 차원을 넘어섰다. 이 세 명의 여자아이와, 좀더 광범위한 운동을 전개하면서 앞으로 만날 수많은 아이들의 미래가 걸린 문제가 되었다.

얼마 뒤에 한 친구가 커뮤니티 러닝 인터내셔널을 설립한 밥 앤더슨과 나를 이메일로 연결해주었다. 커뮤니티 러닝 인터내셔널은 루앙프라방 지역에 문화회관, 도서관, 학교를 설립한 기구였다. 우리는 어느 날 저녁, 메콩 강변에서 만나 식사를 함께 했는데, 밥은 라오스에서 산 지 10년이 넘었다고 했다. 그래서 이 나라와 국민, NGO의 운신 폭에 대한 지식이 엄청나게 많았다.

"교실 하나 짓는 데 공사비가 얼마나 듭니까?" 밥이 물었다.

"저희는 교육청과 제휴 관계이고 협력 기구가 있어서 그쪽에서 상세한 예산을 제시하면 저희가 하청업체 고용비를 부담합니다." 내가 말했다. "현재 건설 중인 학교는 커다란 교실 하나에 화장실 하나인데 마을에서 비용의 최소 10퍼센트를 조달하고 저희가 부담하는 비용이 약 1만 5천 달러예요."

"그래요? 우리는 1만 달러면 교실을 짓는데요."

믿을 수가 없었다. 어떻게 5천 달러나 절약할 수 있을까?

커뮤니티 러닝 인터내셔널 직원 중에 솜라트라는 현지 건설업자가 있어서 그가 직접 도매업자들에게 현지가격으로 건설자재를 구매하고 있었다. 모든 작업을 직접 처리하기에 하청업체를 동원할 필요가 없다는 것이었다. 나는 그런 식으로 해도 되는지도 몰랐었는데 말이다.

밥이 전속 건설업자 솜라트에게 미래의 부지로 염두에 두고 있는 몇 군데 마을의 안내를 부탁하겠다고 하자, 나는 그 기회를 놓치지 않고 덥석 물었다. 밥이 말했다. "그중에서도 특히 파용 마을을 보여드리고 싶네요. 몇 년 전부터 거기서 작업하고 싶었는데 지금 자금이 달려서 못하고 있거든요."

며칠 뒤에 나는 솜라트와 함께 툭툭의 뒷자리에 앉아서 덜컹거리며 파용까지 4시간 거리를 달렸다. 그의 설명에 따르면 우기인 6월부터 9월까지는 산허리를 감싸며 구불구불 이어지는 급커브의 흙길이 비로 유출된 토사로 덮이기 때문에 파용이 외부와 완전히 단절된다고 했다. 마을까지 조마조마한 여정을 이어가는 동안 오르막길에서 몇 번이나 내려서 툭툭을 밀었는지 모른다. 우리는 툭툭이 앞으로 움직일 수 있길 바라며, 또 황야에서 오도 가도 못하는 사태는 생기지 않길 바라며 전력을 다해서 밀었다. 힘을 더한 보람이 있었는지, 다행히 해가 떨어지기 직전에 파용에 도착할 수 있었다.

파용 주민들은 대나무 오두막에서 살았고 마을에는 전기도 들어오지 않았다. 아이들은 알몸으로 돌아다녔고, 엄마들은 포대기로 아기들을 업고 다녔다. 500명이 넘는 파용 주민의 절반이 먀오족이고, 나머지 절반이 커무족이었다. 그들은 함께 살며 함께 농사를 지었지만 언어가 달라서 서로 대화를 나눌 수가 없었다. 통일된 미래를 꿈꿀 수 있는 유일한 희망이 교육이었다. 마을 한복판에 썩어가는 나무 창살과 녹이 슨 양철 지붕으로 이루어진 조그만 방 한 칸짜리 건물이 서 있었다.

"저걸 학교로 써요." 솜라트가 말했다.

"몇 학년용으로요?" 내가 말했다.

"전 학년이오. 이것뿐이라 열 살부터 열두 살까지밖에 못 가르쳐요. 주민들이 학교를 만들어달라고 14년째 요청하고 있어요."

내가 믿기지 않아서 고개를 젓는데 어떤 남자아이가 우리 옆을 지나갔다. 솜라트가 그 지방 방언으로 아이와 대화를 나누다 내 쪽으로 다시 고개를 돌렸다. "여덟 살이래요. 교실도 없고 선생님도 없어서 그보다 어린 애는 학교에 못 다니기 때문에 자기 이름을 쓰지도, 읽지도 못한대요."

"물어봐주세요. 온 세상을 통틀어서 뭐든 가질 수 있다면 뭘 제일 갖고 싶냐고."

솜라트는 내 말을 듣고 통역해주었다. "학교에 가고 싶대요, AB씨."

어떤 게 머리로 이해가 될 때가 있고 가슴으로 이해가 될 때가 있다. 머리는 논리와 이유를 담당하지만 가슴은 믿음이 머무는 곳이다. 실패에 대한 두려움에 젖을 것인가 아니면 희미한 가능성의 빛에 젖을 것인가, 둘 중에서 하나를 선택해야 하는 망설임의 순간에는 나중에 이렇게 살았노라고 가장 당당하게 말할 수 있는 삶 속으로 뛰어들어야 한다.

나는 라오스로 건너왔을 때 어떤 일이 벌어질지 전혀 알지 못했다. 양해 각서 조인식을 성공리에 끝낼 수 있을지, 첫 번째 학교의 공사를 정말로 시작할 수 있을지, 집으로 돌아가서 후원자들과 뭐 하나라도 공유할 수 있을지 알지 못했다. 하지만 잘 될 거라는 믿음이 있었기에 그 믿음으로 인해 언젠가 내가 되고 싶은 이상형과 비슷한 말투를 쓸 수 있는 자신감이 생겼다. 자신이 가장 닮고 싶은 사람의 말투로 이야기할수록 미래가 현재로 점점 가까워진다. 나로 하여금 계좌에 25달러를 입금하고, 누트와 니트와 타문드를 내 삶 속으로 끌어들이고, 다 쓰러져가는 툭툭을 타고 우뚝 솟은 산을 지나 가장 연약한 아이들이 다닐 수 있는 학교가 절실하게 필요한 마을을 찾아오게 만든 원동력이 그것이었다.

우리는 그날 밤, 딱딱한 매트 위에서 희미하게 어른거리는 달을 올려다보고 개들이 짖는 소리를 들으며 파용의 어느 허름한 대나무집 신세를 졌다. 라오스로 건너온 이래 제법 단잠을 잤는데 그날 밤은 눈이 말똥말똥했다. 약속의 연필 이름으로 지을 두 번째 학교를 벌써부터 구상하고 있었던 것이다.

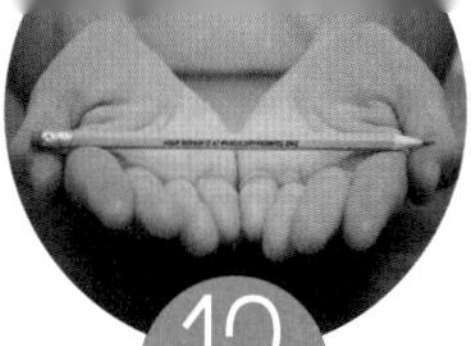

12

앞을 똑바로 쳐다보고 당당하게 걸어라

거의 한 달이 지나자 첫 학교의 기틀이 다져지고 비자가 만료되는 시점이 다가와서, 나는 몇 개월 동안 주변 나라를 돌아본 뒤에 돌아와서 완공된 학교를 확인하기로 했다. "방황하는 이들 모두가 길을 잃는 것은 아니다"라는 말도 있다시피 내 여행에 이제 뚜렷한 목표가 생겼다. 주변 나라의 주민들과 NGO를 통해 열심히 배우고 싶었다. 나는 4천 개의 섬이라고 불리는 라오스 남단부터 시작했다. 그중에서 돈뎃이라는 섬에 갔을 때 보건 관련 기구에서 근무하는 프랑스인을 만났는데, 그가 어느 날 오후에 오지로 여행을 떠나는데 같이 가자고 했다. 그는 40여 년 만에 고향으로 돌아가는 라오스 할머니를 모시고 갈 거라고 했다.

우리는 다음 날 8시간 동안 그곳을 아는 사람이 거의 없는, 오지의 논 사이를 뚫고 걸었다. 마을에 도착하자 주민들이 오리 선지국이나 쌀로 담근 술과 같은 별미와 라오스 춤으로 우리를 맞아주었는데, 그보다는 이후에 그 마을에서 보낸 시간이 훨씬 더 기억에 많이 남았다. 우리는 깨끗한 강물을 그대로 떠서 마셨고, 난생 처음으로 눈이 부시도록 선명한 무지개를 보았고, 그 마을에서는 어느 가족이 새 집을 짓기로 하면 온 동네 사람들이 거든다는 이야기를 들었다. 그 이야기를 들었을 때 약속의 연필 약속 위원회에 대한 구상이 떠올랐다. 4명의 어머니와 4명의 아버지로 단체를 구성해 우리가 짓는 학교의 공사를 감독하는 역할을 맡기자는 것이었다.

나는 4천 개의 섬에서 일주일을 보낸 뒤에 친구와 만나서 남쪽으로 내려갔다. (전 세계에서 가장 넓은) 브루나이의 수상 마을에는 똑같이 하얀색 교복을 입은 어린아이들을 가득 실은 조그만 보트가 줄지어 정박해 있었다. 부둣가에 서 있던 어떤 엄마가 그중 한 척을 가리키며 설명했다. "스쿨버스예요!" 나는 그걸 보고, 많은 부모가 안전한 교통수단을 감안해서 아이를 학교에 보낼지 여부를 결정한다는 사실을 깨달았다. 나중에 약속의 연필이 장학금 제도를 실시할 때 이 부분도 염두에 두어야 할 것이다. 가방, 교복, 학용품, 수험료뿐 아니라 안전하게 통학할 수 있도록 교통비까지 지급해야 할 것이다.

발리에서는 동발리 빈곤 프로젝트라는 NGO를 설립한 영국 출신의 멋진 토목기사, 데이비드 부스를 찾아갔다. 그는 자신의 방법론과 접근

방식을 모두 기록해놓은 서류를 보여주었고 나는 그 기구의 교육, 영양 공급, 농경 프로그램을 연구하는 직원들과 함께 공부했다. 무엇보다 인도네시아의 남녀 직원들을 양성해 그들에게 기구의 모든 운영을 맡기는 데이비드의 능력이 특히 인상적이었다. 서구의 많은 기구들은 지역 주민에게 절대 지휘권을 넘기지 않는데, 나에게는 그것이 장기적인 지속 가능성을 저해하는 처사로 보였다. 나는 데이비드와 만난 후 라오스로 돌아가면 최초의 현지 직원을 찾겠노라고 다짐했다.

발리에서 보내는 마지막 날 아침에 눈을 떠 보니 식은땀으로 내 셔츠가 축축했다. 극심한 통증이 온 몸을 뒤흔들었다. 뭔가가 잘못되어도 단단히 잘못된 모양이었다. 탈수증일까 뎅기열일까 아니면 다른 병일까? 3시간 안에 방콕으로 날아가야 연결 항공편을 타고 카트만두로 건너갈 수 있었고, 그래야 2주 일정으로 네팔 트레킹을 하러 날아오는 아버지와 만날 수 있었기 때문에 고민할 겨를이 없었다. 라오스에서 한 일을 제외하면 아버지와 함께 하는 히말라야 트레킹이야말로 4개월에 걸친 여행의 정점이 될 것이었다. 몇 년 동안 이야기해온 여행인데 절대 포기할 수 없었다.

나는 정신이 혼미한 상태로 택시를 타고 공항으로 향했지만, 발리를 떠나 방콕에 도착했을 때 열이 나는 탑승객을 골라내기 위해 세관에서 설치한 열화상 측정기를 통과해야 했다. 내가 지나가자 당장 경보음이 울렸다. 2명의 공항 보안요원이 검역실로 나를 데리고 가서 체온을 쟀다. 39.6도였다. 그들은 그 즉시 마이클 잭슨 스타일의 마스크를 내 입에 씌우고 일주일 동안 입원해서 검사를 받아야 한다고 통보했다. 앞으로 일주일 동안 타이 병원에서 허송세월 할 수는 없지. 나는 생각했다. 얼른 연결 항공편을 타고 아버지를 만나러 가야 했다.

"저는 괜찮아요. 그냥 가벼운 두통이에요." 내가 말했다. "그것 말고는 아무 문제 없는데요."

"아뇨, 어딘가에 문제가 생긴 게 분명합니다." 타이 보안요원이 단호한 표정으로 말했다.

"이제 그만 가야 하는데."

"아뇨, 병원에 가셔야 합니다. 저쪽 모퉁이에서 기다리는 간호사한테 가세요."

예전에 호엘 푸악이 내게 가르치길 당당하게 걸으라고 했다. 내가 만사에 빈틈없어 보이면 주변 사람들도 다 그런가 보다 하고 생각하기 마련이라고 했다. 나는 간호사에게 곧장 다가가서 두 눈을 똑바로 쳐다보며 자신 있게 말했다. "이제 그만 갈 수 있게 여기에다 서명해주세요." 그녀는 주위를 둘러보며 내 주장을 뒷받침할 사람을 찾았지만 근처에 아무도 없었다. 나는 난생 처음으로 심하게 부려보는 허세가 포커페이스 위로 드러나지 않길 바라며 계속 그녀를 똑바로 쳐다보았다.

효과가 있었다. 그녀가 서류에 서명해주었고 나는 아무도 모르게 얼른 그곳에서 도망칠 수 있었다. 출입국 관리소를 쏜살같이 통과한 뒤에 가방을 들고 공항을 쌩하니 빠져나와서, 하룻밤 쉬고 나면 몸이 좀

낫길 바라며 가까운 데 있는 저렴한 실버 골드 가든 호텔로 향했다. 이마에 차가운 수건을 얹고 부들부들 떨며 아버지에게 이메일을 보냈다. *내리자마자 병원으로 달려가야겠지만 아무튼 네팔 공항에서 뵈어요.*

나는 카트만두에 도착해서 며칠 동안 병원 신세를 졌다. 마침내 열이 내려서 일정의 절반 정도를 소화할 수 있었지만 내내 몸 상태가 엉망이었다. 다행히 아버지가 머리맡을 지키며 전에 없이 나를 보살펴주었다. 겉으로는 무뚝뚝하지만 속은 어느 누구보다 보드라운 사람들도 있는 법이다.

함께 2주를 보낸 뒤에 아버지는 미국으로 돌아갔고, 나는 1970년대에 세토 구란스를 설립한 아가타 타파를 만났다. 세토 구란스는 현재 네팔의 75개 행정구역 가운데 59개 지역에 유아 교육 프로그램을 제공하는 기구이다. 그녀의 프로그램 덕분에 엄마들은 시골 마을에서 구할 수 있는 물건 — 과일, 채소, 실, 타이어 파편 — 들로 어린이 교육과정을 만들 수 있게 되었다. 그녀와의 만남이 나에게는 결정적인 역할을 했다. 1년 뒤에 아가타의 초청으로 약속의 연필 사상 첫 연구원이 4개월 동안 네팔에 머물며 그녀의 총체적인 교육 모델을 관찰한 결과, 우리가 학교를 설립하는 각 지역 사회 내에 기술을 전파하는 연수 프로그램의 기틀을 마련할 수 있었던 것이다.

내가 네팔을 떠나기 전날, 반정부 시위가 카트만두 전체를 휩쓸었다. 모든 대중교통과 은행, 회사가 문을 닫았다. 영업하는 택시가 없어서 툭툭을 몰고 지나가는 네팔 남자가 보이자 나는 45분 거리의 공항까지 태워다 달라고 했다. 요금은 선불로 지불하고 그렇게 우리는 출발했다.

카트만두의 주요 교차로에 가까워지자 요란한 구호 소리가 점점 더 크게 들렸다. 거리는 분노의 함성을 지르는 사람들로 발 디딜 틈이 없었다. 교차로를 건너려고 하자 나무토막을 든 수백 명의 사람들이 갑자기 온 사방에서 우리를 향해 다가왔다. 그들이 툭툭을 에워싸고 화가 난 목소리로 고함을 지르며 내 쪽을 향해 나무토막과 곤봉을 휘둘렀다. 나는 두려움에 심장이 쿵쾅거렸다. 얼마 전에 읽은 『샨타람』이라는 책에서 성난 군중이 순식간에 사람들을 때려죽이고 시신을 훼손했던 장면이 떠올랐다. 툭툭 기사가 내 쪽을 돌아보며 겁에 질린 목소리로 말했다. "내려요."

내가 뭐라고 항의하기도 전에 그가 다시 말했다. "지금 당장 내려요!"

내가 툭툭에서 내리자 성난 군중이 사방에서 나를 에워쌌다. 나는 그때 생각난 딱 한 가지 행동을 실천에 옮겼다. 두 손을 모으고 네팔과 인도에서 공경의 의미로 쓰이는 나마스테('당신에게 고개 숙여 인사합니다' 혹은 '내 안의 빛이 당신 안의 빛에 경의를 표합니다'라는 의미다)라는 구절을 외고 또 외운 것이다. 들어주는 사람이 있으면 누구든 붙잡고 공항에 가려는 것일 뿐이라고 설명했다.

성난 군중들이 점점 밀려들자 툭툭 기사가 리더처럼 보이는 시위자를 붙잡고 설득을 하기 시작했다. 한참 후에 기사가 나를 돌아보며 말했다. "앞으로는 걸어가요. 가방 챙기고, 툭툭은 타지 말래요. 얼른 가요!"

나는 주저 없이 배낭을 짊어지고 군중들 사이를 뚫고 걸었다. 당당하게 걷자. 나는 생각했다. 어디로 가면 되는지 아는 척 자신만만하게 앞을 똑바로 쳐다보며 발길이 이끄는 대로 향했다. 마침내 사람들로 북적거리는 네거리를 무사히 빠져나왔을 때 나는 안도의 한숨을 내쉬고, 친절한 여자 행인에게 길을 물은 다음 바리케이드가 쳐진 공항 입구까지 몇 킬로미터를 걸어갔다.

심장이 계속 쿵쾅거렸지만 툭툭 기사에게 고맙다는 인사를 하지 못했다는 생각에 마음이 정말 안 좋았다. 생판 모르는 사람을 변호하고 나서준 그 덕분에 맞아 죽을 뻔한 위기를 모면할 수 있었는데. 그는 대가를 바라서가 아니라 그러는 것이 옳은 일이기 때문에 자신의 안전까지 걸었는데.

어떤 충돌 상황이건 대부분의 사람들은 가해자와 피해자에 주목한다. 둘 중 하나라도 다르게 행동했더라면 갈등을 피할 수 있었을지 모른다는 기대 심리가 그들 안에 있기 때문이다. 하지만 가장 획기적인 반전은 그 사건에서 아무런 혜택도, 이득도 보지 못하는 제삼자에게서 비롯된다. 그날 카트만두의 길거리에서 툭툭 기사가 나를 위해 그랬던 것처럼 희생자를 대신해서 나선 제삼자가 있으면 그가 바로 영웅이다. 살다 보면 어떤 갈등 상황의 피해자나 가해자보다 제삼자가 되는 경우가 더 많은데, 그렇기에 불의를 겨냥하는 십자선이 우리를 직접 조준하지 않더라도 우리에게는 타인을 옹호할 도덕적인 책임이 있다.

루앙프라방으로 돌아갔을 때 평소처럼 라타나 게스트하우스로 향했지만, 이번에는 침대 시트를 갈고 손님을 맞는 일을 하는 라노이를 만나고 싶다고 전했다. 나는 발리에서 데이비드 부스를 만난 뒤부터 공사를 통합 관리하는 현지 직원을 찾는 문제를 놓고 계속 고심하고 있었다. 그런데 자꾸 라노이가 생각났다. 그녀는 직업의식이 투철했고 게스트하우스에서 주어진 몫보다 훨씬 많은 일을 해내고 있었다.

단둘이 이야기를 나누는 자리가 마련되었을 때, 그녀는 주말이면 시골에 사는 사람들에게 식량을 배달하는 자원봉사 활동을 한다면서 나중에 라오스 아이들을 돕는 일을 하고 싶다고 했다. 나는 믿음직한 현지 직원이 현지의 모든 사업을 주도하는 약속의 연필 청사진을 설명했다. 그런 다음 우리 기구 최초의 현지 책임자가 되어줄 수 없겠느냐고, 처음에는 여력이 안 되어서 봉급을 주지 못하겠지만 그녀를 현지 책임자로 양성하는 데 투자를 아끼지 않겠다고 했다. 여러 사람들 앞에서 이야기하는 법, 이메일 보내는 법, 팀을 관리하는 법 그리고 가장 중요하게는 어딜 가든 사람들에게 존경받는 법을 가르쳐주겠다고 약속했다. "진심으로 하고 싶어요." 그녀가 대답했다. "그런데 먼저 우리 엄마한테 허락을 받아야 해요."

그날 저녁에 나는 버튼다운 셔츠를 청바지 안에 집어넣어서 입고, 라노이를 우리의 무보수 현지 책임자로 쓰고 싶다는 허락을 받으러 (게스트하우스 주인이자 몇 년 전부터 라노이에게 숙식을 제공한) 그녀의 대리모를 찾아갔다. 그녀는 시험 삼아 해보는 것은 괜찮지만 게스트하우스에서 매주 하는 일을 마무리한 다음이라야 된다고 못박았다. 라노이와 나는 둘 다 기뻐서 펄쩍 뛰었다.

3일 뒤에 나는 나중에 학교를 지을 만한 곳들을 둘러보고 완공을 앞둔 파퉁의 학교를 살피러 가는 길에 라노이를 초대했다. 그러면서 지역 주민들과 대화를 나누고 각 후보지의 정보를 기록할 수 있게 메모지와 펜을 준비하라고 당부했다. 그녀는 알았다는 듯이 진지하게 고개를 끄덕였고, 다음 날 우리는 아침 일찍 조마에서 만나서 같이 아침을 먹었다.

그날 맨 처음 찾아간 콕뉴 마을의 촌장과 자리를 잡고 앉았을 때 라노이가 새로 산 수첩을 자랑스럽게 꺼냈다. 깔끔한 모눈종이가 달린 수첩이었는데, 표지를 본 순간 내 입이 떡 벌어졌다. 〈니모를 찾아서〉에 나오는 상어의 씩 웃는 얼굴이 만화로 그려져 있었던 것이다. 베인 같았으면 절대 용납할 수 없는 일이었겠지만 그곳은 베인이 아니었다. 그곳은 라오스의 산 속이었고, 라노이의 '상어 수첩'에 담길 내용이 언젠가는 수천 명의 라오스 아이들을 가르치는 데 쓰일 것이었다.

기나긴 하루는 학교 공사가 마무리 단계로 접어든 파퉁을 방문하는 것으로 끝이 났다. 운동장에 충만한 에너지가 피부로 느껴질 정도였다. 나는 그 다음 주에도 공사 현장을 몇 번 찾아갔고, 미국에 있는 후원자들에게 진척 상황을 보여줄 수 있게 갈 때마다 사진을 찍었다.

마지막 날 오후에 나는 배낭여행을 하던 예전처럼 아이들에게 볼펜과 연필을 나누어주었다. 니트, 누트, 타문드가 기뻐하며 선물을 받았

BEN 10

고, 나중에는 친구들 뒤에 숨어 있던 칸통도 앞으로 나와서 선물을 받았다. 처음에는 극도로 소심했던 아이가 연필을 손에 쥐자마자 달라지기 시작하는 것이 내 눈에 보일 정도였다. 내가 오토바이를 타고 시내로 돌아가려고 길가로 걸어갔을 때 마지막으로 본 광경은 큰 소리로 노래를 부르며 깡충깡충 뛰는 칸통의 모습이었다. 칸통은 어딘가를 향해 쌩하니 달려가며 당당하게 움직이고 있었다.

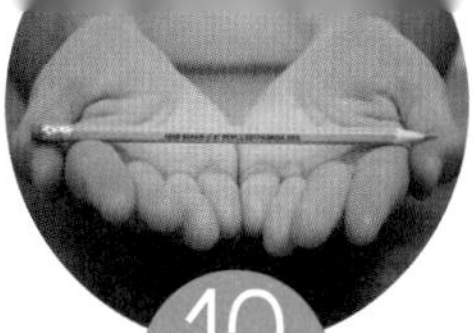

13

행복은 누군가를 기리는 데 있다

4개월에 걸친 동남아시아 여행은 막바지로 접어들었지만, 또 다른 여정이 본국에서 막 시작되려 하고 있었다. 함마의 여든 번째 생일을 맞아 우리 가족은 뉴욕에서 성대한 저녁식사를 하기로 했다. 그 전날, 나는 함마에게 잠깐 단둘이서 이야기할 수 있게 시간을 내달라고 했다.

"보여드리고 싶은 게 있어서요." 내가 말했다.

함마는 궁금해 했다. 함마는 우리 아버지의 어머니였고 서로 가깝게 지내기는 했지만 내가 단둘이서 이야기할 수 있는 시간을 청한 적은 거의 없었다. 함마는 내가 약속의 연필을 설립해서 라오스를 왔다갔다하고 있다는 것을 알고 있었다. 내가 베인에서 안식 휴가를 얻었다는 것도 알았지만, 당신의 손주가 열심히 여행을 하면서 20대를 보내는 그런 타입인가 보다 하고 생각했다. 모든 유대계 할머니들이 그렇듯 함마도 불안해 했고 먼 데로 여행을 다녀야 하는 일이라면 뭐가 되었건 전적으로 반대했다.

함마는 입버릇처럼 이렇게 말했다. "여기 좋은 것들도 많은데 왜 가진 것도 없는 사람들이 사는 그런 데를 찾아가니? 내 말 믿어, 할미도 그렇게 살아봐서 아니까! 왜 가족들 옆에서 좋은 것들 누리면서 행복하게 살지 않는 게냐?"

나는 함마의 논리를 이해했지만 함마는 나를 움직이는 것이 무엇인지 모를 수밖에 없다는 것도 이해했다. 나를 움직이는 것이 무엇인지 그날 밤에 확실히 알려드리고 싶었다.

"뭘 보여주고 싶다는 거니?" 함마가 통통 튀듯이 내 쪽으로 걸어오며 물었다.

나는 함마를 자리에 앉혔다. 함마는 키가 158센티미터밖에 안 되었고 머리끝에서부터 발끝까지 베이지색 옷을 입고 있었다. 함마는 늘 색을 맞춰서 옷을 입되 전부 보라색 아니면 베이지색 하는 식으로 단색을 고집한다. 그러면서 항상 몰골이 흉하다고 하지만 사실은 전혀 그렇지 않다. 그런 함마가 내 한쪽 손을 양손으로 부여잡고 토닥이기 시작했다.

"제가 어떤 일을 하고 있는지 보여드리고 싶어서요." 내가 말했다. "제가 왜 라오스에 학교를 지으러 갔는지 알려드리고 싶어요."

나는 준비한 것을 꺼냈다. 세 장의 사진이었다. 맨 첫 번째가 니트,

누트, 타문드의 사진이었다. 나는 학교를 짓던 도중에 그 아이들을 어떤 식으로 만났는지, 첫 수업을 듣고 아이들이 얼마나 좋아했는지 설명했다. 이 학교가 아이들의 인생을 어떤 식으로 180도 바꿔놓을지도 이야기했다.

"아이구, 대단하구나." 함마는 내가 느꼈던 감정을 부분적으로나마 깨닫고 고개를 끄덕였다.

두 번째는 완공된 파통의 학교 사진이었다. 하얀 벽이 빨간색 지붕, 파란색 덧문과 대조를 이루며 환하게 빛났다. "어이구, 정말 엄청나구나. 정말 근사해. 네가 뭘 아나 보다. 이 할미가 다녔던 학교랑 비슷하게 생겼거든! 등교를 거부당하고 수용소로 끌려가기 전에 이런 학교에 다녔지." 함마는 헝가리어 억양이 섞인 영어로 말했다.

"이제 저를 움직이는 게 뭔지 보여드릴게요. 이 사진에 제가 회사까지 쉬어가며 온갖 낯선 지방을 찾아가고, 마을을 여행하는 이유가 담겨 있어요. 제가 이 세상에서 가장 만들고 싶었던 게 이 사진에 들어 있어요." 나는 함마에게 세 번째 사진을 내밀었다. 학교 교문 위에 달린 큼지막한 현판이었다.

함마는 실눈을 뜨고 현판을 들여다보았지만 안경 없이는 읽지 못했다. "잠깐, 안경 좀 쓰고." 함마는 손가락으로 한 글자, 한 글자 짚어가며 천천히 읽어 내려갔다.

"루앙프라방 교육청, 어린이들에게 선택의 자유를, 약속의 연필, 2009년." 함마는 잠시 멈추고 안경 너머로 나를 쳐다보며 미소를 지었다. 그런 다음 다시 읽기 시작했다. "사랑하는 마음을 담아서……"

함마는 떡 벌어진 입을 두 손으로 가렸다. 함마의 두 손이 떨리기 시작했다. 나를 쳐다보는 두 눈에 눈물이 그렁그렁 맺혔다. 함마는 다시 사진 쪽으로 시선을 돌리고 계속 읽어 내려갔다. "사랑하는 마음을 담아서 에바 브라운에게 바칩니다……." 함마는 눈물을 왈칵 쏟았고 나도 마찬가지였다. 무슨 말이든 하려고 했지만 우리 둘 다 아무 말도 할 수가 없었다. 함마는 그저 내 손을 꼭 쥘 따름이었다. 우리는 그렇게 나란히 앉아서 기쁨의 눈물을 흘렸다.

"이렇게 엄청난 일이 다 있을까. 왜, 왜 나를 선택했니?" 함마가 물었다.

"저를 위해서 해주신 게 정말 많잖아요. 어려운 일도 정말 많이 겪으셨고요. 할머니께 비싼 골프채나 멋진 물건은 사드리지 못하지만 제가 할 수 있는 것 중에서 가장 의미 있는 일을 하고 싶었어요. 할머니의 유산이 영원히 대물림되고 할머니가 역경을 헤치고 살아남아주신 덕분에 여러 사람의 인생이 좋은 쪽으로 바뀌었다는 것을 아실 수 있게 말이에요. 제가 약속의 연필을 설립한 것도 학교를 지어서 할머니에게 선물하기 위해서였어요."

우리는 눈물을 흘리며 서로 부둥켜안았다. 어느 정도 감정이 정리되었을 때 함마가 대답했다. "애덤, 이 기분을 말로 표현할 방법이 있었으면 좋겠다. 내가 이 순간을 위해서 그 끔찍한 수용소에서 목숨을 부지한 것 같은 심정이야. 내가 이 순간을 위해서 목숨을 부지했구나. 그 모든 게, 내가 모질게 겪은 모든 게 좋게 바뀌어서 나한테로 되돌아온 것만 같다. 이렇게 좋은 일이 생기려고 내가 그 고생을 한 거였어."

나는 아직도, 말을 제대로 할 수가 없어서 고개만 끄덕이며 함마가 하신 말씀에 담긴 엄청난 의미를 되새기곤 한다. 선대의 희생이 있었기에 우리가 존재하건만, 그들이 우리에게 얼마나 지대한 영향을 미쳤는지 그들에게 제대로 알린 적이 몇 번이나 될까?

이 한 개의 학교를 통해서 나는 이제 그 어느 때보다 함마와 가까워졌다. 함마에게 삶의 기쁨을 선물하는 데 전념했을 뿐인데 내 평생 가장 큰 행복을 느꼈다. 이런 식으로 학교를 지어서 누군가에게 바치고, 그럼으로써 가장 사랑하는 사람을 기리는 기회는 나뿐 아니라 여럿이 함께 누릴 수 있었다. 약속의 연필이 내 일상에 불어넣은 활력은 전염성이 강해서 라노이와 미미와 수많은 다른 이들의 일상까지 반짝이는 것을 느낄 수 있었다. 이제는 그 불꽃을 어떤 식으로 전파하면 좋을지 고민할 단계였다.

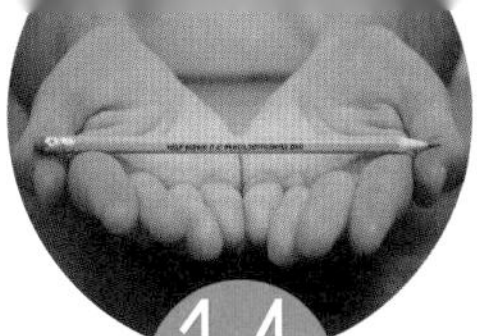

14

불가능한 방식을 고집하라

내가 동남아시아를 여행하면서 첫 학교 건설 공사를 진행하고 현지에서 조직을 만드는 동안, 약속의 연필은 지구 반대편 뉴욕에서 계속 진화하고 있었다. 미미가 앞장서서 준비한 첫 화이트 파티 — 모든 사람들이 가지고 있는 옷 중에 가장 하얀 옷을 입고 참석했다 — 는 800명을 불러 모으면서 우리 단체 역사상 가장 대규모 행사로 자리매김했다. 금액에 상관없이 모든 이의 기부금이 어마어마하게 소중했다.

우리는 사업비에 대해 좀더 정확하게 알게 된 만큼 각 입장권의 파급효과를 자세히 제시했다. 30달러면 15권의 책을, 40달러면 책꽂이를, 60달러면 수업에 필요한 준비물을 살 수 있다는 식이었다. 다들 기부금의 파급효과를 당장 이해할 수 있다고 좋아했다. 행사 3일 전에 입장권이 매진됐고, 이후에 내 메일함은 좀더 적극적으로 동참하고 싶다는 사람들이 보낸 메시지로 또다시 넘쳐났다.

나는 커피를 마시지 않았지만 자원봉사자로 참여하고 싶다는 사람이 있으면 "커피 한 잔" 마시자고 했다. 금융공황의 시대를 사는 20대라면 대부분 그렇겠지만 기부할 돈이 없는 경우에는 다른 형식의 기부를 통해 가치를 더하면 된다는 것이 나의 기본적인 신조였다. 그들의 시간과 에너지와 기술로 우리의 사업을 추진하는 데 기여할 수 있었다. 나는 대화를 시작할 때마다 매번 똑같은 질문을 던졌다. "가장 좋아하는 일이 뭐예요?" 상대방의 관심사가 무엇인지 파악하면 약속의 연필을 후원하는 데 활용할 방법을 마련할 수 있었다. 그런 식의 접근방식 덕분에 우리의 자원봉사 인력은 급속도로 늘어났다.

나는 그러는 한편으로 우리 조직의 장기적인 생존 방식을 찾는 데 주력했다. 맨 처음에 리먼 브라더스 대신 베인을 선택하도록 권했던 나의 멘토 조지 스탠턴에게 연락해 조언을 청했다. 그는 단도직입적으로 해결책을 제시했다. "애덤, 각자 5만 달러씩 기부할 대들보를 5명 확보해야 해. 그래야 일단 25만 달러를 만들어놓고 그걸 바탕으로 작전을 세울 수 있지."

나의 계획과 아주 거리가 먼, 뜻밖의 발상이었다. 우리가 깨달은 바에 따르면 조그만 실천이 차곡차곡 쌓였을 때 커다란 변화가 만들어졌다. 우리 기금의 98퍼센트가 10대와 20대의 주머니에서 나온 100달러

이하의 기부금이었다. 이런 소액 후원자들이 첫 번째 학교를 전적으로 지원했고 앞으로 몇 군데 더 설립할 수 있을 만한 금액이 우리 통장에 쌓였다. 나는 거액의 기부금을 요구해도 될 만한 실적이 쌓일 때까지 이런 접근방식을 고수하고 싶었다.

조지는 나더러 제정신이 아니라고 했다. "요즘 같은 경제 상황에 그건 불가능한 바람이야."

그의 말이 나의 폐부를 찔렀다. 아무라도 나더러 불가능한 것을 믿는다고 하면 듣고 있기가 난감하다. 그런데 내가 가장 귀담아 듣는 조언을 해주는 상대에게 그런 소리를 들었더니 더욱 씁쓸했다. 하지만 또 한편으로는 자극이 되기도 했다. 우리의 모금 방식에 대해 더욱 진지하게 고민하고, 어떤 부류의 사람들을 선발해야 할지 확실히 깨닫는 계기가 되었다. 나는 남들은 불가능하다고 간주하는 일에 열광하는 직원과 후원자를 찾아야 했다.

우리가 성공을 거두려면 초기에 설정한 두 개의 가설에 도박을 걸어야 했다. 그 가설이 맞아떨어지면 탄탄하게 자리를 잡아서 향후 몇 년 동안 성장을 거듭하고, 더 나아가 현대 자선단체의 설립 방식을 바꿀 수 있었다. 반대로 그것이 오판으로 밝혀지면 24개월 안에 사업을 접을 가능성이 컸다.

첫 번째 엄청난 도박은 소셜미디어의 성장이었다. 2006년도에 하버드대학교에 입학한 마크 주커버그가 2학년 때 페이스북을 창립했을 때, 나는 브라운대학교(똑같은 플랫폼을 맨 처음 도입한 열 군데 학교 중 한 군데였다) 2학년 학생이었다. 부모님 세대와 달리 우리는 소셜미디어가 낯설지 않았다. 우리 일상생활 속에 녹아들어가 있는 일부분이었다. 언젠가는 소셜미디어가 대중문화의 거의 모든 측면으로 파고들 거라는 예측은 바보가 아닌 이상 누구라도 할 수 있었다. 하지만 비영리단체에 몸 담고 있는 사람들은 소셜미디어를 대학생과 고등학생들을 위한 공간으로 간주했기에 그 사실을 아직 잘 깨닫지 못했다. 그들 대부분은 비중 있는 후원자들의 환심을 사는 데만 전념했다. 하지만 내가 원한 것은 후원자가 아니라 적극적인 지지자였다. 나는 누군가의 페이스북이 값진 재산이 될 수 있다고 진심으로 믿었다. 그래서 우리는 처음부터 개개인의 소셜미디어를 중요한 소통 수단으로 간주했다.

두 번째 엄청난 도박은 코즈 마케팅의 성장이었다. 많은 자료가 입증하다시피 소비자들은 똑같은 상품일 경우, 사회적 의미가 없는 상품 대신 세상에 기여하는 상품을 선택하는 비율이 엄청나게 높았다. 따라서 광고에 많은 비용을 할애하는 주요 브랜드와 마케팅 담당자들은 그들이 생산하는 제품이 품질은 물론 사회적으로 유익하다는 것을 강조할 방법을 찾아서 소비자들을 만족시키려 할 거라는 게 내 판단이었다. 그 일환으로 소셜미디어 세계에서 추종자의 규모가 가장 크고 가장 적극적으로 활동하는 단체와 제휴관계를 모색하지 않을까 싶었다. 때문에 우리는 열정적인 온라인 커뮤니티와 현장에서 가시적인 성과를 창출하는 투명한 사업구조를 구축해 기업들의 코즈 마케팅 캠페인에 걸맞은 조건을 완벽하게 갖추는 데 주력했다.

세상이 예측대로 움직인다면 우리는 몇 년 안으로 자리를 잡고 도약할 수 있을 것이었다. 하지만 먼저 최고 수준의 브랜드와 디자인을 갖추어야 어느 쪽 기회든 활용할 수 있었다.

내가 약속의 연필이라는 '브랜드'를 개발하는 데 집착하게 된 것도 그런 이유 때문이었다. 나는 로고의 색상과 모양에서부터 인쇄 자료에 사용하는 용어, 홈페이지 이미지와 구성에 이르기까지 모든 측면을 고려했다. 브랜드 구축 작업에 따라 회사가 흥할 수도 있고 망할 수도 있었다. 훌륭한 브랜드는 정통성 있고 믿음직하게 느껴지는데, 이 두 가지야말로 비영리단체에게 아주 중요한 요소였다. 나는 우리에 걸맞은 브랜드를 머릿속으로 그릴 수는 있었지만 디자인에 관한 한 젬병이었다. 저녁 때 포토샵이나 인디자인을 열어보더라도 한 시간 만에 좌절하곤 했다. 자선 행사를 주관하는 미미가 우리 조직의 오른팔이라면 어떤 디자인이든 뚝딱 만들어내는 왼팔이 절실하게 필요했다.

그런데 공교롭게도 어린시절을 함께 보냈지만 거의 10년 동안 연락이 끊겼던 브래드 호건이라는 친구가 뜬금없이 이메일을 보내왔다. 유명 광고대행사에서 근무하고 있는데 자신의 재능을 좋은 데 쓰고 싶다는 것이었다. 그는 우리의 발전 과정을 소셜미디어를 통해 계속 지켜보고 있었다며 자신이 다니는 바틀 보글 헤거티BBH의 전문적인 마케팅과 디자인 기술을 빌리면 우리를 세계적인 수준의 브랜드로 키울 수 있을 거라고 단언했다. 몇 주 뒤에는 선상 대학 프로그램을 함께 다녀왔던 친

What can a
pencil create?

© www.dolcemag.com

구가 상업사진계의 떠오르는 스타 포토그래퍼인 닉 온켄을 소개해주었다. 그는 나와 오랫동안 점심식사를 함께 했고, 우리를 위해 라오스까지 직접 날아가서 근사한 사진을 찍어오겠노라고 약속했다. 갑자기 브랜드 구축의 드림팀이 결성된 것이었다.

브래드가 기술자, 광고피디, 블로거, 디자이너로 대상을 확대한 자원봉사단을 모집하기 시작했다. 뉴욕 곳곳에서 우리 단체를 위해 일하는 일꾼들이 생겼으니, 나는 스코트 니슨의 작전을 본떠서 비스타프린트 사이트에서 홍보용으로 출시한 한 세트당 2달러 50센트짜리 명함을 50벌 만들었다. 우리 단체에서 적극적인 역할을 수행하는 자원봉사자들은 모두 자신의 이름과 내가 만들어낸 직함이 찍힌 명함을 받았다. 나는 보통 아무 예고 없이 우편으로 명함을 발송했는데 상대방의 반응은 늘 똑같았다. "약속의 연필 명함을 내 진짜 명함보다 두 배 더 많이 쓰고 있어요!" 약속의 연필은 그들이 일과 후에 나누는 대화의 일부가 되었고, 이내 그들이 영위하는 일상의 중요한 일부분이 되었다.

나의 관심사는 이제 학교를 하나 짓는 것이 아니었다. 나는 자선의 개념을 바꾸어놓을 만한 운동을 전개하고 싶었다. 두둑한 지갑을 들고 출발선상에 서지는 않았지만 내게는 특별한 믿음에 대한 확신이라는 훨씬 강력한 무기가 있었다. 개인별로 능력이 출중한 사람들을 한데 모아놓고 너희 집단은 오합지졸이라고 말하면 그들 사이에서 끈끈한 관계가 형성된다. 우리는 공공의 적을 만들었기에 (우리가 '불가능한' 방식을 고집한다는 주장) 하나의 깃발 아래 가장 빠르게 뭉칠 수 있었다.

그리고 새로운 얼굴이 자원봉사단에 합류할 때마다 우리가 지금까지와는 다른 길을 개척할 수 있음을 입증하는 데 필요한 증거와 역량이 추가되었다.

하지만 우리의 신념을 뉴욕 너머로 전파하려면 새로운 선도자를 발굴하고 격려해야 했다. 몸소 부대끼며 세상을 체험하고자 하는 사람을 찾아야 했다. 이제는 약속의 연필을 이끌고 전국 여행에 나서야 할 때였다.

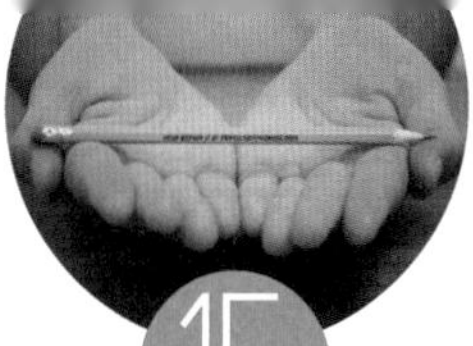

15

모든 공간에서 오직 한 사람에 집중하라

가장 친한 친구 네 명과 나는 몇 달 동안 고민한 끝에 로스앤젤레스로 건너가서 길이 10미터짜리 RV 렌터카를 몰고 전국을 누비며 약속의 연필 메시지를 전파하기로 했다.

컨설턴트로 몇 년 동안 근무한 게이브는 회사를 설득해서 짧은 안식 휴가를 얻었다. 티크는 소규모 회사를 창립하려던 참이었다. 기타리스트 댄은 새로 결성한 밴드와 함께 여러 도시에서 공연할 계획이었고, 루크는 미국 전역을 카메라에 담으면서 다큐멘터리 감독으로서의 자질을 갈고 닦을 생각이었다. 우리는 우리처럼 젊은 층에서 약속의 연필에 대한 호응도가 높을 거라는 판단 아래 방문할 대학교 명단을 만들었다.

맨 첫 번째 목적지는 재학생이 3만5천 명이고 선상 대학 프로그램 때 룸메이트였던 재릿의 모교인 오클라호마주립대학교였다. 댄이 학생처를 통해 미리 강연 일정을 잡았기 때문에, 우리는 대형 강당에 수백 명의 학생들이 모여 있을 것으로 예상했다. 카메라와 음향장비를 들고 온 루크는 환호하는 학생들을 완벽하게 잡을 수 있도록 그 전날, 모든 세팅에 만전을 기했다. 심지어 첼시 캐나다라는 그 학교 2학년 학생은 조금 늦을 수도 있는데 자리를 하나 맡아놓을 수 있느냐며 내게 페이스북 메시지까지 보냈다.

그 전날 밤에 나는 거의 뜬눈으로 지새웠다. 난생 처음으로 대규모 강연을 하게 된 것이었다. 나의 메시지를 대학 캠퍼스에 전하고 싶어서 떨리고 흥분이 되었다. 나는 강연이 시작되기 몇 분 전부터 화장실을 서성이며 준비한 원고를 머릿속으로 되뇌었다.

나는 강연에만 온 신경을 집중하느라 청중이 아무도 없을 때는 어떻게 할 생각인지 아무 계획도 세우지 않았다. 그런 우리를 텅 빈 강당이 맞았다. 20분을 더 기다렸지만 학생들은 나타나지 않았다. 나는 결국 5명을 앞에 두고 단상으로 올라갔다. 그중 4명이 내 친구였고 오클라호마주립대학교 학생은 단 한 명, 첼시 캐나다뿐이었다.

내 기대치와는 전혀 다른 양상이 펼쳐졌고 실질적으로는 청중이 한 명이었으니 슬라이드 30장에 달하는 자료를 준비한 것에 대해서 민망해하지 않으려야 민망하지 않을 수가 없었다. 하지만 허튼 기회는 아니었다. 나의 강연을 들어줄 한 명의 청중이 있었고, 한 명만 있으면 엄청난 변화를 일으킬 수 있다는 것을 나는 경험으로 잘 알고 있었다. 나는 그 한 명을 실망시키고 싶지 않았기에 이후 45분 동안 강연에 심혈을 기울였다. 나의 메시지가 첼시의 심금을 울렸다는 것을 느낄 수 있었고, 강연이 끝났을 때 나는 그녀에게 이 단체에 열정을 쏟으면 놀라운 일이 벌어질 거라고 장담했다.

강연이 내 계획대로 이루어지지는 않았지만 파급효과가 엄청났다. 우리는 RV 렌터카 안에서 컴퓨터로 가끔 인터넷 접속을 했는데 늦은 점심을 먹고 돌아와 보니 첼시가 페이스북에 친구로 나를 추가해놓았다. 그녀의 페이스북에 들어가 보니 온통 약속의 연필에 대한 내용뿐이었다. 프로필 사진이 우리 로고였고, '오클라호마주립대학교 약속의 연필' 카테고리를 만들어놓았고, 브래드가 BBH 동료들과 함께 만든 99초짜리 애니메이션을 가장 최근 게시글로 포스팅했다.

그녀는 자기 학교 캠퍼스에 처음으로 약속의 연필 동아리를 결성했고, 몇 개월 뒤에는 모교를 찾아가서 우리 단체를 알렸다. 앤드류 그레이라는 또 다른 학생이 그 열정에 전염되어서 자기 고등학교에 동아리를 개설하자 전국 고등학교에 우리 사업을 전파할 기회가 생겼다. 그는 결국 전국에 있는 고등학교에 약속의 연필 동아리 연합회를 설립하는 데 선봉장 역할을 했고, 나중에는 첼시의 뒤를 이어 오클라호마주립대학교 동아리 회장을 역임하는가 하면 TEDx 토크에서 우리 단체에 대해 이야기했다. 거기다 여러 언론에서 그의 업적을 소개하며 칭찬한 덕분에, 우리가 전하고자 하는 메시지가 보다 많은 사람들에게 닿을 수 있었다.

약속의 연필은 일부분 연쇄작용을 통해 운영되었다. 우리는 한 사람의 열정이 가족, 친구, 동료들에게 전해지면 그들이 후대에 물려주는 가치관이 달라질 수 있다는 것을 깨달았다. 그렇기에 우리의 사명이 개발도상국에 학교를 짓는 것에서 더 나아가 국내외의 젊은 리더를 양성하는 것으로 발전했다. 약속의 연필의 초기 슬로건이 "힘이 있는 세대가 세상에 힘을 실을 수 있다"로 정해진 것도 이런 이유에서였다.

전국의 대학 캠퍼스를 방문할 때마다 똑같은 시나리오가 반복되고 또 반복되었다. 치어리더 단장이 티크와 아는 사이였던 텍사스대학교에 찾아갔을 때의 일이다. 그곳이 내 두 번째 강연지가 될 예정이었는데, 우리는 인맥을 감안했을 때 훨씬 많은 학생들이 강당을 찾을 줄 알았다.

그러나 이번에도 우리의 예상은 빗나갔다. 참석자가 고작 8명이었다. 하지만 그중 한 명이었던 알렉스가 그해 여름에 뉴욕으로 건너와서 약속의 연필 최초의 공식 인턴사원이 되었다. 그리고 그녀도 앤드류 그레이처럼 자기 집 뒷마당 너머의 광활한 세상을 경험하고 싶다는 포부를 안고 나중에 선상 대학 프로그램에 참여했다.

앨라배마에서 음식점을 경영했던 아주 재미있는 아주머니는 우리가 여행하는 내내 들은 중에서 가장 마음에 드는 명언을 남겼다. "낯선 사람은 내가 아직 만나지 못한 친구일 뿐이지, 뭐!" 진부하기는 했지만 맞는 말이었고 우리는 여행을 하면서 그걸 몇 번이나 실감했는지 모른다.

툴레인에서 강연을 했을 때 세계 개발을 전공하는 50여 명의 학생들로 드디어 교실이 꽉 찼다. 그중 한 학생이 나중에 우리와 맥주를 같이 마셨고 몇 개월 뒤에는 약속의 연필을 위한 자선 콘서트를 기획하기 시작했다.

나는 참석자의 수는 중요한 문제가 아니라는 사실을 깨닫기 시작했다. 나로 인해 딱 한 사람이라도 자극을 받아서 우리를 위해 한 가지 일이라도 실천에 옮긴다면 (이벤트를 기획한다든지, 자기 생일선물을 기부한다든지, 동아리를 개설한다든지) 우리 단체의 발전을 이끌어 나갈 열성적인 회원이 한 명 추가되는 셈이었다. 나는 첼시와 앤드류와 알렉스를 통해서 열정을 전파시킬 정신적 리더의 중요성을 느꼈다.

그래서 나는 강연을 할 때마다 청중 규모가 크건 작건 눈을 가장 반짝이며 우리 이야기를 듣는 한 사람을 찾는 데 집중했다. 강연을 하면서 그런 사람을 찾아내려면 많은 훈련이 필요하고, 나는 지금도 강연을 할 때마다 열심히 공을 들이지만 목표는 늘 똑같다. 어느 공간에서건 한 명을 찾아서 그를 다음번 첼시 캐나다로 만드는 것이다.

여행을 떠난 지 3주가 지나서 늦가을로 접어들었을 때 우리는 애틀랜타에서 24시간을 달려서 뉴욕으로 돌아갔다. 해마다 내 생일을 기념해 열리는 핼러윈 자선 파티를 준비하기 위해서였다. 이 일을 시작한 지도 1년이 지났다. 우리는 365일 동안 불가능한 꿈을 좇았고, 학교를 하나 설립했고, 조그만 운동의 불씨를 지폈다. 이제 약속의 연필이 거둔 성과를 자축하고 기금도 좀 마련해야 할 시점이었다.

나는 분위기를 띄우는 차원에서 범블비 코스튬을 5벌 구입해 그걸 입고 공항 보안검색대를 통과해야 한다고 고집을 부렸다. 우리가 까만색 스타킹 위로 까만색 쫄쫄이 반바지를 입고 더듬이와 날개를 흔들자 사람들은 배를 잡고 웃었다. 다섯 명의 우람한 범블비가 JFK 공항으로 날아가는 델타 여객기 안에서 진정한 핼러윈 분위기를 연출했다. 우리는 그날 저녁에 열린 파티까지 그 의상을 입고 참석해서 찾아온 손님을 일일이 맞았고 1만 달러라는 약소하지만 의미 있는 기금을 마련했다.

사외 연수 프로그램이 끝날 시점이 다가오고 있어서 나는 마지막으로 두 군데 여행을 준비했다. 한 곳은 니카라과, 또 다른 곳은 라오스였다. 우리의 목표는 전 세계 어린이들과 함께 하는 단체가 되는 것인데 약속의 연필이라고 하면 사람들이 계속 "그 라오스 단체"라고 부르는 소리가 들렸다. 전 세계로 우리 사업을 확산하려면 세 군데의 최대 빈곤 지역 — 아시아, 라틴아메리카, 아프리카 — 에서 확실히 기반을 다져야 했다. 나는 니카라과에서 활동 중인 배움의 씨앗이라는 단체를 찾아냈고, 전화통화와 이메일을 수없이 주고받은 끝에 2주 동안 그 나라를 방문해서 제휴 관계의 기틀을 다지기로 했다.

나는 몇 개월 전에 레슬리 이글에게서 페이스북 메시지를 받은 적이 있었다. 그녀의 가장 친한 친구가 나와 함께 선상 대학 프로그램에 참여했는데 내가 페이스북에 올린 사진들을 보고 나에게 연락할 방법을 물어보았다고 했다. 그녀는 그해 연말에 루앙프라방으로 이사할 계획이라고 했다. 몇 년 전에 그곳을 배낭여행한 적이 있었는데 작가 겸 유치원교사로 일한 경력을 살려 라오 시에서 몇 년 동안 일을 하면서 좀 더 행복하게 사는 방법을 찾을 생각이라는 것이었다. 그녀는 우리 단체에 소속된 뉴욕의 자원봉사자들과 달랐다. 개발도상국을 광범위하게 여행했기 때문에 현지에서 거주하며 그곳 주민들과 함께 어울리는 방법을 제대로 알았다. 그리고 교육 방법도 알았다. 철두철미한 '현장 스타일'이었는데, 나는 아직 라오스에 정규 직원을 둘 상황이 아니었다. 모금된 기금이 1달러도 남김없이 학교에 쓰일 수 있도록 여행과 관리에 드는 비용을 모두 내 주머니에서 해결하고 있었던 것이다. "12월에 거기서 만날 수 있었으면 좋겠다." 나는 내가 해줄 수 있는 일이 별로 없다는 걸 분명하게 알리는 차원에서 이렇게 말했다.

나는 니카라과에 다녀오고 나서 라오스로 떠나는 마라톤 비행에 오르기 며칠 전에 그녀에게 이메일을 보냈고 우리 두 사람이 같은 날 아침에 도착한다는 사실을 알게 되었다. 루앙프라방에서 난생 처음 만나게 된 우리가 같은 비행기를 예약한 것이었다. 워낙 희한한 우연의 일치라 대수롭지 않게 흘려버릴 수가 없었다. 다음 날 오후에 닉 온켄이 사진 촬영차 합류했고, 그 뒤로 엿새 내내 우리 셋은 오토바이를 타고 라오스 시골을 누볐다. 우리는 환상의 삼인조였고 일이 일찍 끝나는 날에는 라노이까지 합류했다.

내가 뉴욕으로 돌아가기 며칠 전에 다같이 두 번째 학교의 개교식 참석차 북쪽의 파용을 찾아갔다. 라노이가 상어 수첩에 메모를 하면

서 통역을 해주었는데 우리 주변에 둘러앉은 수많은 남자들 중에서 한 명이 연설을 하는 도중에 그녀가 무슨 일인지 갑자기 말허리를 자르고 나섰다. 그러자 거기 모여 있던 사람들 모두가 경악하는 표정을 지었다.

개교식은 다시 진행되었지만 우리는 어떻게 된 영문인지 알 수가 없었다. 나중에 라노이가 조금 전에 있었던 일을 자세히 설명해주었다. "그 남자가 학교가 만들어져서 얼마나 행복한지 모른다고 이야기하더니 다른 것들까지 요구하기 시작하잖아요. 그래서 약속의 연필은 적선하는 데가 아니라고 했어요. 이 학교를 잘 활용하겠다고 마을 측에서 증명해 보여야 한다고요. 우리 아이들 교육에 얼마나 열심인지 증명해 보여야 할 사람은 라오스 국민이지 당신이나 레슬리나 닉이 아니라고요." 그쪽 세계에서는 남자들이 이야기를 할 때 여자들이 라노이처럼 말허리를 자르는 경우가 거의 없었다. 나는 그녀야말로 우리의 현지 사업을 맡기고 싶은 일꾼의 조건에 100퍼센트 들어맞는 인물이라는 것을 그 순간 알 수 있었다. 그녀가 우리의 정신적 리더였다. 처음 만났을 때 게스트하우스에서 빨래를 하던 아담한 아가씨가 당차고 자신감 넘치는 리더로 바뀌어가고 있었다.

두 개의 학교가 완공되었고, 다른 지역으로 확대 계획도 세워졌고, 탄탄한 후원자 조직도 결성되었으니 내가 9개월의 사외 연수 기간 동안 예상했던 것보다 훨씬 많은 일을 이룬 셈이었다.

레슬리는 나를 안 지 일주일밖에 안 되었는데도 불구하고 계속 똑같은 질문을 했다. "무슨 수로 다시 컨설턴트가 되려고?"

"전혀 아무 문제 없을 거야." 나는 장담했다. 나는 진심으로 그렇게 생각했다. 아무렇지 않을 거라고 생각했다. 내 평생 그렇게 엄청난 착각은 처음이었다.

PENCILS OF PROMISE

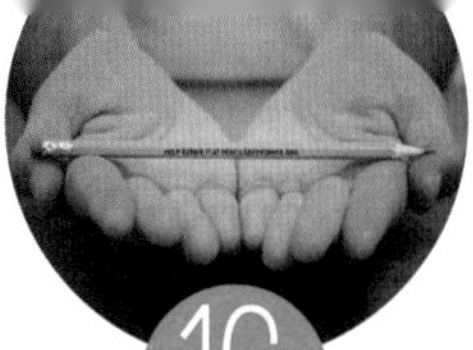

16

길을 걷다 마주치는 신호를 놓치지 말자

베인 뉴욕 지사에서 3년 동안 근무하고 나면 거의 대부분 경영대학원에 들어가서 좀더 공부한 뒤 다시 베인으로 복귀하든지 경영대학원을 생략하고 회사를 옮겼다. 헤드헌터들은 이런 행로를 알고 있어서 우리를 상대로 적극적인 구애작전을 펼쳤다. 나는 첫 해 연봉으로 25만 달러를 약속하는 블랙스톤이나 KKR과 같은 유수의 사모펀드사의 전화를 며칠에 한 번씩 받았다. 내가 어린 시절에 꿈꾸었던 어마어마한 금액의 연봉을 제시하고 있었으니 이런 회사들 가운데 한 곳이 나의 다음 행선지가 되어야 했다. 이런 회사에 관심 없는 동료들의 경우에는 하버드나 스탠퍼드의 권위 있는 경영대학원이 그들을 기다리고 있었다.

하지만 나는 그런 데 지원할 생각조차 하지 않았다. 약속의 연필 일이 좋았기 때문에 좀더 많은 시간을 할애해서 그 가능성을 완전히 꽃피우고 싶었다. 나는 8월까지 베인에 남아서 3년짜리 선임 컨실턴트 과정의 마지막 한 해를 채우고 1년을 꼬박 약속의 연필에 할애한 이후에 다음 행보를 결정하기로 했다.

회사로의 복귀가 당연한 수순처럼 보였을 때 약속의 연필을 위해 환상적이지만 많은 시간을 필요로 하는 기회가 찾아왔다. 체이스에서 소셜미디어 캠페인을 통해 가장 많은 득표수를 기록한 비영리단체에 최고 100만 달러의 기금을 수여하는 제1회 커뮤니티 자선 콘테스트를 개최한 것이다. 사상 최초로 사회 기부 활동의 민주화가 시도된 셈이었는데 타이밍이 이보다 더 기가 막힐 수가 없었다.

나는 트위터를 하지 않았지만 체이스 커뮤니티 자선 콘테스트 소식을 접하고 얼른 계정을 만들었다. 10명의 자원봉사단이 하루 종일 서로 번갈아 가며 약속의 연필 계정에 포스팅을 올려 우리가 찾을 수 있는 한도 내에서 모든 후원자와 직접 소통했다. 친구들은 우리가 만든 "나는 약속의 연필을 응원합니다" 영상과 함께 투표 페이지를 알리는 URL을 첨부해 프로필을 바꾸었다. 그리고 엄청난 페이스북 이벤트 페이지를 만들어서 우리에게 투표하도록 수만 명을 유도했다. 캠페인이 시작된 지 2주가 지났을 때 우리는 결승전에 진출할 수 있었다.

나는 준비 차원에서, 유력한 우승 후보자가 누구인지 파악하는 베인 스타일의 엑셀 파일을 만들었다. 원래는 모든 데이터 항목(예컨대 홈페이지 방문 순위, www.cause.com을 통해 후원하는 페이스북 멤버 수, 트위터 팔로어 수)을 채우려면 하루에서 이틀 정도 걸리는데 이번에는 지원군을 모집했다. 내 페이스북 프로필에 "약속의 연필을 위해 몇 시간 짬을 내서 온라인 자료 조사를 해주실 분 계신가요?"라고 글을 올린 것이다. 그러자 몇 분 만에 캘리포니아에서부터 캄보디아에 이르기까지 20명의 자원봉사자가 모집되어서 한 명당 다섯 단체씩 맡길 수 있었다. 2시간 뒤에 이들이 수집한 자료를 한데 모으자 파일이 완성되었다. 약속의 연필 사상 최초의 리서치 프로젝트를 크라우드소싱으로 해결한 순간이었다.

자료 조사 결과에 따르면 우리는 최종 스무 팀 안에 들 가능성이 컸다. 1등을 하면 100만 달러를 받을 수 있었다. 2등부터 6등까지는 상금이 10만 달러였다. 나는 세 번째 학교, 그 다음 네 번째 학교, 그 다음 다섯 번째 학교를 설립하고 싶은 마음뿐이었다. 학교가 5개라니. 나는 이런 생각이 들기 시작했다. 얼마나 끝내줄까.

사외 연수 프로그램을 시작할 때 예상했던 것처럼 명절까지 실질적인 업무가 없어서 고객 개발용 자료를 조사하는 일이 내게 주어졌다. 그러다 마침내 좀더 규모가 큰 프로젝트가 할당되었을 때는 보스턴에 사는 중간 관리자에게 원격으로 업무 지시를 받게 되었다. 내게 주어진 임무는 30억 달러 상당의 잠재 고객을 상세하게 분석하고, 프레젠테이션에 참석할 고위급 임원 3명을 간략하게 소개하는 슬라이드 40장짜리 '인명사전'을 완성하는 것이었다.

바로 그 주에 체이스 커뮤니티 자선 콘테스트 결승전이 시작되었다.

프레젠테이션 준비를 하느라 자료를 취합하려니 머리털을 쥐어뜯고 싶었다. 나는 중간 관리자에게 몸이 너무 안 좋아서 일을 못하겠다는 이메일을 보냈지만, 이후 열흘 동안 그녀가 보낸 이메일에 거의 답장을 하지 않은 것은 그 때문이 아니었다. 마음이 딴 데 가 있었던 것이다.

약속의 연필 상대는 긴 역사와 엄청난 이메일 수신자 명단을 자랑하는 대규모 단체들이었지만, 브래드가 나와 함께 가장 많은 득표에 도움을 준 후원자들을 특별히 소개하고 부상을 수여하는 부속 사이트를 만들었다. 그리고 응원군단을 가동해 자기 친구들을 인정사정없이 동원하게 만들었다. 결승전이 시작되던 날에 우리는 2위를 기록했다. 몇몇 거물급 블로거와 소셜미디어 계의 유명인사를 섭외한 덕분에 3일 동안 그 순위에 머물 수 있었다.

하지만 그 주 후반부로 접어들자 대규모 단체들이 거점을 확보하고 앞서나가기 시작했다. 결국 우리는 100만 달러 경쟁에서 밀렸지만 3만 표의 득표수를 기록했다. 그 정도면 매디슨 스퀘어 가든을 거의 두 번 메울 수 있는 숫자였다. 우리는 11위로 마감해 약속의 연필이라는 이름을 세간에 널리 알리고 2만5천 달러를 획득했다. 학교를 한 채 짓고도 남을 금액이었다.

이어진 파티로 우리의 통장은 더욱 두둑해졌다. 두 번째로 개최한 연례 가면무도회에 수백만 명이 참석한 덕분에 학교를 최소 세 군데 지을 수 있을 만한 기금과 더불어 한 해를 마감할 수 있게 된 것이었다. 라오스에 설립할 이번 학교들은 4월 완공이 목표였다. 우리는 기본적으로 소액 기부금의 힘을 믿었지만 난생 처음으로 거액 기부금의 엄청난 효과를 실감했다. 물론 사소한 행동 — 이번 경우에는 3만 명의 클릭 — 이 수없이 축적된 결과였고, 그랬기에 우리에게 맞춘 듯이 적합한 행사였다고 볼 수 있었지만 말이다. 한편 회사 생활은 앞으로 8개월이라는 엄청난 시간이 남았다. 영겁에 가까운 시간이었다.

내가 RV를 몰고 여행에 나섰을 때 세 아이의 엄마이자 자선활동에 무척 열심인 호프 타이츠가 우리 단체에 대해 알게 되었다. 그녀는 영향력 있는 교육 관련 비영리단체를 20년 전에 설립한 적이 있어서 우리 활동에 관심이 많았다. 어느 쌀쌀했던 1월의 오후, 나는 그녀를 만나 같이 스시를 먹으면서 내가 안고 있는 딜레마를 고백했다. 약속의 연필은 내 예상을 넘어서는 수준으로 발전하고 있지만 베인에서의 실적은 곤두박질치고 있었고, 그로 인해 내가 정말로 하고 싶은 일에 차질이 빚어지고 있었다. 나는 그 자리에서 그때까지 아무한테도 보인 적 없는 속내를 털어놓았다. "어쩌면 베인을 좀더 일찍 떠나고 싶은 생각이 들 수도 있겠어요."

나는 그해에 만약 10만 달러라는 큰 돈을 모금할 수 있으면 회사를 그만두고 약속의 연필에 전념하기로 결심했다.

"호프, 지금까지 이런 부탁은 아무한테도 한 적 없는데 당신한테 엄청난 부탁을 하려고 해요." 내가 말했다. "올해 안에 5만 달러를 모금할 수 있도록 도와주시겠어요?"

그녀는 주저 없이 대답했다. "도움을 줄 수는 있겠지만 나는 단순히 기금을 마련하는 것보다 훨씬 더 중요한 일에 관심이 있어요. 약속의 연필을 세계적인 수준의 단체로 키울 수 있도록 돕고 싶거든요."

내가 파트너를 제대로 만난 셈이었다. 그녀는 성공의 끈을 붙잡을 수 있도록 돕는 정도가 아니라 코치 역할까지 자청하고 있었다. 앞으로 몇 년 동안 약속의 연필에 가장 득이 되는 일에 집중하는 한편, 멘토가 될 만한 사람에게 여러 모로 배울 기회가 생겼다.

호프가 합류했으니 성공할 수 있겠다는 자신감이 생겼다. 이제 막 싹을 틔우기 시작한 우리 단체에 시간과 돈을 투자하겠다는 이 분야의 경력자는 처음이었다. 나는 점심식사가 끝나자마자 베인 사무실로 돌아가서 인사팀 관리자에게 단독 면담을 청했다.

"제가 만약 지금 회사를 그만두면 얼마나 손해인가요?" 내가 물었다. "정확한 금액을 알고 싶은데요."

"연봉과 보너스를 합하면 대략……."

금액을 듣는 순간 내 입이 떡 벌어졌다. 젠장, 어마어마하잖아. 나는 생각했다. 하지만 6개월의 내 인생도 어마어마한 시간인데.

내가 그때까지 기다리면 어떤 일이 벌어질지 알 수 없었지만, 베인을 일찌감치 그만두고 약속의 연필에 전념하면 반드시 성공시켜야 할 것이었다. 링크드인을 설립한 리드 호프먼이 말하길 사업가란 '절벽에서 뛰어내려 추락하는 와중에 비행기를 조립하는' 사람이라고 했다. 나는 아직 뛰어내릴 준비가 안 되었지만 비행기 부품을 찾으러 나서야 할 시점이었다.

일단 사무실을 알아보기 시작했다. 쿠시먼 앤드 웨이크필드라는 상업용 부동산 회사에 근무하는 친구 이선이 싸게 얻을 수 있는 공간이 있을지 모르겠다고 했다. 여성복 사업을 하는 노먼 벨몬티라는 사람이 있는데 최근 들어 필요한 사무공간이 줄었다는 것이었다.

"노먼이 자기 사무실을 다른 사람한테 빌려주고 싶어 하던데." 이선이 말했다. "한번 찾아가서 말해봐."

우리는 홈페이지나 연례 보고서는 없었지만 '홍보 자료'는 있었다. 프랫 미술·디자인대학교의 학생들이 브래드의 감독 아래, 닉이 최근에 찍은 사진들을 가지고 만든 것이었다. 우리의 이야기와 사명이 녹아든 자료인데다 보기에도 근사했다.

나는 점심시간에 32번 가와 매디슨 가에 위치한 사무실로 노먼을 찾아갔다. 그는 AOL 창을 보고 있다가 내가 들어서자마자 단도직입적으로 물었다. "그러니까 나한테 사무실을 빌려서 무슨 사업을 하고 싶다는 건가?" 나는 지난 한 해 동안 수백 명의 사람들과 커피를 마시면서 프레젠테이션 기술을 갈고 닦았지만 이번만큼은 홈런을 쳐야 했다.

대부분의 프레젠테이션은 전형적인 영웅의 일대기 형식을 취한다. 프레젠테이션을 하는 사람이 청중의 마음을 사로잡기 위해 자신을 영웅으로 묘사하는 것이다. 하지만 가장 바람직한 프레젠테이션 — 실천을 유발하는 프레젠테이션 — 은 똑같이 일대기 형식을 취하되 연사가 아닌 청중에 초점을 맞춘다. 명확한 임무를 완수하면 프레젠테이션을 하는 사람이 아니라 청중에게 영웅이 될 기회를 주는 것이다.

일대일로 이런 프레젠테이션을 할 때는 상대방의 최대 관심사가 무엇인지 파악하는 것이 급선무다. 나는 그에게 요즘 가장 신이 나는 일이 무엇이냐고 물었다. 그가 손자를 보는 즐거움에 대해 이야기하기에 사무실을 둘러보니 실제로 온 사방이 가족사진이었다. 나는 그의 관심사에 맞추어서 나와 할머니의 관계를 설명하고 첫 번째 학교를 어떤 식으로 설립해서 할머니에게 바쳤는지 이야기했다. 그런 다음 멋지게 인쇄한 홍보 자료를 보여주면서 각 페이지마다 사진 속 아이에 얽힌 사연을 자세하게 소개했다. 그리고 마지막으로 내가 지금 일대 결단 — 베인을 그만둘 것인가 말 것인가 — 을 내려야 하는데 저렴한 가격으로 근사한 사무공간을 빌릴 수 있으면 약속의 연필에 얼마나 엄청난 변화가 생기겠느냐고 덧붙였다. 영웅을 위한 무대가 마련되었으니, 노민은 무대 위로 올라와서 그 역할을 맡기만 하면 되는 상황이었다.

"그런 이야기까지 들은 마당에 원래 생각했던 금액을 받지는 못하겠군." 그가 말했다. "내가 여기 사장이니까 일상적인 업무를 관리하는 조카하고 의논해보고 나서 연락하지. 하지만 돕고 싶어."

사무실로 돌아가 보니 뜻밖의 이메일이 나를 기다리고 있었다. 베인의 신임 인사팀장 데이브가 보낸 이메일이었다. *애덤, 할 얘기가 있네. 내 사무실로 와주게.*

그가 한 이야기는 내 예상을 벗어나지 않았다. "자네가 약속의 연필 일에 열심인 건 이해하지만 그래도 책임감 있는 근무 태도를 보여야지.

요즘 일을 열심히 안 하는 눈치야. 듣자하니 전화로 거의 2주나 병가 신청을 냈다면서?"

"정말 아팠습니다."

"이봐, 2주 동안 아팠을 리는 없잖아." 그는 내 속을 훤히 들여다보았다.

"그렇긴 하죠. 그렇지만 실질적인 업무를 맡은 것도 아니잖습니까. 고정 고객을 붙여주시면 이런 문제는 없을 거예요."

"잘 됐군, 마침 자네한테 맡길 일이 있거든. 규모가 큰 어느 대학교에서 예산을 재편성하겠다는데 자네가 분석을 총괄해주었으면 하네. 앞으로 4개월 동안 일주일에 나흘은 뉴욕 북부로 파견 나가야 해."

미처 예상하지 못한 일이었다. "제가 안 맡겠다고 하면요?"

"그럼 회사를 그만두어야지."

"좀 생각해봐도 될까요?"

"월요일부터 시작이니까 내일까지 알려줘."

"주말 지나서 말씀드리면 안 될까요?" 어린 시절 친구로 나를 누구보다 잘 알고, 얼마 전에 과테말라를 함께 여행했던 매트와 샌프란시스코에 가기로 되어 있었다. 엄청난 결정을 앞두고 의논하기에 완벽한 상대였다.

"좋아." 데이브는 내 요청을 수락했다.

제임스 드 라 베가는 이스트빌리지에 남긴 분필화, 벽화, 메시지 중심의 낙서로 뉴욕에서 유명한 거리의 화가다. 그의 작품들 가운데 일부는 크리스티에서 경매로 팔렸고, 또 일부는 아침에 내린 비로 씻겨나갔다. 그날 저녁, 데이브가 제시한 선택지를 고민하며 10번 가에 새로 장만한 집까지 걸어갔더니 커다란 소포상자가 우리 집 앞 계단 옆에 버려져 있었다. 그런데 내가 도착하기 직전에 드 라 베가도 이 상자 앞을 지나갔는지, 트레이드마크인 까만색 볼드체로 그의 가장 유명한 명언을 세 마디 적어놓았다.

네 꿈이 되어라.

가끔 우리는 올바른 길을 알려주는 신호를 구할 때가 있다. 소포상자에 쓰인 명언처럼 높은 분을 향한 우리의 기도가 응답을 받을 때도 있지만, 그냥 내 안에서 답을 찾아야 할 때도 있다. 하지만 두 눈을 크게 뜨고 열심히 찾으면 신호가 눈앞에 나타난다. 그 순간 내 앞에 등장한 신호는 그보다 더 뚜렷할 수 없었다. 질문에 대한 응답이 내 집 앞 계단에 쓰여 있는 것이나 다름없었다. 그날 밤 눈이 내리기 시작했을 때 나는 언젠가 약속의 연필 사무실을 열면 남들도 이 신호를 보면서 길잡이로 삼을 수 있게 벽에 걸어놔야겠다고 다짐하며 밖으로 달려 나가 상자에서 그 글귀를 오려냈다.

다음 날 공항으로 가는데 노먼이 이메일을 보냈다. *지금 당장 전화 부탁해.*

나는 보안검색대를 통과한 뒤 게이트에서 그에게 전화했다.

"주말에 어디 가기 전에 자네한테 확실히 전하고 싶어서." 그가 말했

BECOME
YOUR
DREAM
-dela
vega

다. “조카하고 의논해봤어. 5월이나 6월부터 우리 사무실 빈 공간을 자네한테 무상으로 내주겠네. 언제 들어오고 싶은지 말만 해.”

그야말로 내게 필요한 마지막 신호였다. 나는 이미 마음의 결정이 내려졌다는 생각을 하며 비행기에 탑승했다. 나는 다음 주에 베인을 퇴사하고 약속의 연필에 전념할 생각이었다.

주말이 지나고 나는 내 인생을 통틀어 가장 떨리는 이메일을 작성했다. 이렇게 시작되는 이메일이었다. *베인의 가족 여러분께. 진짜였습니다. 좋았습니다. 진짜로 좋았습니다.* 내가 전송을 누르는 순간 이 네 문장짜리 이메일이 뉴욕 본사와 전 세계 400여 명의 관리자, 멘토, 친구들에게 전달될 것이었다. 회사를 그만둔다고 알리면 돌이킬 방법이 없을 것이었다.

부모님을 비롯해서 내가 아는 거의 모든 사람들이 나더러 미련한 짓이라고 했다. 약속의 연필은 정식 직원도, 비중 있는 후원자도 한 명 없었다. 내 이성은 베인에 그대로 남아서 3년을 채우라고 말했다. 그게 안전하고 돈도 되고 쉬운 길이라고. 하지만 이래야 하는 거라고 내 안 깊숙한 곳에서 속삭이는 목소리를 못 들은 척할 수 없었다. 어떻게 보면 내가 내린 선택 같기도 하고, 또 어떻게 보면 그저 주어진 운명을 따르는 것 같기도 했다. 그만큼 내 앞에 등장한 신호들이 확실했다. 나는 심호흡을 하고 책상을 정리한 다음 전송 버튼을 눌렀다.

PENCILS OF PROMISE

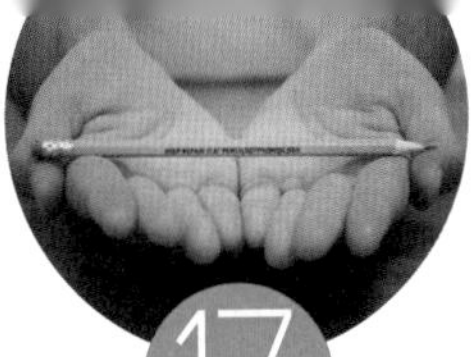

17

익숙한 책상을 벗어나 새로운 관계를 쌓아라

몇 개월 뒤에야 노먼의 사무실을 쓸 수 있었기에 나는 여름이 될 때까지 이스트빌리지의 29제곱미터짜리 아파트에서 일과 숙식을 함께 해결했다. 사람들이 "제 사무실에서 만날까요, 그쪽 사무실에서 만날까요?" 물으면 항상 "그러지 말고 간단하게 식사를 같이 하죠"라고 대답했다. 그런 다음 평소에는 소파로 쓰이는 사무 공간으로 바로 돌아올 수 있게 내 아파트에서 세 블록 안에 있는 카페를 이야기했다. 가끔 제대로 갖추어지기 전까지는 연기를 해야 하는 때도 있는 법인데, 지금이 그래야 할 때였다.

나는 텔레비전과 기타 잡동사니들을 치우고, 뭐든 떠오르는 아이디어가 있으면 적을 수 있도록 큼지막한 화이트보드를 벽에 걸었다. 예나 지금이나 나 혼자이기는 마찬가지인데 약속의 연필과 사귀기라도 하는 것처럼 느껴졌다. 아침에 눈을 떠서 밤에 침대 위로 쓰러질 때까지 99퍼센트의 시간과 정신적인 에너지를 거기에 쏟았다. 실패란 있을 수 없었다. 나는 아주 중요한 이메일이 또다시 날아올 경우에 대비해서 늘 휴대전화나 컴퓨터를 옆에 끼고 있었다.

24시간 근무 체제에 돌입한 지 얼마 되지 않았을 때 매력적인 기회가 찾아왔다. 해외로 떠나는 비행기 안에서 내가 젊은 기업가, 예술가, 운동가들을 대상으로 그들만의 휴양형 워크숍을 운영하는 서밋 시리즈의 주역들과 나란히 앉게 된 것이었다. 서밋 시리즈는 실무 관리, 기술 혁신, 인맥 구축에 주력하는 단체였다. 여러 분야의 걸출한 인물들— 기업인, 과학자, 벤처 투자자, 연예인 그리고 언론인 — 을 한데 모아 놓고 그들이 세상에 어떤 긍정적인 효과를 만들어내는지 지켜보자는 것이 그들의 발상이었다.

나는 비행기를 타고 가는 내내 서밋의 설립 멤버인 조시, 제프와 대화를 나누었다. 목적지에 도착했을 때 제프가 자신 있게 단언했다. "우리로 인해 애덤 씨의 인생이 달라질 거예요." 두 사람은 워싱턴 DC에서 열리는 다음 번 주요 행사에 나를 초대했다. 참가비가 무려 3600달러에 달하는 행사였다.

약속의 연필은 그만한 비용을 감당할 여력이 안 되었지만 홈페이지에서 확인해보니 연사와 참석자 명단이 어마어마하게 화려했다. 전직 대통령인 빌 클린턴이나 테드 터너와 같은 전문가들이 연사로 나설 뿐 아니라, 내가 존경해 마지않는 여러 비영리단체 설립자들을 만날 수 있었다. 약속의 연필 이사회에 새로운 인력을 추가해야 하는 현 시점에서 내가 찾던 부류의 사람들이 수백 명이나 그 행사에 참석할 예정이었다.

"거금의 비영리단체 할인과 우리 이사회에 합류할 만한 사람을 세 명 소개해주겠다고 약속하면 참석할게요." 내가 말했다.

"좋아요." 조시가 말했다. "게다가 비행기 티켓도 저렴해요."

"그 부분은 신경 쓰지 마세요. 버스 타고 갈 거니까." 내가 말했다. 비행기 표를 사는 데 허투루 돈을 쓸 수는 없었다. 나는 심지어 운영비를 아끼느라 약속의 연필 기금으로 건강보험도 들어놓지 않았다. 그것이 얼마나 끔찍한 실수였는지 나중에 깨달았지만.

나 말고 다른 직원을 채용할 만한 형편이 안 되었지만 팀을 꾸려야 조직을 발전시킬 수 있는 법이었다. 아직 완벽한 계획이 세워지지는 않았지만 나는 그래도 고등학생과 대학생을 대상으로 여름 내내 약속의 연필에서 무보수로 일할 자원봉사자를 몇 명 모집하러 나섰다. 불경기가 계속되고 있었으니 다른 직장을 찾는 동안 약속의 연필에서 상근으로 근무할 자원봉사자도 있지 않을까 싶었다. 몇 군데 게시판에 채용 공고를 내자 제법 괜찮은 이력서들이 도착하기 시작했다.

그중에서도 가장 눈에 띄었던 지원자는 맥킨지 인사팀에서 근무했다는 조슬린 메트였다. 나는 아파트에 혼자 앉아서 "친애하는 인사팀장님께"로 시작되는 그녀의 편지를 읽으며 박장대소할 수밖에 없었다.

우리가 얼마나 조그만 단체인지 알고 나면 어떤 반응을 보일까?

나는 새로 설립한 세 군데 학교의 개교식을 거행하러 다음 날 라오스로 날아가야 했지만 공항으로 떠나기 몇 시간 전, 집 근처 길모퉁이 스타벅스에서 그녀를 만나기로 했다. 투지 넘치고, 스타일 좋고, 똑똑한 그녀는 분명 보직에 딱 맞는 적임자였다. 거기에 개성도 있고 열정도 있었다. 하지만 못을 박기 전에 후보자를 몇 명 더 만나봐야 할 것 같았다. 나는 시간을 내주어서 고맙다고 인사하고 공항으로 달려갔다.

루앙프라방에 도착하자 라타나 게스트하우스의 레슬리와 라노이가 나를 꼭 끌어안으며 환영해주었다. 나는 잠깐 근황을 확인한 다음 이메일을 확인하러 조마 카페로 향했다. 점원이 내가 주문한 신선한 오렌지주스가 나왔다고 벨을 울렸고 내가 와이파이 암호를 묻자 2.5센티미터 길이의 얇은 종이를 주었다. 포춘 쿠키에서 나온 쪽지처럼 보였는데 뒷면에 적힌 암호를 본 순간 나는 내 눈을 의심했다.

암호가 '조슬린9'였던 것이다.

이보다 더 분명한 신호는 있을 수가 없었다. 나는 운명을 따르기로 하고 맨 먼저 조슬린에게 채용하겠다는 이메일부터 보냈다. 그녀는 당장 수락하고 약속의 연필의 첫 인턴 동기가 될 팀원을 모집하기 시작했다.

며칠 뒤에 미국으로 복귀한 나는 조슬린을 만나서 업무 계획을 대충 설명하고, 첫 서밋 시리즈 행사에 참석하러 워싱턴 DC로 내려갔다. 이

나라를 선도하는 젊은 기업인들이 인맥을 쌓고 아이디어를 공유하기 위해 무려 750명이나 한 자리에 모였다. 참석자 명단에 내가 아는 이름들은 많았지만 직접 만나본 사람은 한 명도 없었다.

나는 1분, 1초를 최대한 활용할 작정이어서 사전 프로그램인 '스피드 네트워크' 시간을 둘 다 참가하겠다고 신청했다. 1시간 동안 같이 커피를 마시며 20분 동안 내 사연을 소개하는 데 익숙했던 내가 60초도 안 되는 시간에 약속의 연필을 소개해야 했다. 나는 그 2시간을 통해 나처럼 자기들의 이름을 알리느라 열심인 신생업체 설립자들을 80명 만났다. 그중에는 현재 자산가치가 수십억 달러에 달하는 에어비앤비Airbnb 경영자도 있었다. 이들에게는 한 가지 공통점이 있었으니 삽시간에 가장 효과적으로 자기 소개를 할 수 있다는 것이었다.

그날 저녁에 열린 파티에서는 제이슨 러셀, 래런 풀, 바비 베일리를 만났다. 이 세 사람은 내가 숭배하는 인비저블 칠드런Invisible children 이라는 단체의 설립자이자 체이스 커뮤니티 자선 콘테스트에서 상금 100만 달러의 최우수상을 수상한 주인공이기도 했다. 내가 바에서 만난 래런에게 내 소개를 하자 그가 당장 큰 소리로 제이슨을 불렀다. "약속의 연필에서 나온 분이래. 약속의 연필이 2등을 했을 때 어찌나 깜짝 놀랐는지 우리 모두 '도대체 얘네들 정체가 뭐야!' 이랬다니까요?" 약속의 연필은 홍보에 단 1달러도 할애한 적이 없었지만 소셜미디어 활용 전략이 제대로 주효했다. 내가 먼발치에서 우러러보았던 세 사람이 나에 대해서 이미 알고 있었다니 믿기지가 않았다.

가장 따끈따끈한 신생업체의 대표들이 한 자리에 모여 있었고, 연사로 나선 사람이건 객석에 앉아 있는 사람이건 하나같이 똑같은 이력을 소유하고 있었다. 대부분 주위 사람들로부터 불가능하다는 소리를 들었지만 절대 포기하지 않았다는 것이었다. 그들은 자신감 넘치고 꿋꿋했지만 도움을 청하는 데 두려움이 없었다. 그리고 모두들 한때 실패한 경험이 있었다. 하지만 성공보다 실패를 통해서 더 많은 교훈을 터득했다.

내가 그곳에서 만난 사람들은 명함이 아니라 머릿속에 든 아이디어로 자신의 정체성을 표현했다. 나는 신입이 된 심정이었지만 풍부한 경험과 지혜를 갖춘 많은 사람들과 어울릴 수 있어서 기뻤다.

앞뒤가 안 맞게도 룸메이트로 배정된 애덤 위디하고는 별로 시간을 보내지 못했다. 그는 사우스캐롤라이나에서 출판사를 경영하는 친구였다. 우리는 짐을 챙겨서 해산하는 마지막 날 아침이 되어서야 서로 얼굴을 볼 수 있었다. 그가 무슨 일을 하느냐고 묻기에, 나는 깔끔하게 정리한 60초짜리 소개 문구를 읊었다.

"정말 훌륭한 일을 하고 있네요." 그가 말했다. "몇 달 있으면 우리 회사가 창립 5주년이거든요. 우리 저자들에게 약속의 연필로 기부를 부탁해서 학교를 하나 같이 만들면 어때요? 우리 회사 직원 브룩한테 연락하라고 할게요. 우리 같이 만들어보자고요."

이 짧은 대화를 통해서 처음으로 학교를 하나 통째로 기부하겠다는

약속을 받아냈다. 서밋 시리즈를 통해 만난 사람들이 이후로 몇 개월, 몇 년에 걸쳐 여러 개의 학교 설립 기금을 지원했다. 일부는 회사 이름으로 학교를 설립했고, 몇몇은 개인적으로 성금을 보냈고, 또 몇몇은 우리 단체에 관심이 있을 만한 사람을 이메일로 연결해주었다. 그뿐 아니라 이 서밋 시리즈를 통해서 약속의 연필 이사진으로 합류할 세 사람을 만날 수 있었다.

버스를 타고 이스트빌리지의 비좁은 아파트로 돌아가면서 나는 가끔, 일부러 일상에서 벗어나는 것이 얼마나 중요한지 깨달았다. 컴퓨터만 뚫어져라 쳐다보면서 이메일을 쓴답시고 자판만 두드렸더라면 지난 며칠 동안 그렇게 의미 있는 만남을 누리지 못했을 텐데, 바로 눈앞에 있는 사람들에게 집중하자 기회가 생겼다. 문득 이런 생각이 들었다. 주변사람들에게 관심을 기울이는 대신 휴대전화와 컴퓨터에 고를 박고 있느라 지금까지 놓친 만남의 기회가 얼마나 많을까?

농구선수로 활약했던 대학교 시절을 돌이켜보면 무거운 운동기구를 든다고 해서 무조건 근육이 강해지는 것이 아니었다. 사실 무거운 운동기구를 들면 근육이 조금씩 찢어지며 손상된다. 그런데 내 몸이 이 찢어진 부위를 치료하고 회복하는 과정에서 근육이 커지고 튼튼해진다. 바꾸어 말해서 좋은 성과를 거두고 싶으면 일을 하는 시간만큼 쉬는 시간도 중요한 법이다.

나는 이런 깨달음을 통해 금요일 저녁부터 일요일 아침까지는 이메일을 멀리 하겠다는 방침을 세웠다. 대신 쉬면서 재충전하고 내가 가장 소중하게 생각하는 사람들과 함께하는 데 시간을 할애하기로 마음먹었다. 일주일에 하루만큼은 일하는 기계가 아니라 인간으로 살아야 하지 않겠는가.

그런데 그로부터 3주 뒤, 약속의 연필 역사상 가장 엄청난 후원자가 될 수도 있는 포터로더데일 거주자로 인해 새롭게 정한 내 방침이 시험대에 올랐다.

그가 주말에 이야기를 하고 싶다고 했던 것이다.

PENCILS OF PROMISE

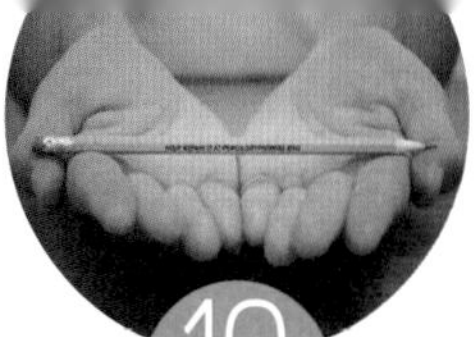

18

예스라고 말할 수 없는 사람의 노는 노가 아니다

발전하고 성장하려면 독특한 디지털 이미지를 구축해야 하는데 우리는 아직 홈페이지도 없었다. “홈페이지 준비 중”이라는 문구만 1년 넘게 빈자리를 메우고 있을 따름이었다.

한 마디로 말해서 우리는 홈페이지에 투자할 만한 여력이 없었다. 상당한 시간과 자금이 필요한 일이어서 여유가 생길 때까지 기다리자는 것이 나의 생각이었다. 홈페이지는 기업의 쇼윈도이자 간판이자 명함이다. 현대 비즈니스의 핵심이기에 나는 남들과는 다른 홈페이지를 만들 작정이었다.

비영리단체 분야에서 가장 위험한 함정이 있다면 ‘간접비용’, 즉 주요 항목 이외의 비용은 비효율적이고 무분별한 지출이라는 잘못된 인식이다. 성장하려면 기반시설에 대한 투자가 필수다. 훌륭한 단체가 되려면, 특히 멀리 떨어진 지역에서 활동하는 우리 단체 같은 경우에는 강렬한 홈페이지가 주력 자산이 되어야 한다. 하지만 후원자들은 간접비용에 비해 주요 항목 지출 비율이 높길 바라기 때문에(일반적으로 80퍼센트면 아주 훌륭하다는 평가를 받는다) 약속의 연필 홈페이지에 제대로 투자하려면 기적이 벌어지길 손꼽아 기다리는 수밖에 없었다.

브래드는 여전히 BBH에 몸담고 있었지만 우리의 실질적인 브랜드 구축 담당자였다. 그가 나도 아는 알렉스라는 친구에게 도움을 청했다. 어렸을 때 함께 농구를 하던 친구인데, 지금은 미국 디지털 에이전시 중에서도 손꼽히는 에이전시넷에서 근무하고 있었다. 바카디와 클린턴 재단의 홈페이지를 만든 곳이라 우리를 상대해주기만 해도 꿈인가 생시인가 할 일이었다. 우리는 그들에게 일을 맡길 형편이 못 되었다. 하지만 알렉스가 몇 마디 조언을 해주거나 짬을 내서 프리랜서 팀을 꾸리고 그 팀을 지휘할 수도 있는 일이었다. 그것이 내가 언감생심 품은 희망이었다.

나는 조금 알아보고 홈페이지를 만드는 데 2만 달러의 예산을 책정했다. 학교를 짓는 것도 아닌 일에 그만 한 금액을 들이려니 속이 쓰렸지만 긍정적이고 엄청난 효과를 거둘 수 있는, 우리의 미래를 위한 투자였다. 안타깝게도 브래드가 말하길 괜찮은 홈페이지를 만들려면 최소 10만 달러는 있어야 된다고 했다.

나는 알렉스와 점심 약속을 잡았고, 그 자리에서 우리가 어떤 일을 하는지 깔끔하게 소개했다. 지난 1년 동안 약속의 연필은 현지 파트너들과 손을 잡고 라오스에 다섯 군데, 니카라과에 두 군데 학교를 짓기 시작했다. 그해가 저물기 전에 학교를 10개 더 짓고 후원자 10만 명을 채우는 것이 우리의 목표였다.

대화가 매끄럽게 이어졌고, 나는 알렉스가 우리 일에 관심 있어 한다는 것을 느낄 수 있었다. 대화가 끝나갈 무렵에 그가 말했다. "나도 거들게. 도울 수 있으면 나도 좋지. 2만 달러면 빠듯한데, 무료거나 아니면 저렴하게 일을 부탁할 만한 사람도 찾을 수 있을 거야."

나는 덩실덩실 춤이라도 추고 싶었다. 음식점을 나서려는데 그가 방금 생각난 게 있다며 이야기를 꺼냈다. "우리 사장님이 자선사업에 정말 관심이 많거든. 너랑 코드가 잘 맞을 것 같아. 잘하면 우리 회사 차원에서 이 일을 할 수도 있을 것 같아. 먼저 리치 사장님한테 말해볼게. 주로 포트로더데일에 있지만 뉴욕에 자주 오시니까 어쩌면 너랑 면담을 주선할 수도 있겠다. 아무튼 나를 믿어."

희망적인 소식이었지만, 나는 여름 무렵에는 홈페이지를 개설하고 싶었다. 그런데 벌써 4월이었다.

나는 2주일 동안 기다린 다음 알렉스에게 이메일을 보냈다. *사장님한테서 아무 소식 없어?*

계속 찔러보는 중이야. 그의 답장이었다.

그렇게 몇 주가 더 지났다. 조슬린과 나는 한 칸짜리 노먼의 사무실로 이사했지만 리치와 면담 날짜를 잡았다는 알렉스의 연락은 없었다.

에이전시넷에 실낱같은 희망을 걸고 있었으니 설상가상으로 프리랜서를 찾는 데도 아무 진전이 없었다.

좋은 의도에서 꺼낸 이야기였지만, 알렉스에게는 우리 일에 에이전시넷을 동원할 아무런 권한이 없는 현실을 인정해야 했다. 살다보면 이런 소리를 자주 듣는다. "죄송합니다, 저도 도울 수 있으면 좋겠는데." 그 말은 곧 "제게 아무 권한이 없어서 원하는 대답을 드릴 수가 없네요"라는 뜻이다. 예스라고 말할 수 없는 사람의 노는 노가 아니다. 내가 원하는 대답을 줄 수 있는 사람은 리치뿐이었기 때문에 그와 직접 만나든지 아니면 전화통화라도 할 수 있도록 모든 노력을 기울여야 했다.

나는 알렉스와 22통의 이메일을 주고받은 끝에 화요일 오후에 리치와 만날 약속을 잡았다. 그런데 리치가 화요일 면담을 취소하고 포트로더데일로 일찍 돌아가야 하는 사정이 생겼다. 과감한 조치를 취해야 할 단계였다. 가끔은 상대방이 미처 대문을 열어주지 못하면 이쪽에서 담이라도 뚫고 들어가겠다는 열정적인 자세를 보여주어야 하는 때가 있기 마련이다.

나는 알렉스에게 이메일을 보내서 앞으로 2주 동안 리치가 웬만한 규모의 공항 근처에 갈 일이 있으면 내가 그쪽으로 건너가서 만나겠다고 전했다. 비행기 표 값으로 대략 300달러가 들겠지만 — 내 기준으로는 상당한 금액이었다 — 약속의 연필 성장을 앞당기는 데 가장 중요한 요소가 홈페이지였다.

두 시간도 안 되어서 알렉스의 답장이 도착했다. *사장님이 오늘 오후*

네 시 삼십 분에 전화하실 거야.

네 시 정각에 휴대전화로 문자가 날아왔다. *에이전시넷의 리치입니다. 다섯 시에 통화해도 될까요?*

나는 그럼요, 라고 답장을 보냈다. 나는 평소에 이렇게 큰 규모의 회사 CEO와 문자는커녕 대화조차 나눈 적이 거의 없었다. 하지만 그의 방식이 기발하다는 생각이 들었다. 이야기가 잘 안 풀리는 경우, 내 쪽에서는 그의 이메일 주소를 모르기 때문에 두 번 다시 연락할 방법이 없지 않은가.

나는 다섯 시가 되기 직전에 90센티미터짜리 누트의 사진을 들고 사무실의 빈 방으로 들어갔다. 우리가 행사 때마다 포스터로 활용한 사진이었다. 이 세상에서 가장 깜찍한 아이가 맨발로 파퉁 학교 앞 계단에 앉아서 고개를 갸우뚱 기울인 채 카메라 렌즈를 정면으로 쳐다보고 있었다. 사진 너머를 향해 "여긴 어쩐 일이에요?" 하고 장난스럽게 묻는 것 같은 표정이었다. 나는 희미하게 불을 밝힌 텅 빈 회의실 안으로 들어가서 리치에게 전화하기 전에 내 맞은편 의자에 그 사진을 올려놓았다. 누트를 보면서 통화할 생각이었다. 그러면 이야기가 곁다리로 흘러가지 않도록 누트가 도와줄 것이었다.

리치는 신호가 떨어지자마자 전화를 받았다. "오, 애덤. 듣자하니 아주 멋진 일을 하고 있는 것 같던데요." 그는 예상 외로 털털하고 진솔했다.

나는 40분에 걸쳐 그때까지 우리가 한 일들을 소개했다. 리치는 선생님은 어떻게 구하느냐는 식의(교육청에서 선생님을 조달하면 우리가 연수비를 지원한다) 학교 운영에 관한 일상적인 질문 대신, 우리 조직이 얼마나 탄탄한지 꼼꼼하고 날카롭게 따졌다. 가장 두려운 부분은 어떤 것인가, 이사회는 어떤 식으로 구성이 되어 있는가, 성장의 가장 큰 걸림돌은 무엇인가.

리치는 우리가 하는 일에 진심으로 관심이 있는 것 같았고 정말로 끝내주게 멋진 사람이었다. 우리는 대화가 정말 잘 통했다. 하지만 그의 시간을 많이 잡아먹었으니 이제 그만 본론으로 들어가야 했다.

"사장님, 저희가 홈페이지를 만들어야 하기 때문에 사장님과 통화를 하고 싶어 한 것도 있는데요. 혹시 사장님 회사에서……" 내가 긴장해서 말을 더듬는 게 느껴졌다. "2만 달러라는 저렴한 가격에 홈페이지를 만들어주실 수 있을까요?" 이런 말을 꺼내다니 믿기지가 않아. 그 순간 이런 생각이 들었다. 약속의 연필을 대신해서 대놓고 이렇게 엄청난 부탁을 하기는 처음이었다. 심장이 터질 듯이 두근거렸다.

"흠, 솔직히 나는 제작에는 관여를 하지 않기 때문에 제작 담당 부사장한테 물어봐야 해요." 젠장! "하지만 나는 그보다 더 엄청난 것을 생각하고 있는데. 며칠만 기다려줘요. 월요일쯤에는 이야기할 수 있을 거예요."

무슨 생각을 하고 있다는 걸까? 그가 문자로 이메일 주소를 알려주었고 나는 다음 날 저녁에 감사의 이메일을 보냈다. 그게 목요일이었다. 그는 금요일 오후에 답장을 보냈다. *통화 즐거웠어요. 주말에 잠깐 이야*

기할 수 있을까요?

네. 주말 내내 별일 없습니다. 어떤 식으로 대화를 나누면 좋을지 알려만 주세요. 나는 당장 이렇게 답장을 보냈다. 하지만 금요일 저녁이 점점 다가오자 새로운 방침을 어기고 주말 동안 이메일을 확인해야 할지, 방침을 지켜야 할지 고민이 시작되었다. 이번만 예외를 두어야 하는 걸까? 아니면 원래 결심했던 대로 고수해야 하는 걸까? 그의 이메일을 무시하면 그가 나를 예의가 없다고 생각할까? 얼마 전부터 일주일에 하루는 이메일을 열어보지 않고 지내기로 했다고 하면 나를 게으르다고 생각할까? 나는 괜히 고민하지 말고 그냥 솔직해지기로 했다. 그래서 금요일 저녁, 해가 지기 직전에 그에게 전화했다.

"솔직하게 말씀드리고 싶은 게 있어서요. 제가 얼마 전에 금요일 해가 진 직후부터 일요일 아침까지 이메일을 확인하지 않겠다는 방침을 세웠어요. 너무 일에만 매달리지 말고 사랑하는 사람들과 시간을 보내고 싶어서요. 주말 동안 이메일을 끊었더니 더 활기차게 다음 주를 맞이할 수 있고 만성 피로도 예방할 수 있더라고요."

나는 숨을 참았다. 그는 나를 열심히 일하지 않는 게으름뱅이라고 생각할까? 일주일에 7일, 하루 24시간 근무를 훈장처럼 여기는 사람들도 많은데.

"애덤, 그 원칙 존중합니다. 나도 그럴 수 있으면 그럴 거예요. 미리 알려줘서 고마워요. 그럼 다음 주에 얘기합시다."

아니나 다를까, 월요일 아침 아홉 시 삼십 분에 리치가 문자를 보냈다. *잠깐 통화 가능해요? 15분 안으로 전화할게요.*

나는 이어폰을 꽂고 아파트를 왔다 갔다 걸었다. 드디어 전화벨이 울렸다.

"주말 내내 정말 고민을 많이 했고 제작 담당 부사장하고도 의논했어요. 내가 제안하고 싶은 게 세 가지가 있는데, 첫째, 우리 회사에서는 2만 달러에 홈페이지를 제작하지 않을 거예요." 실망스러운 대답이었다. "그 대신 15만 달러를 들여서 최고 수준의 홈페이지를 무보수로 제작하라고 이미 승인을 내렸어요."

믿을 수가 없었다. 나는 정신 사납게 서성이다 말고, 손바닥만 한 아파트를 정신병자처럼 질주하며 허공에 대고 주먹질을 했다.

"둘째, 당신만 괜찮다면 나도 이사진으로 참여하고 싶어요. 그리고 셋째, 나한테 또 다른 디지털 에이전시를 운영하는 세이라는 친구가 있는데 좀더 의미 있게 살 수 있는 방법을 찾고 있거든요. 그 친구랑 이야기해볼래요? 그 친구도 이사진이 되고 싶다고 할지 모르겠는데."

나는 리치의 말을 듣는 내내 속으로 "좋았어어어어어"를 거듭 외치며 집 안을 이쪽 끝에서 저쪽 끝까지 계속 달렸다.

나는 먼저 정신을 가다듬었다. 숨이 차서 제대로 대답을 할 수가 없었다. 약속의 연필 이사회는 아직 비공식적인 조직이었다. 이사라고 해봤자 나와 약속의 연필을 설립하고 키우는 데 도움을 준 20대 중반의 친구들 5명 — 미미, 브래드, 마이크, 리비, 젠 — 밖에 없었다. 거기에 호프와, 작별을 고하는 내 이메일을 읽고 좀더 적극적으로 참여하고 싶다고 한 베인의 임원 캐런 해리스를 추가하려고 기회를 엿보는 중이었다. 리치와 그의 친구를 이사로 영입할 수 있다면 대부분 적극적으로 달려들겠지만, 다른 친구들에게 의견을 물어보지도 않고 덥석 좋다고 할 수는 없었다.

"먼저, 세 가지 제안에 대해 뭐라 감사를 드려야 할지 모르겠네요. 현재 이사진이 모두 합해서 6명인데, 그들과 의논을 한 뒤에 가타부타 말씀을 드릴 수 있습니다. 저 개인적으로는 사장님이 참여해주셨으면 하지만요. 그리고 홈페이지 건은 100퍼센트 찬성입니다."

"다른 이사진의 의견을 존중하다니 반가운 일이네요. 내가 다음 주에 뉴욕으로 건너갈 거예요. 만나서 저녁 식사라도 합시다."

"저야 좋죠."

나는 전화를 끊자마자 브래드와 알렉스에게 차례대로 연락해 이 엄청난 소식을 알렸다. 프리랜서를 몇 명 모아서 2만 달러에 홈페이지를 만들 수 있었으면 좋겠다는 바람으로 벌인 일이었는데, 미국에서도 손꼽히는 디지털 에이전시가 아무 대가 없이 전력을 다해 우리를 돕겠다고 나섰다. 그 희열이란 말로 표현할 수가 없었다.

다음 주에 리치와 나는 저녁 식사를 함께 했고, 자축하는 의미에서 마련한 2차 술자리에 알렉스가 합석했다. 그때는 미처 몰랐지만 리치는 우리 홈페이지를 구축하고 이사로 합류하는 수준을 넘어서 그 뒤로 몇 개월에 걸쳐 인생 최대의 결단을 내리는 동안 나의 길잡이가 되어주었다.

PENCILS OF PROMISE

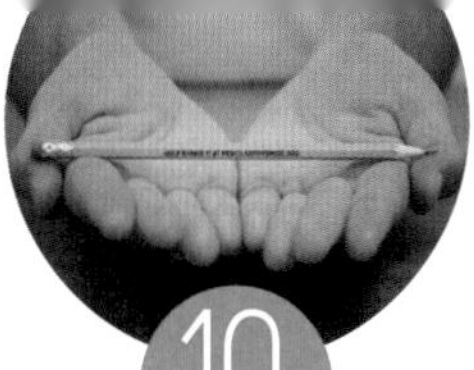

19

필요성이 아니라 가치관을 판단 근거로 삼아라

나를 어렸을 때부터 봐온 아버지의 친구 존 놀런은 내가 만난 사람들 중에서 가장 엄청난 부자였다. 그는 1980년대에 월 가에 증권회사를 설립해 성공을 거둔 뒤 그리니치로 자리를 옮겨 투자기금을 잇따라 운용했다. 우리는 전부터 잘 통했고, 내가 열아홉 살 때는 모태펀드를 출시하는 그의 밑에서 여름방학 동안 일을 배운 적도 있었다. "애덤, 너는 이 길로 계속 나가서 나중에 큰일을 할 거야." 그는 이렇게 말하곤 했다.

내가 베인을 그만두고 약속의 연필에 전적으로 매달리기 시작한 지 몇 개월이 지났을 때 존이 뜬금없이 전화를 했다. "괜찮은 사업 아이템이 생각났어. 당장 만나자."

나를 끌어들이려는 그의 꼼수에 호기심이 동했지만 나는 하던 일을 그만둘 생각이 없었다. "생각해주셔서 감사하지만 저는 지금 제가 설립한 비영리단체 일을 하고 있는데요."

"잔소리 말고 나오기나 해." 그의 허스키한 목소리가 쩌렁쩌렁 수화기를 때렸다.

나는 인간적으로, 성공한 금융업자 겸 사업가로 예전부터 존을 좋아했고 존경했다. 때문에 열차를 타고 그리니치로 찾아갔다. 내가 안내데스크 직원에게 사무실이 근사하다고 하자 그녀는 존에게 직접 이야기하라고 했다. 그 건물 전체가 그의 것이라고 했다. 내가 자리에 앉자마자 그가 뜻밖의 질문을 던졌다. "온라인 경매 사업에 대해서 어떻게 생각하니?"

"아무 생각 없는데요."

그는 마호가니 책상 너머로 두툼한 프레젠테이션 자료를 내게 건넸다. "얼른 배워라." 그가 단호한 목소리로 말했다.

나는 자료를 훑어보았다. 여러 사이트에서 아이패드, 평면 텔레비전, 카메라 등 탐나는 전자제품들을 위주로 경매를 진행하고 있었다. 소비자들은 시중가보다 낮은 금액에 적극적으로 온라인 입찰에 나섰고, 회사 측에서는 경매와 가격 측정 시스템을 영리하게 활용하면 어마어마하게 할인된 금액에 물품을 판매하면서 막대한 이윤을 남길 수 있었다. 수십 개의 업체가 저마다 경쟁력을 갖추고 이 새로운 분야로 잽싸게 뛰어들고 있었다.

"애덤, 내가 과학기술이나 브랜드 구축에 대해서는 아는 바가 없다만 이게 놀라운 수익구조를 갖춘 엄청난 사업인 것만큼은 분명하다. 이 업체들이 말 그대로 돈을 찍어내고 있어! 내가 이런 회사를 차리려고 하는데 인터넷을 잘 아는 젊고 야심만만한 친구가 필요하단 말이지. 네가 공동 설립자 겸 CEO를 맡아주었으면 한다."

"저는 지금 약속의 연필 일을 하고 있는데요."

"그건 취미 생활로 해. 나도 취미 삼아 아이들 야구 프로그램을 운용하잖니. 낮에 여기서 일하고 퇴근 후에는 그 자선단체 일을 해도 상관없어. 하지만 여기 이 그리니치 사무실로 출근해서 정식으로 근무해야 한다."

"이 일을 맡는다 하더라도 남들하고는 정반대 방향으로 출퇴근해야 하겠네요."

"그거야 내가 까만색 타운카로 날마다 출퇴근시켜주면 되지. 몇십만 달러 수준의 거액 연봉과 지분을 약속하마. 건강보험도 전액 지원하고."

믿기지 않을 만큼 솔깃한 제안이었다.

"회사를 설립하는 데 필요한 예산을 짜봐. 직원, 출장비, 경비, 뭐든 필요하면 말만 해. 내가 개인적으로 자금을 지원할 테니까." 존은 하던 이야기를 계속했다.

"초기 투자액을 어느 정도 예상하시는데요?"

"100만 달러 정도?" 그는 거침없이 대답했다. "거기다 이 위층을 통째로 내주마."

나는 손바닥만 한 노먼의 한 칸짜리 사무실에서 중고 이케아 탁자를 중심으로 둘러앉은 무급 인턴사원들로 이루어진 약속의 연필이 생각났다. 존은 전혀 차원이 다른 조직을 이야기하고 있었다.

"며칠 시간을 두고 생각해볼게요. 그런데 한 가지 더 말씀드리고 싶은 게 있는데 저는 이 사회에 도움이 되는 일만 하고 싶어요."

"돈만 많이 벌 수 있으면 뭐가 됐든 상관없다. 그런데 손목에 단 그 보기 싫은 끈들은 치워야겠다."

라오스에는 특별한 일이 있으면 '바시'라는 의식을 통해 기념하는 아름다운 전통이 있다. 라오스인들은 33명의 수호신령이 저 위에서 그들을 지켜보며 보호해준다고 믿는다. 그런데 이 수호신령들이 가끔 곁을 떠나서 그들이 나약하고 불안해지는 때가 있기 때문에, 라오스인들은 특별히 기념해야 하는 일이 있으면 이 수호신령을 붙잡고 평화와 화합과 행운을 기원한다는 의미에서 서로의 손목에 하얀 실을 묶어준다.

팍파와 시엥롬에 네 번째와 다섯 번째 학교를 완공했을 무렵, 내 손목은 하얀색의 무명실로 뒤덮였다. 그래서 마치 대전을 준비 중인 권투선수처럼 보였다. 실이 저절로 떨어지면 떨어지도록 내버려두는 것이 라오스의 풍습이었다. 끈을 풀 수는 있지만 자르는 것은 금물이었다.

존이 치우라고 한 끈이 루앙프라방 지역에서도 가장 가난한 보헤 마을에서 새 학교 개교식을 거행했을 때 내 양쪽 손목에 묶은 그 실이었다. 나는 레슬리와 라노이를 양옆에 두고 바닥에 앉아서 개교식을 지켜 보았고, 개교식이 끝나자 다같이 흙길을 달려서 루앙프라방 시로 돌아갔다. 예전에도 숱하게 그랬던 것처럼 오토바이를 몰고 먼지 날리는 자갈길을 질주했는데, 내가 무리하게 속도를 낸 게 실수였다. 흙길이 끝나고 고속도로 분기점에 가까워졌을 때 어디에선가 느닷없이 등장한 현지 아가씨가 오토바이를 타고 나를 향해 곧장 달려왔다. 정면충돌을 피하려고 방향을 틀자 오토바이가 미끄러졌고, 나는 핸들을 넘어서 허공으로 머리부터 날아올랐다.

여기저기 큼지막하게 파인 옆길의 어느 구멍 위로 떨어지면서 왼쪽 어깨가 몸에 깔리고 손바닥이 깊게 찢어졌다. 라노이가 어떻게 해보려고 달려왔지만 이미 엎질러진 물이었다. 어깨가 빠져버린 것이었다. 그 다음 주에 미국으로 돌아왔을 무렵, 내 어깨는 견딜 수 없을 만큼 욱신거렸고 살짝 움직이기만 해도 삐걱대고 덜거덕거렸다. 당장 수술을 받아야 했다.

그런데 나는 베인을 그만두면서 따로 건강보험에 가입하지 않았다. 당장 의학적인 조치가 필요하지 않은 이상 약속의 연필 기금을 낭비하고 싶지 않았다. 그런데 이제는 어깨 부상으로 어느 개인 보험사에서도 나를 받아줄 리 없었으니 이러지도 못하고 저러지도 못하는 난감한 처지로 전락하고 말았다. 그때 존이 회사 보험이라는 해결책을 제시했다.

나는 아침저녁으로 그의 사업 아이디어를 고민했다. 상품이 한 개 판매될 때마다 좋은 일에 기부하는 수익모델까지 만들었다. 그러면 회사는 이익의 일부를 사회에 환원하고 입찰자도 선행을 베풀 수 있었다.

그러는 동안에도 계속 약속의 연필 사무실로 출근해서 조슬린과 인턴사원들과 일했다. 우리는 주 1회 모금 행사를 기획하는 한편, 우리 학교 학생들에게 위생, 보건, 영양 수업을 어떤 식으로 가르치면 좋을지 학습 계획안을 만들고 있었다. 나는 한쪽 구석에서 남들 눈을 피해 존의 아이디어를 발전시켜 나갔다. 로고를 만들고 이스라엘 업체와 홈페이지도 만들기 시작했다. 존이 나를 심하게 구워삶으면서 정식으로 서류 절차를 밟으려고 했다. "근무 외 시간에는 약속의 연필과 관련해서 뭘 하든 상관없어." 그가 말했다. "하지만 우리 회사가 주가 되어야 해."

존이 돈을 벌 수 있는 기회를 내 앞에 던져준 것이나 다름없었다. 우리가 보기에 이 사업은 노다지였다. 회사가 잘되면 나는 몇 달 만에 지분만으로 수백만 달러를 벌 수 있었다. 게다가 내 최대 관심사인 자선활동을 비즈니스와 결부시킬 수 있었다. 하지만 나를 움직이는 원동력은 분명 사회적인 파급 효과가 아니라 돈이 될 것이다.

한편 약속의 연필은 모든 준비를 마쳤다. 작지만 사무실도 있고, 열정적인 직원도 있고, 멋진 홈페이지도 만드는 중이었다. 그런데 무슨 수로 두 회사를 동시에 설립할 수 있을까? 나도 알다시피 한쪽을 선택해서 올인해야 했다.

결정에 따르는 중압감 때문에 괴로웠다. 날마다 마음이 이랬다저랬다 했다. 부모님께 존과 동업하기보다 계속 약속의 연필 일을 할까 한다고 전하자 아버지는 "너 도대체 왜 그러냐!"라며 고함을 질렀다. 부모님만 그렇게 생각하는 게 아니었다. 내가 조언을 청한 사람들마다 존의 밑으로 들어가야 된다고 했다. 나는 결국 거부하기에는 너무 훌륭한 제안이라는 결론을 내리고, 며칠 안으로 그리니치로 찾아가서 서류에 서명하겠다고 그에게 알렸다.

하지만 마음이 계속 불편했다. 나는 그 전 주 내내 리치와 함께 홈페이지 작업을 했다. 어느 날, 저녁을 함께 먹는 자리에서 나는 존의 제안을 설명하고 내가 약속의 연필과 또 다른 회사를 동시에 설립할 수 있을 것 같냐고 물었다.

"딱 하나만 묻겠네." 그가 운을 뗐다. "자네, 두 여자를 동시에 사랑할 수 있나?"

"그게 무슨 말씀이세요?"

"세상에는 두 여자를 동시에 완벽하게 사랑할 수 있는 남자가 있는가 하면, 한 명만 사랑할 수 있다고 말하는 남자도 있거든. 자네는 어느 쪽인가?"

"글쎄요. 저 자신에 대해서 제법 잘 안다고 생각하는데 저는 한 번에 한 명만 사랑할 수 있는 사람입니다."

"그럼 정답이 나왔네. 자네가 진심으로 사랑하는 쪽을 선택해."

그 순간, 나는 어느 쪽을 선택해야 할지 분명히 알 수 있었다. 그와 알고 지낸 지 얼마 되지 않았지만 내가 머릿속에서 옥신각신하는 목소리들을 헤치고 나올 수 있도록 도와주는 사람이 있다는 것이 그렇게 고마울 수가 없었다.

존과 운영 합의서에 서명하기로 한 전날, 나는 밤새도록 잠을 이룰 수가 없었다. 서류 작업이 끝나면 나는 CEO가 되어 연봉과 지분과 온갖 혜택을 누릴 수 있었다. 돈과 건강보험이 있으면 당장 필요한 부분들을 모두 해결할 수 있었다.

하지만 나를 상징하던 모든 것을 바꾸어야 했다. 우리는 무언가를 잃어버릴 위기에 처하기 전에는 그것이 자신에게 얼마나 소중했는지 절대 깨닫지 못한다. 환불 불가 상품으로 매대에 올라보기 전에는 자신의 몸값이 얼마인지 절대 알지 못한다. 나는 그날, 동이 틀 때까지 뜬눈으로 지새우며 미친 듯이 일기를 썼다. 그리고 미지막 장에 잉크로 내가 내린 결정을 봉인했다.

나는 열차를 타고 그리니치로 건너가서 존에게 그 일을 맡지 못하겠다고 말했다. 약속의 연필에 그냥 남겠다고 했다. 뭐든 성공하려면 내 자신을 온전히 바쳐야 하는 법이었다. 특별한 무언가의 일원이 되면 그것을 소중히 여기고 외부의 수많은 유혹에 맞서서 싸울 줄 알아야 한다. 그런데 이해관계가 서로 어긋나는 또 다른 훌륭한 기회만큼 강력하고 그럴 듯한 유혹은 없다. 뭐가 더 우선인지 알 수 없을 때는 필요성이 아니라 가치관을 판단 근거로 삼아야 한다. 필요성은 자신의 심리상태에 따라 달라지지만 가치관은 언제, 어떤 경우에도 바뀌지 않는다.

나는 실패할지언정 도중에 인생의 나침반을 바꾼 것으로 인해 실패를 경험하는 일은 없을 것이다.

PENCILS OF PROMISE

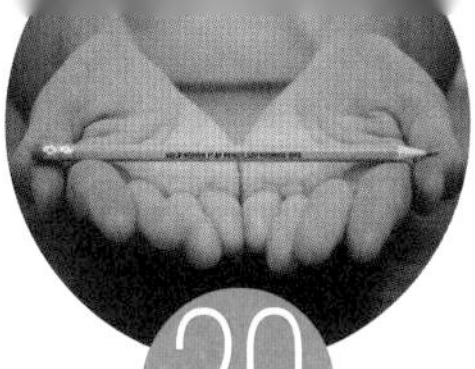

20 진정성은 거짓으로 꾸밀 수 없는 법이다

약속의 연필은 거의 18개월 동안 자원봉사자들에 의해 운영되었다. 친구들과 의미 있는 일을 함께 하며 정말 재미있기는 했지만 새로운 후원자들이 급속도로 늘고 있어서 비정규직원에서 정규직원으로 집행부의 구성을 바꾸어야 했다. 설립 초기 단계일 때는 그 회사에 얼마나 많은 시간을 투자하느냐에 따라 성패가 갈리는데, 후원금이 많아졌으니 집행부 구성을 자원봉사자와 열정적인 전도사에서 전문가와 고수로 발전시킬 명분이 생겼다.

하지만 어디에서 적임자를 찾아야 할까? 재무 담당과, 내가 곳곳을 돌아다니며 인맥을 쌓는 동안 그날그날 직원들을 관리할 사람을 비롯해서 몇몇 보직은 구인공고를 낼까 싶기도 했다. 하지만 나는 가만히 앉아서 알맞은 이력서가 도착하길 기다릴 수 있을 만큼 느긋한 성격이 못 되었기에 주도적으로 나서기로 했다. 우선 소규모 집행부에 알맞은 핵심 인물들을 적극적으로 물색하기 시작했다. 내가 가장 중요하게 생각한 두 가지 자질은 열정과 재능이었다. 그 밖의 나머지 부분은 배우거나 터득하면 그만이었다.

먼저 주변 친구들부터 훑어보았다. 나와 함께 선상 대학 프로그램을 떠났던 친구들은 모두 배낭 하나 들쳐 메고 극빈지역을 여행하고 종종 시골에서 여러 날 머물면서 개발도상국을 심층적으로 이해하고 인식한 경험이 있었다. 그래서인지 대다수가 사회적인 문제와 연관 있는 직업을 택했다. 여러 국제 NGO에서 근무한 적 있었던 질은 비영리단체 운영과 인권을 복수 전공으로 석사공부를 거의 끝내가고 있었다. 그런 그녀가 국내 직원과 연락을 주고받는 척후병을 맡아주겠다고 했다. 그런가 하면 내 친구 홀리는 딜로이트에서 4년 동안의 경영 컨설턴트 생활을 마감하고 다트머스 경영대학원으로 진학하기 전에 여름 동안 클린턴 글로벌 이니셔티브에서 사외 연수를 계획 중이었다. 나는 그를 설득해서 사외 연수 장소로 약속의 연필을 선택하게 했고, 그가 한 달 동안 라오스에 머물며 레슬리, 라노이와 함께 약속의 연필 사상 최초로 학교를 독자 설립했을 때(우리 일을 전담하고 있는 현지 건설업자, 토목기사, 인부들로) 최고 운영 책임자 자리를 제안했다.

"평생 이런 기회가 또 언제 있겠나?" 나는 그의 안에 숨어 있는 사업가 본능을 부추겼다. "전 직원을 선두 지휘하며 맨땅에서 한 조직을 탄생시키고 그 과정에서 수천 명을 가르칠 수 있는 기회야."

"내가 얼마나 하고 싶어 하는지 너도 알잖아." 그가 대답했다. "경영대학원 공부를 또 미루겠다고 하면 약혼녀가 나를 아마 죽이려고 들겠지만, 이 일을 하면서 밤에 다른 아르바이트로 수입을 충당하려고 아무도 모르게 도어맨 면접을 보고 있어."

나는 할말을 잃었다. 전 세계적으로 손꼽히는 컨설팅 회사에서 근무했고 다트머스 경영대학원까지 합격한 친구가 약속의 연필에서 일을 하고 싶어서 도어맨 면접을 보다니. 그의 재능이야 전부터 믿어 의심치 않았던 부분이지만, 이제는 그 열정에 내가 정신을 차릴 수가 없었다.

"있잖아." 그가 하던 이야기를 계속했다. "할게, 하지만 한 가지만 약속해줘. 1년이 지난 뒤에는 붙잡지 않겠다고. 붙잡으면 내가 주저앉을 게 뻔하거든."

"좋아." 나는 합의한다는 의미에서 손을 내밀었다. 이제 최고 운영 책임자가 생겼다. 그가 나를 믿어주는 만큼이나 나도 그를 믿을 수 있는 최고 운영 책임자가.

나는 결과에 초점을 맞추는 분위기가 약속의 연필 전체로 퍼질 수 있게 베인에서도 어떻게든 한 명을 끌어들이고 싶었다. 마침 후배기수 중에서 슈퍼스타로 꼽히는 에밀리 고어가 이메일을 보냈길래 나는 당장 약속을 잡았다. 그녀는 국제적인 경험을 쌓을 수 있는 사외 연수처를 찾고 있었다. 내가 그 자리에서 당장 일자리를 제안하자 그녀는 6개월 동안 근무하며 라오스에서의 사업을 탄탄하게 감독하고 평가하는 (비영리업계에서는 M&E라고 불리는) 프로그램을 만들겠다고 했다.

라오스의 국제 사업은 레슬리의 주도 아래 빠른 속도로 발전하고 있었지만 니카라과에서는 지지부진했다. 도로 상황이 좋지 않고 인구 밀도가 낮아서 학교를 짓는 데 훨씬 많은 비용이 드는데 반해 학생 수는 예상치를 밑돌았다. 니카라과에 지은 학교들을 장기적으로 후원하는 데 전념해야 하는 상황이었지만, 나는 과테말라의 아티틀란 호 인근으로 사업의 확장을 검토해보라고 집행부의 옆구리를 쑤셨다. 그곳은 호엘 푸악과 며칠 동안 함께 지낸 덕분에 잘 알게 된 지역인데, 교육에 대한 수요가 어마어마했다. 하지만 그 지역에서 빠르게 성장하려면 경험이 풍부한 길잡이가 필요했다. 나는 이번에도 아무나 리더로 발탁하기보다 내가 잘 알고 신뢰하는 사람에게 맡기기로 했다.

내 어린 시절 친구 노아가 대학교를 졸업하고 에티오피아, 수단, 볼리비아에서 대규모 NGO 일을 하고 있었다. 내가 연락했을 때, 그는 볼리비아에서 수백만 달러 규모의 거국적인 보건 사업의 자문위원으로 활동하고 있었다. 그런데 딱딱하고 관료적인 틀에 갇혀서 그들이 돕고자 하는 사람들의 가장 중요한 문제들을 해결하지 못하고 있어서 얼마나 답답한지 모르겠다고 내게 하소연을 했다. 나는 세계 개발 사업을 향한 그의 남다른 열정과 재능을 간파하고는 열심히 구애 작전을 펼쳤다. 둘 다 잘 아는 친구의 결혼식장에서 우리 사업을 자세하게 소개한 프레젠테이션 자료를 슬그머니 쥐어주며 다음 주에 훌리와 면접 날짜를 잡으라고 했다. 두 달 뒤에 노아는 아티틀란 호로 건너가서 우리의 라틴아메리카 지역장이 되었다.

이렇듯 국내외 집행부가 무럭무럭 자라나는 와중에 뉴욕 사무실은 일대 위기를 맞았다. 우리는 노먼이 내준 단칸의 뒤쪽 사무실로 날마다 10명에서 12명의 인턴사원이 출근했고 제품 전시실을 회의실로 활용했다. 직원들로 북적대는 공간에서 중요한 회의를 하기가 불편해서 미래의 후원자나 기업 대표가 찾아오면 공용 전시실에서 만나야 했다. 그런데 노먼의 회사는 여성복을 판매하는 업체였기 때문에 그곳에 여성 속옷이 전시되어 있었다. 중요한 후원자나 협력 단체와 심도 있는 대화를 나누다 보면 그들은 내가 아니라 내 어깨 너머에 걸려 있는 특대형 여성용 팬티들을 멍하니 쳐다보곤 했다. 커도 너무 큰 분홍색 속바지가 사방에 걸려 있는 곳에서 진지한 분위기를 조성하기란 어려운 일이었다.

상업용 부동산 회사에 근무하던 미미가 여름이 끝나갈 무렵 정규직으로 합류하면서 이 문제는 해결되었다. 그녀의 상사가 퇴직 선물로 로어이스트사이드의 74제곱미터짜리 공간을 엄청나게 싼 값에 빌려준 것이다. 넓은 사무실과 바로 옆 회의실이 유리 미닫이문으로 분리된 곳이었다.

이곳이 약속의 연필 사상 최초의 독자적인 사무실이었고, 우리는 이곳에서 우리에게 딱 맞는 기업 문화를 만들어나가기로 맹세했다. 나는 새 사무실로 이사하기 전날에 만든 여덟 가지 규칙을 첫날, 큰 소리로 낭독했다. 첫 번째 규칙은 우리가 선발할 직원의 성격을 규정하는 항목이었다. "여기서 근무하려면 절대 불가능한 것들을 믿는 대책 없는 이상주의자라야 한다. 현실주의자로 살고자 하는 사람들은 다른 직장을 알아보기 바란다. 이곳은 몽상가들을 위한 직장이다." 세 번째 규칙은 겸손한 자세를 유지하고 도움을 청하는 것이 얼마나 중요한지 강조했다. 네 번째 규칙은 한 사람의 기운이 주변 모든 사람들에게 영향을 미친다는 것, 일곱 번째 규칙은 우리를 이곳에 있게 한 사람들에게 우리가 어떤 일을 할 수 있는지 보여줄 수 있도록 가족(특히 할머니, 할아버지)들을 사무실로 초대할 필요가 있다는 것을 강조했다.

나는 누구라도 자신의 의사를 자유롭게 표현할 수 있고 동료들에게 긍정적인 영향을 미치는 활기찬 사무실 분위기를 만들고 싶었다. 약속의 연필 모든 직원은 분기마다 좋아하는 노래 목록을 만들고 이것을 이메일 서명란에 넣어야 했다. 소셜미디어에서의 팔로어 숫자보다 그 사람이 듣는 음악이 그에 대해 훨씬 더 많은 것을 알려주기 마련이다. 사무실 안에서 음악이 끊이지 않아야 활기 넘치는 분위기를 유지할 수 있다는 게 내 생각이었다. 나는 또 대부분의 직원이 무보수직이니 뜻 깊은 경험을 통해 보상을 받아야 한다고 주장했다. 그래서 '배움이 있는 점심'이라는 프로그램을 만들고 명망 있는 CEO를 초청해 그들이 살아온 이야기와 걸어온 길에 대해서 다같이 들었다. 내가 어떤 리더를 만나면 우리 직원들도 똑같이 그를 만났다. 이내 우리 사무실은 약속의 연필과 더불어 살고 숨을 쉬는, 20여 명의 헌신적이고 열정적인 인턴사원과 정규직원들로 북적거리게 됐다.

집행부 구성의 마지막 단계는 모든 법적, 재무적 문제를 책임지고 처리할 만한 적임자를 찾는 것이었다. 우리 직원과 이사회, 후원자들 사이에서 신뢰감과 책임감을 조성하려면 반드시 있어야 하는 보직이었다. 브래드가 톰 카사초네와 나 사이에 다시 다리를 놓아주었다. 나는 그를 유치원 때 우리 형과 가장 친했던 친구로만 기억하고 있었는데, 비영리단체의 회계업무를 담당한 적 있는 법조인이 되어 있었다. 톰이 재무 문제를 도맡아주었고, 우리는 곧 그의 실질적인 직책과 연봉을 책정했다.

이제 나는 더 이상 혼자가 아니었다. 올해 안으로 열다섯 번째 학교의 기공식을 거행하겠다는 우리의 새로운 목표를 위해 여러 사람들이 전 세계 곳곳에서 활약하고 있었다. 우리 집행부는 전원이 나의 동료이자 친구였다. 회사를 설립하려면 그 과정에서 온갖 역경을 거쳐야 하기 마련이다. 그럴 때일수록 곁에 있는 사람들의 성격을 알아야 한다. 믿음이 전부다.

내가 약속의 연필을 키워나가고 있었을 때 스코트 형도 진로를 바꿔서 새로운 직종에 뛰어들었다. 형은 에모리대학교에 다니느라 애틀랜타에서 지내는 동안 내가 고등학교 때 장난삼아 지어준 스쿠터라는 별명을 본명 대신 쓰며, 애틀랜타에서 가장 큰 나이트클럽 기획사를 후

딱 차린 적이 있었다. 그러다 밤에 피는 장미 생활을 청산하고 음악계의 거물 저메인 듀프리가 차린 소 소 데프 레코드에서 일을 하더니, 대학교와 음반사를 모두 때려치우고 자기가 발굴한 아티스트들을 관리하는 기획사를 차렸다. 그 기획사에서 맨 처음 뜬 가수가 '아이 러브 칼리지'라는 넘버 원 싱글로 유명한 애서 로스였다. 어느 날 내게 전화한 형이 가장 최근에 발굴한 가수에 대해 이야기했다. "아직 애야. 열세 살밖에 안 됐어. 유튜브에서 찾은 앤데 끝내줘. 내가 다음 주에 뉴욕에 가는 김에 너희 집으로 데리고 가서 소개해줄게."

일주일 뒤, 체구가 자그마한 더벅머리 소년이 몸에 비해 너무 커 보이는 기타를 들고 우리 집으로 들어섰다. "안녕하세요, 저스틴이에요. 노래 하나 들려드릴까요?" 그는 나를 보자마자 이렇게 물었다.

"좋지." 내가 대답하자 그는 이후 20분 동안 열심히 노래를 부르고 또 불렀다. 목소리가 정말이지 끝내줬지만 그보다 더 매력적이었던 건 긍정적인 에너지였다. 이 귀여운 아이를 사랑하지 않을 수가 없었다. 그날 밤에 브래드를 만나 술을 마시는 자리에서 나는 형이 새로 발굴한 가수에 대해 침을 튀겨가며 이야기했다.

"형이랑 얼마 전에 계약을 했다는데 어마어마하게 뜰 거야. 이름은 저스틴 비버야."

저스틴이 워낙 어렸기 때문에 형은 단순한 매니저가 아니라 보모 노릇까지 해야 했다. 덕분에 이후 몇 년 동안 저스틴은 우리 식구처럼 지냈다. 우리 부모님 집에서 며칠씩 머물며, 수영장에서 헤엄치고, 거울을 보며 춤 연습을 하고, 집 앞 길에서 일대일 농구 시합을 하자고 우리에게 도전장을 내밀었다.

저스틴에게 웨이크보드를 가르치는데 미국 라디오방송국을 통틀어 가장 큰 Z100 채널에서 그의 첫 싱글인 '원 타임'이 흘러나왔던 그 여름날 오후는 내가 죽을 때까지 잊지 못할 것이다. 첫 싱글이 전파를 타고 흘러나오는 것을 처음 듣는 순간, 우리는 다같이 벌떡 일어나서 환호했고 저스틴은 목청껏 자기 노래를 따라 불렀다.

집으로 돌아가서 흥분을 좀 가라앉혔을 때 저스틴이 나에게 요즘 어떤 일을 하고 있느냐고 물었다. 우리 둘이서 약속의 연필을 주제로 심도 있는 대화를 나누는 것은 처음이었다. 그런데 놀랍게도 그가 당장 호응을 보였다.

"멋지다. 나도 전부터 아이들을 위해서 학교를 짓고 싶었는데. 스쿠터 형, 우리, 약속의 연필이랑 무슨 일이라도 해봐요!" 그가 외쳤다.

"네 앞길부터 먼저 걱정해야 하지 않겠냐?" 나는 진지한 목소리로 말했다. 노래 한 곡이 라디오 전파를 탄 것만으로도 대단한 일이기는 했지만 세계적인 스타가 되려면 갈 길이 멀었다. "네가 잘 되면 같이 학교를 아주 많이, 많이 지을 수 있을 거야."

형은 처음부터 저스틴과 무얼 하든 사회 환원의 중요성을 역설했지만, 자기 동생이 설립한 단체라는 이유로 약속의 연필을 후원하도록 압력을 가하지는 않았다. 하지만 약속의 연필은 젊은이들이 만들어낼 수 있는 사회적인 변화를 자각하도록 그들을 일깨우는 데 주력하는 단체였고, 그것이야말로 저스틴이 깊이 공감하는 부분이었다. 그는 이내 약속의 연필의 맨 첫 번째 청소년 육성 운동 회원이 되어서 모금 활동을 돕고 소셜미디어를 통해 우리를 홍보했다. 우리 형제와 가깝게 지냈기 때문이기도 했지만, 그보다는 어린이를 돕고 싶다는 자신의 가장 큰 관심사와 약속의 연필의 지향점이 일맥상통했기 때문이었다.

어찌나 우리 일에 투철한 사명감을 불태웠는지, 한번은 이런 일도 있었다. 어느 팬의 아버지가 얼마를 지불하면 공연 전에 자기 딸을 만나줄 수 있느냐고 했다. 그러자 저스틴은 스코트 형에게 교실을 하나 짓는 데 얼마가 드느냐고 물었다. 형이 "1만 달러"라고 대답하자, 저스틴은 이렇게 말했다고 한다. "만날게. 단, 그 금액을 약속의 연필에 기부한다는 조건으로." 그날 밤, 그는 내게 문자를 보냈다. *방금 전에 아이들을 위해서 교실 하나를 만들었어!*

2010년이 끝나갈 무렵에 우리 가족은 다같이 아프리카로 가서 모잠비크 출신의 의형제 샘과 코넬리오의 가족을 만나기로 여행 계획을 잡았다. 그 무렵 저스틴은 전 세계에서 가장 인기 있는 팝스타로 꼽힐 만큼 유명한 연예인이 되었다. 일반적인 10대와는 다르게 살아와서 우리 부모님과 저스틴의 어머니 패티는 그가 일거수일투족을 일일이 지시하는 경호요원 없이 우리 가족과 함께 여행을 떠나는 것도 좋은 경험이 될 거라고 생각했다. 형은 여자친구와 한 방을 쓰고 여동생은 혼자 방을 썼으니 2주 동안 저스틴과 내가 룸메이트였다.

약속의 연필 이름으로 드디어 직장보험에 가입해서 서류 절차가 끝나자마자 어깨 수술을 받기는 했지만, 그래도 나는 여행 내내 거의 꼼짝할 수 없었다. 팬들의 반응이 미국처럼 광적이지는 않았지만, 아프리카에서마저 저스틴은 마음 편하게 길을 걸어다닐 수가 없었다. 그래서 우리가 선택한 해결책이 방 안에서 빈둥거리는 것이었다. 우리는 전부터 가깝게 지냈지만, 오랜 시간 동안 붙어 지내면서 음악과 여자 이야기뿐 아니라 우리 같은 젊은이가 전 세계의 다른 젊은이들을 어떤 식으로 도울 수 있는지에 대해 진지한 대화를 나누다 보니 우리 사이에 전에 없는 끈끈한 유대감이 형성되었다. 그 유명한 비버 헤어스타일 때문에 쏠리는 관심을 잊으려고 장난을 치면서 (녀석이 아침에 내 트위터 계정을 해킹하면 내가 오후에 녀석의 주머니에 포도를 슬쩍 넣는 식이었다) 함께 숱하게 웃기도 했다.

어느 날에는 호텔 엘리베이터 안에서 30대 중반의 모잠비크 여자 둘이 그를 알아본 적이 있었다. 그들은 흥분해서 어쩔 줄 몰라 하며 저스틴에게 사인과 사진 촬영을 부탁했다.

"그 가수 맞죠?" 두 여자는 소리를 질렀다.

"누구요?" 그는 침착하게 물었다.

"저스틴 비버요!"

"아닌데요. 그냥 닮은 사람이에요." 그는 두 여자의 히스테리 발작을 피하려고 딱 잡아뗐다.

"그 헤어스타일. 나 그 헤어스타일 알아요. 당신, 당신 맞잖아요!"

"아니에요! 나, 나 아니에요!" 그는 소리를 질렀다. 순간 우리 넷은 그의 황당한 말실수에 빵 터져서 배를 잡고 웃었다. 그는 예의바르게 두 여자와 사진을 찍었고 그러고 나서 우리는 객실로 돌아갔다. 객실로 돌아가 두 여자가 그를 보고 얼마나 흥분했는지 이야기하면서 그걸 어떻게 하면 좋은 일에 쓸 수 있을지 고민하기 시작했다. 며칠 뒤, 우리는 진지한 아이디어 회의에 돌입했다.

"큰일을 벌여보자." 저스틴이 말했다. "돈을 수억 걸어서 학교를 수십 개 만들 수 있을 만큼 큰일."

"후원금 모으기 대회를 벌이면 어떨까? 누가 약속의 연필을 위해서 가장 많은 후원금을 모을 수 있는지 학생들끼리 경쟁을 붙이는 거야. 가장 많이 모은 학생한테는 엄청 큰 상을 주는 걸로. 네가 그 학교를 찾아가거나 뭐 그러면 어때?" 내가 물었다.

"좋았어. 해보자."

"진짜? 어느 학교가 우승을 해서 어디로 찾아가게 될지 모르는데?"

"약속의 연필을 위해서 하는 일인데 아무렴 어때?"

그날 저녁에 우리는 내 플립 캠코더로 화질도 별로 안 좋은 비디오를 찍었다. 내년 초에 교육의 기회를 누리지 못하는 전 세계의 어린이들을 위해 학생들이 모금 활동을 하는 '스쿨스포올Schools4All'이라는 새로운 캠페인을 시작할 예정이라고, 우승한 학교는 저스틴 비버가 직접 찾아간다고 홍보했다. 정식 비디오는 4월에서야 만들 수 있었지만, 그날 저

녁에 난생 처음으로 둘이 이벤트를 준비하면서 얼마나 신이 났는지 모른다. 유명 인사들을 억지로 한 자리에 모으는 그런 행사가 아니었다. 서로를 아끼고 취시에 공감하는 우리 두 사람의 진심에서 우러난 계획이었다.

다음 날 아침에 우리의 계획을 듣고 스코트 형은 대찬성했다. "너희들이 자랑스럽다. 분명 잘 해낼 수 있을 거야." 진정성은 거짓으로 꾸밀 수 없는 법이다. 늘 저스틴과 나에게 사회 환원의 모범을 보여주려 했던 형은 그날 아침에 자신의 작전이 주효했음을 느꼈을 것이다. 약속의 연필 최초의 초특급 캠페인이 준비 과정에 돌입했고, 믿음직한 집행부가 갖추어졌고, 우리 일에 진심으로 관심을 기울이는 사람들로 핵심 그룹도 만들어졌다. 이제 드디어 내가 긴장을 풀고 우리의 경험담을 전 세계와 나누기 시작할 때가 되었다.

an Juan-
e Quiero Verd
y Limpio
BFF

PENCILS OF PROMISE

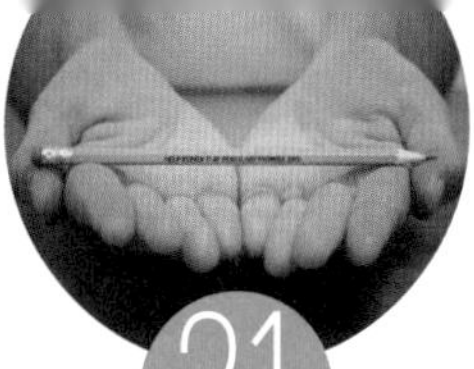

21

첫인상의 기회는 단 한 번뿐이다

약속의 연필이 알 만한 사람들 사이에서 유명해지기 시작했다. 우리는 체이스 커뮤니티 자선 콘테스트를 계기로 널리 이름을 알렸고, 서밋 시리즈를 통해 새로운 인맥을 쌓았고, 저스틴이 트위터와 페이스북을 통해 우리의 사업을 홍보하기 시작했다. 하지만 대체적으로 기존의 언론과는 거리를 두었다. 나는 주변에 널리 알리고 싶은 우리의 이야기가 아직 완성되지 않았음을 알았기에 인터뷰나 언론에 소개될 기회가 찾아와도 거절했다.

나는 일찌감치 유명세를 떨치는 것보다 약속의 연필의 장기적인 성공에 더 관심이 많았다. 새로운 것을 만들기는 쉽지만, 오랫동안 지속될 만한 것을 만들기는 어렵다. 나는 30년, 40년 동안 왕성하게 활동하고 있는 내가 가장 좋아하는 밴드들을 본보기로 삼았다. 그들이 꾸준한 인기를 누리고 있는 것은 처음 곡 세 개를 쓰자마자 고속도로 게시판을 자신들의 얼굴로 도배했기 때문이 아니었다. 그들은 자기들이 그 밴드를 '발견'했다고 생각하며 자신이 발견한 밴드의 음악을 주변에 열심히 전파한 골수팬들로 먼저 단단히 기반을 다졌다. 그리고 정식 앨범을 출시해도 되겠다 싶을 때까지 몇 년에 걸쳐 신뢰를 쌓고 실력을 연마했다. 하룻밤 사이에 성공한 것처럼 보이지만 사실은 몇 년 동안 준비한 결과였다.

크고 작은 지면에 소개되는 다른 NGO의 기사들을 나도 본 적 있지만, 언론에 노출되면 인지도는 높아질지 몰라도 새로운 후원이나 지원으로 연결되는 경우는 많지 않았다. 지구상에서 가장 낭비가 심한 자원이 인간의 관심이기 때문이다. 여러분도 하고 싶은 일이 있었는데 당장 실천에 옮기지 않았다가 나중에 잊어버린 적이 얼마나 많은가. NGO 기사를 읽은 사람들이 그 순간에는 돕고 싶은 충동을 강하게 느낄지 몰라도 그런 마음을 쉽고 효과적으로 실천에 옮길 수 있을 만한 장치(홈페이지, 직원, 백엔드 시스템)가 아직 우리 단체에는 없었다.

나는 세 가지가 갖추어지기 전에는 언론에 우리 이야기를 공개하지 않겠다고 처음부터 마음먹었다. 첫째, 이른바 '헉' 소리 나는 이야기. 약속의 연필에 대해 들었을 때 누구나 '헉! 내가 어쩌다 이 이야기를 지금에서야 들었지? 지금 당장 다른 사람들한테도 알려줘야겠다.' 이런 생각이 들어야 했다. 둘째, 후원자들의 문의 사항을 처리할 수 있는 백엔드 시스템을 갖춘 멋진 홈페이지. 그리고 셋째, 우리 단체에 대한 사람들의 관심에 즉각적으로 반응할 수 있는 직원과 기본 시스템.

나는 우리가 지은 학교 수가 두 자리 수에 달하고('헉' 소리 나는 이야기), 홈페이지와 직원과 기본 시스템이 우수한 수준에 다다를 때까지 거의 2년을 기다렸다. 2010년이 끝나갈 무렵, 드디어 모든 준비가 갖추어졌다. 에이전시넷에서 후원자들이 공사비를 댄 학교의 정확한 위치를 GPS로 파악할 수 있을 뿐 아니라 최첨단 기술을 활용해 교실 안을 360도 가상 투어까지 할 수 있는, 정말 멋진 홈페이지를 만들어주었다. 톰은 회계 감사를 실시하고 모든 사무실에서 가장 엄격한 재무 기준을 따르도록 했다. 심지어 다음번 성장기에 자문을 청할 수 있게 5명의 '어르신' 이사까지 영입했다. 이제 드디어 우리의 메시지를 세상에 알릴 때가 되었다.

『허핑턴 포스트』에 약속의 연필 기사를 싣고 싶다고 여름에 이메일을 보내온 기자가 있었다. 나는 인터뷰를 아직 한 번도 한 적이 없고 가을에 여러 학교의 기공식을 앞두고 있는 상황이라 몇 개월만 기다려달라고 했다. 하지만 준비가 되면 그녀에게 제일 먼저 연락하겠다고 약속했다. 약속대로 그녀와 만나 한 시간의 인터뷰를 끝냈을 때 그녀는 편집장에게 기사를 보여주고 신문에 실을 만한지 의논해보겠다고 했다. 놀랍게도 그 기사는 '비영리단체의 새로운 얼굴: 약속의 연필'이라는 제목을 달고 추수감사절 주간에 『허핑턴 포스트 임팩트』 1면을 장식했다. 큼지막한 사진과 함께 "배낭여행족이 연필 하나에서 출발해 15개의 학교를 설립한 사연"이라는 호기심을 유발하는 문구가 달렸고, 거의 2500만 번의 조회수를 기록해 그달 그 섹션에서 가장 조회수가 높은 기사로 등극했다.

이 시기적절한 기사로 우리는 유명 단체의 반열에 올랐다. 전화벨이 울려댔다. 이메일이 쇄도하기 시작했다. 여러 유명 브랜드에서 우리와 협력 관계를 맺고 싶다며 앞다투어 연락해왔다. 데이비드 여먼의 글로벌 마케팅 팀장은 플래그십 스토어에서 자선 행사를 개최하고 경매로 기금을 마련하라며 자사 제품을 우리에게 기증했다. AOL, 『보그』, 『버라이어티』, 『피플』에서 우리와 제휴할 방법을 모색했다. CBS와 ABC에서 저녁 뉴스시간에 약속의 연필을 독점 보도하려고 경쟁을 벌였다. 수많은 대기업을 후원자로 확보할 수 있는 기회의 문이 활짝 열렸고, 나는 이 기회를 제대로 활용할 준비가 되어 있었다.

초기에 소셜미디어와 코즈 마케팅에 걸었던 기대가 드디어 결실을 맺어서 거금으로 연결되는 대규모 제휴 관계를 구축할 수 있게 되었다. 저스틴의 후원은 훨씬 더 많은 도움이 되었다. 그가 가장 좋아하는 자선단체로 (메이크 어 위시 재단Make A Wish Foundation과 더불어) 약속의 연필을 꼽았으니 그의 수많은 후원사가 우리 쪽으로 성금을 보냈다. 저스틴과 스코트 형은 심지어 북미 마이 월드 투어 때 표가 한 장 팔릴 때마다 1달러씩 약속의 연필로 기부가 되도록 조치를 취해서 그의 공연을 관람하는 팬들을 중심으로 젊은 자선활동가 세대가 새롭게 탄생되도록 이끌었다.

나는 언론이나 유명 브랜드와 관계를 구축하는 한편으로 강연에 주력하기 시작했다. 피스트 온 굿Feast on Good은 광고와 언론계의 임원들 중에서 초대받은 사람들만 타임스센터에 모여서 세상을 개선할 혁신적인 방안을 모색하는 회의였다. 이른바 혁신가, 실천가, 생산자들이 근래의 가장 중대한 문제들을 파헤치고 고민하는 것이 피스트 온 굿의 목적이었다. 그 전해에 참석했던 브래드가 말하길 환상적이었다고 했다. "내년에는 네가 거기서 강연을 해야지." 그가 말했다.

그 소리를 들었을 때만 해도 꿈에서나 있을 법한 일처럼 느껴졌다. 우리가 『이코노미스트』나 포스퀘어처럼 권위 있는 매체들 앞에서 강연을 하다니 얼토당토않은 이야기였다. 그런데 『허핑턴 포스트』에 기사가 실린 뒤로 우리의 존재가 알려졌고, 브래드가 피스트 온 굿을 공동 설립한 제리, 마이클과 면담을 주선해주었다. "아침 식사가 분위기 좋게 끝나면 그쪽에서 너한테 강연을 부탁할 거야." 브래드가 장담했다.

맨해튼의 차분한 그레이 도그 카페에서 아침 식사를 하는데 분위기가 아주 좋았다. 거의 2시간 동안 나눈 대화를 마무리할 시점에 이르렀을 때 제리가 말했다. "올해 마지막 연사로 젊고 감동적인 인물을 찾고 있었어요. 애덤 씨가 그 역할을 맡아주시면 정말 좋겠는데요."

"네, 그러죠 뭐." 나는 건성으로 대답했지만 일어나서 카페를 가로지르며 춤을 추고 싶은 걸 참느라 혼이 났다.

강연이 몇 시간 앞으로 다가오자 나는 긴장이 되고 불안해서 견딜 수가 없었다. 아무하고도 대화를 나눌 수가 없었다. 나는 도스의 차분한 '댓 웨스턴 스카이라인'을 아이폰 반복 모드로 들으며 마음을 애써 가라앉혔다. 로어이스트사이드에 있는 우리 사무실의 전 직원은 물론이고 수천 명이 인터넷 생중계로 내 강연을 들을 터였다.

강연은 15분 분량이었고 처음 몇 분 동안은 내 목소리가 살짝 떨리는 게 느껴졌다. 하지만 누트, 니트, 타문드의 비디오를 틀자 내가 그 자리에 있는 이유가 다시금 떠오르면서 좀더 자신 있게 밀고나갈 수 있었다. 강연이 끝나자 수많은 청중들이 기립 박수를 보냈다. 내가 성공리에 끝낸 모양이었다.

참석자들이 한 줄로 길게 서서 내게 질문을 하고 명함을 교환하고 자기들의 이야기를 들려주었다. 우리 부모님도 오셨지만 내가 다른 모든 사람들을 상대할 때까지 기다렸다가 힘차게 끌어안아주셨다. 나는 오랜만에 천하무적이 된 것 같은 기분을 느꼈다.

아버지가 나와 포옹을 하고 나서 태연한 목소리로 말했다. "아래를 봐라."

아래를 내려다보니 바지 지퍼가 열려 있었다. 강연 내내 지퍼가 열려 있었던 것이다. 이럴 수가. "진짜 이랬어요?"

아버지는 고개를 끄덕이며 웃었다. "응."

아버지와 나는 웃어넘겼지만 자기 자신을 너무 과대평가하지 말고 너무 의기양양하지 말라는 교훈을 다시금 깨닫는 계기가 되었다. 첫

인상에 대한 단 한 가지 진실이 있다면 기회가 단 한 번뿐이라는 것이다. 처음 몇 분 동안 서로에게서 받은 인상이 향후의 모든 상호 작용을 결정짓는 역할을 한다. 다행히 내 실수를 알아차린 사람이 거의 없었지만 그 시간을 돌이킬 수는 없었다. 앞으로 만나게 될 새로운 사람들에게 가능한 한 좋은 첫인상을 심어줄 수 있도록 노력하는 수밖에 없었다.

타임스센터를 나서는데 회의에 참석한 우리 직원들이 다른 참석자들과 어우러져 있는 광경이 눈에 띄었다. 직원들이 약속의 연필 티셔츠를 입고 있었기 때문에, 사람들이 그들에게 다가가 어떻게 하면 좀더 적극적으로 동참할 수 있는지 묻고 있었다. 홈페이지에 접속하면 한 어린이의 교육비나 학교 공사비를 지원하는 방법이 자세히 소개되어 있다고 자신 있게 말하는 어느 직원의 설명을 듣고 나도 모르게 미소가 지어졌다.

대부분의 사람들은 서둘러서 홍보에 나서지만 우리는 '헉' 소리 나는 이야기와 신뢰할 만한 직원과 홈페이지가 갖추어질 때까지 기다린 덕분에 주변의 관심을 의미 있는 실천으로 연결시킬 수 있었다. 나는 바지 지퍼를 내린 채 강연하는 실수를 저질렀지만 약속의 연필은 분명 성공 가도를 달리고 있었다.

PENCILS OF PROMISE

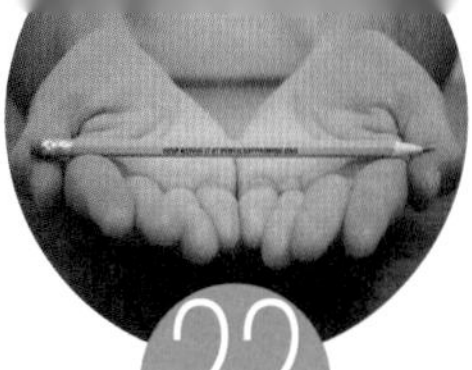

22

실수를 저질렀을 때는 변명하지 말고 인정하라

나는 우리 직원과 학생들과 더불어 라오스 현지에서 한 달 동안 일을 한 뒤 점점 커져가는 배후사업에 주력하기 위해 본국으로 돌아갔다. 우리는 세 번째 나라인 과테말라에 진출해 내가 몇 년 전에 호엘 푸악과 함께 지냈던 아티틀란 호 일대의 바로 그 지역에서 공사를 진행하고 있었다. 2010년 한 해 동안 약 100만 달러를 모금했고 (그 전해와 비교했을 때 열 배도 넘는 금액이었다) 연말까지 수십 개의 학교를 짓겠다는 야심만만한 목표도 설정했다. 노벨평화상 수상자인 데스몬드 투투 대주교는 우리의 노고를 치하하는 깜짝 비디오까지 선물했다. 그가 "약속의 연필…… 계속 정진하고, 계속 배워나가세요. 이 세상은 당신들을 필요로 합니다"라고 말하는 것을 보았을 때 나는 이게 꿈인가 생시인가 싶었다.

그 비디오를 보고 있노라니 몇 달 전, 내 아파트 화이트보드에 친구가 끄적인 구절이 생각났다. "이 세상에서 가장 강력한 무기는 무르익은 아이디어다." 우리가 바로 그렇게 무르익은 시점인 듯했다. 가장 지적인 차세대 기업인이라 할 수 있는 하버드 경영대학원과 스탠퍼드 경영대학원 학생들이 후원하고 싶은 자선단체로 우리를 꼽았다. 우리는 모든 면에서 별 탈 없이 굴러가고 있었다.

브리티시 에어웨이에서 개최하는 기회의 화신 콘테스트라는 근사한 기회가 찾아왔을 때, 나는 참가 신청을 해야겠다는 생각이 들었다. 250명의 소기업 사업주가 전 세계 어디든 갈 수 있는 무료 항공권을 받을 수 있었다. 자신의 조직을 발전시키는 데 항공권을 어떤 식으로 활용할 생각인지 문서나 비디오를 제출하는 것이 유일한 조건이었다.

그런데 할 일이 워낙 많다 보니 참가 신청에 신경쓸 겨를이 없었다. 어느 날 밤 열한 시 사십 분에 정신을 차려보니 응모작 제출 마감 시한 20분 전이었다. 나는 시간이 없었지만 밑져야 본전이라고 생각하고 아이폰 카메라를 뒤져서 개발도상국에 학교를 짓는 장면을 2분짜리 비디오에 담고, 라노이를 뉴욕 본사로 초대해서 우리 직원들로부터 심도 있는 연수를 받게 하고 싶다고 덧붙였다.

몇 주 뒤에, 그 비디오를 보고 감동한 사람이 있었는지 우리가 250위 안에 들어서 비행기 표를 받게 되었다는 소식이 전해졌다. 나는 뛸 듯이 기뻤고 우리가 10위 안에 들었다는 걸 알고 난 뒤에는 깜짝 놀랐다. 1주일 동안 소셜미디어를 통해 진행하는 투표 결과로 세 팀의 결승 진출자가 가려진다고 했다. 소셜미디어? 그거라면 우리의 주특기였다.

우리는 대상을 수상한 단체에게 주어지는 10장의 무료 비즈니스 항공권을 노리고 페이스북과 트위터를 통해 열심히 캠페인을 펼쳤다. 대상을 수상하면 누릴 수 있는 홍보 효과에도 욕심이 났다. 몇 주 뒤에 열 팀의 준결승 진출자가 세 팀의 결승 진출자로 줄었다. 던 브로스 커피라는 친환경 커피 제조업체와 크라우드펀딩 사이트 인디고고 그리고 우리였다.

맨해튼의 으리으리한 매리엇 마퀴스 호텔에서 펼쳐지는 결선이 어떤 식으로 진행될지 전혀 알 수가 없었는데, 나의 예상과 달리 축하 행사라기보다 TV 프로그램 〈샤크 탱크〉(미국 ABC 채널에서 방영하는 서바이벌 벤처 투자 리얼리티 TV쇼 — 옮긴이)에 더 가까웠다. 행사장을 가득 메운 500명의 콘테스트 참가자 앞에서 2분 동안 약속의 연필을 '홍보'할 기회가 주어졌다. 나는 서밋 시리즈에서 배운 대로 짧은 시간 안에 강렬한 인상을 심어주는 비법을 동원해서 우리의 역사와 체계, 교육의 기회를 제공함으로써 가난한 나라의 어린이들의 삶을 개선하고자 하는 비전을 소개했다. 지금까지 숱하게 한 설명이었고 거의 대부분 효과가 있었다.

그런데 이번에는 내 이야기가 끝나자 〈어프렌티스〉(미국의 부동산 거물이자 유명 기업가인 도널드 트럼프가 진행하는 리얼리티 TV쇼 — 옮긴이)의 빌 랜식, 스키니걸 칵테일로 유명한 베서니 프랭클, 〈샤크 탱크〉에 출연했던 부동산업계의 거물 바버러 코코런, 이렇게 세 명으로 이루어진 유명인 판정단이 나를 향해 무차별 공격을 퍼부으러 나섰다. 나중에 알고 보니 이들도 우리 회사의 허점을 찾으라는 지시를 받고 그랬다는데 우리한테는 사전에 아무 설명도 없었다.

“주요 사업과 대비해서 간접비용이 얼마죠?” 빌이 물었다.

“업계 기준으로는 주요 사업비가 70퍼센트를 웃돌면 훌륭하다고 하죠. 저희는 군살을 최대한 제거하려고 노력하고 있습니다. 지금까지 83퍼센트에서 86퍼센트의 기금을 주요 사업에 할애하고 있습니다.” 내가 대답했다. 청중들이 박수를 쳤고, 빌은 만족스럽다는 듯이 고개를 끄덕였다.

각 결선 진출자를 향해 속사포처럼 질문이 이어지는 와중에 조명이 번쩍이고 음악이 쿵쾅거렸다. 나는 조잡한 리얼리티 프로그램에 출연한 것 같은 기분이 들었다. 마침내 주최 측에서 우리를 무대 위로 다시 불러서 우승자를 발표했다. 4표 중에서 첫 번째가 청중 평가인데 약속의 연필이 60퍼센트의 득표율을 기록했다. 두 번째로 빌 랜식은 우리에게 한 표를 던졌다. 4표 중에서 2표를 받았으니 한 표만 더 받으면 우승할 수 있었다. 하지만 베서니와 바버러가 둘 다 인디고고를 선택했다.

“신사 숙녀 여러분, 사상 최초로 동점자가 탄생했습니다!” 아나운서가 우렁찬 목소리로 알렸다. “이제 30초의 즉석 홍보 뒤에 청중 평가단이 우승자를 결정하겠습니다!”

나는 청중의 마음을 한 번 사로잡은 적이 있었으니 다시 한번 그럴 수 있길 바랄 따름이었다. 인디고고를 공동으로 설립한 데이나가 먼저 나섰다. 그녀는 검증된 집행부와 탄탄한 비즈니스 모델을 내세우며 곧바로 이성에 호소했다. 잠시 후 내 차례가 되었다. 나는 청중의 감정에 호소해야 한다는 것을 알고 있었다. 우리는 모두 사업가였다. 똑같은 열정이 우리를 움직이는 원천이기에 나는 우리의 공통점을 파고들었다. "정말 큰 꿈을 안고 정말 작은 공간에서 시작해본 분이라면 누구나 아실 겁니다. 여러분의 사업에 열정과 혼을 담는 것도 중요하지만 차이를 만드는 것은 함께 걸어가는 특별한 사람들이죠. 저는 그 분들을 대신해서 이 자리에 섰습니다. 현장에서 일을 하며 날마다 우리 아이들을 가르치는 분들, 이 비행기 표를 선물하고 싶은 분들을 위해서요. 그 분들이 진정한 기회의 화신입니다."

30초가 끝났다. 조명이 다시 번쩍였고 득표수 합산이 시작됐다. 이번에는 내가 85퍼센트의 득표율을 기록했다. 약속의 연필이 대상 수상자로 호명되었다. 브리티시 에어웨이 직원들이 금액 란에 "무료 비즈니스 항공권 10장"이라고 적힌, 판지로 만든 대형 수표를 들고 나왔다. 카메라 플래시가 터졌고, 처음 만난 사람들이 축하 인사를 건넸고, 인터뷰가 시작되었다. 완벽한 서커스였지만 끝나서 다행이었고, 이 소식을 우리 직원들에게 어서 빨리 전하고 싶어서 좀이 쑤셨다. 무료 항공권 10장이면 엄청난 수확이었고 홍보 효과도 제법 컸다.

다음 날 오후, 항공권을 받은 250명의 소기업 사업주들은 전세기를 타고 런던으로 날아가서 사진을 찍으려고 기다리고 있었던 브리티시 에어웨이의 CEO를 만났다. 환영식장에서 휴대전화를 슬그머니 내려다보니 라틴아메리카 지역장으로 놀라운 활약을 펼치고 있었던 노아가 보낸 이메일이 있었다. 이메일을 연 순간 내 심장이 철렁 내려앉았다.

> 애피하고 내가 어젯밤에 칼을 든 강도를 만났어…… 나는 전화기하고 지갑을, 애피는 블랙베리하고 핸드백을 빼앗겼어. 약속의 연필에도 신고를 해야 하는 건지 모르겠어서.

전날 저녁에 슈퍼볼(미국 미식축구 양대 리그 우승팀끼리 맞붙는 챔피언 결정전. 미국에서 가장 큰 스포츠 행사다 — 옮긴이)이 열렸기 때문에 노아와 과테말라 현지 직원인 애피는 다른 NGO 직원들과 만나기 위해 우리 지사에서 몇 시간 거리의 어느 도시에서 열리는 평화봉사단 파티에 참석하러 나선 길이었다. 직원들에게 도심에서는 조심하라고 그렇게 경고했건만 결국 이런 일이 벌어지다니.

나는 노아가 빼앗긴 물건 값을 변상받고 싶은 마음에 이메일을 보냈을 거라고 넘겨짚었다. 박수갈채가 터지고 다들 약속의 연필 우승을 축하하는 분위기라 새로운 문제에 정신을 집중할 겨를이 없었기에 뉴욕 본사의 톰에게 얼른 도움을 청하는 이메일을 보냈다. 그런데 이 사태에 속이 계속 부글부글 끓었다. 왜 그런 일을 자초한 걸까?

그들이 끔찍한 일을 당하기는 했지만 약속의 연필 잘못으로 위험한 상황에 처한 것은 아니었다. 나는 무대 위에서 청중들의 감정에 호소하고 내려왔으니 노아와 애피의 감정에 호소하면 이 문제도 해결할 수 있을 거라고 생각했다. 그래서 후다닥 답장을 보냈다.

안녕.

먼저 두 사람 다 괜찮다니, 그런 일이 있었는데도 다치지 않았다니 다행이다. 그런데 도난당한 소지품을 약속의 연필에서 보상해주는지 궁금해 하는 것 같아서. 사실 무슨 일이 있었는지 너희들이 지어서 말한들 누가 알겠어? 너희들이 어떤 식으로 설명하든, 어떤 식으로 글을 써서 보내든 나는 알 방법이 없잖아. 내가 장담할 수 있는 건 우리가 단돈 1달러라도 마련하기 위해 엄청니게 열심히 노력한다는 것과 나는 단돈 1달러라도 허투루 쓰지 않으려고 더 열심히 노력한다는 것뿐이야. 그리고 너희들도 알다시피 너희는 계약서에 서명도 했잖아. 이런 경우 약속의 연필에 법적 책임을 묻지 않을 것이며, 이런 일이 생겼을 때 해결해주는 보험은 각자 알아서 가입하기로(이 부분에 대해서는 톰이 추가로 설명할 거야). 그러니까 아무것도 보상해주지 않는 것이 현재의 방침이야. 너희들은 과테말라 프로그램을 꾸려나가고 있고 용기를 내서 약속의 연필을 현재 인생 항로로 선택했으니까…… 너희들도 이 단체를 너희 것처럼 여겨주었으면 좋겠다. 우리가 다같이 만든 거니까. 그런 관점에서, 약속의 연필에서 이 사건을 어떤 식으로 처리하면 좋을지 나보다 너희들이 더 잘 알 거라고 생각해. 약속의 연필과 너희 둘 모두를 감안한 최선의 해결책이 무엇일지 고민해보고 알려주면 그대로 따를게.

애덤

적절한 답장이라고 볼 수는 없었다. 그 뒤에 다시 메일함을 확인해보니 이런 이메일이 도착해 있었다.

애덤,

아무래도 서로 오해가 있었던 것 같은데. 약속의 연필에 신고를 해야 하느냐고 물은 건, 사건 보고를 해야 하겠느냐는 뜻이었어. 첫째, 약속의 연필에 경고를 전하고 둘째, 앞으로 해외 파견 방침을 수립할 때 참고할 수 있게. 애피도 그렇고 나도 그렇고 어떤 종류의 보상도 바라지 않아.

노아

해명에 이어 좀더 개인적이고 솔직하며 나의 답장을 정당하게 비판하는 이메일이 또 한 통 도착해 있었다. 노아는 단순히 두 남자가 칼을 들고 다가와서 그들의 소지품을 강탈한 게 아니라고 했다.

그들은 내 목을 졸랐고, 우리 둘을 향해서 칼끝을 겨누었고, 담벼락으로 애피를 내동댕이치고서는 정신을 차린 내가 그녀 위로 몸을 던질 때까지 거칠게 다루었어. 우리는 단순히 소지품을 빼앗긴 게 아니라 폭행을 당한 거야.

이메일을 읽을수록 내가 두 사람을 거기 보냈기 때문에 벌어진 일이잖아, 이런 생각이 들었다. 노아는 자다 일어나 보니, 하지도 않은 요청을 거절하고, 생각지도 않은 거짓말을 의심하는 이메일이 기다리고 있어서 얼마나 심란했는지 모른다고 했다. 공동의 목표를 위해 다같이 무언가를 희생하는 약속의 연필과 같은 조직에 몸을 담고 있는 사람이라면 직원을 좀더 믿어주어야 했는데. 그러면서 애피가 그 사건 때문에 상당히 놀랐는데 나의 대처방식에 더욱 심란해져서 약속의 연필을 떠날까 고민 중이라고 했다.

내 가장 친한 친구이자 최고의 리더가 나 때문에 충격을 받았고, 가장 유능한 직원이 일을 그만둘까 고민하고 있었다. 노아와 애피가 겪은 불쾌한 사건은 내 그늘 아래에서 벌어진 일이었다. 그때까지만 해도 모든 게 장밋빛이었다. 우리는 학교를 짓고 세상을 바꾸고 있었다. 내 오토바이 사고보다 심각한 사건은 벌어진 적이 없었다. 그런데 두 사람이 우리의 비전을 실천하다 생명의 위협을 느꼈다.

약속의 연필 때문에 생사를 넘나드는 사람이 생길 줄은 상상도 못 했는데, 하마터면 정말 큰일날 뻔했다는 생각이 들었다. 사태의 심각성을 한눈에 알아차리지 못했다니 리더로서 내가 얼마나 부족했는지 느낄 수 있었다. 우리는 이제 더 이상 세계를 여행하며 사람들을 돕는 어린애가 아니었다. 정말 위험할 수도 있는 일을 하고 있었다.

나는 CEO로서 직원들의 안녕은 챙기지 않고 경제적인 부분에 초점을 맞추는 잘못된 태도를 보였다. 조직을 보호한답시고 조직의 구성원을 등한시했다. 실로 엄청난 실수였다. 나로 인해 가장 유능한 직원 두 명이 소외감을 느꼈다. 그들은 다독여주길 바랐건만, 나는 비용 부담을 운운했다.

리더는 사람들에게 할 일을 지시하기만 하면 되는 것이 아니다. 교본에 적혀 있지 않은 상황에서도 올바른 판단을 내려야 한다. 나는 우선 두 사람에게 사과를 해야 했다. 진심으로 사과를 해야 했다. 인간은 누구나 실수를 한다. 나약한 사람이나 거기다 변명까지 곁들이는 것이다.

하지만 내 할 일은 애피와 노아에게 저지른 실수를 만회하는 데에서 끝나지 않았다. 우리가 그런 사태에 대한 준비가 얼마나 미흡했는지 이번 사건을 통해서 드러나지 않았는가. 나는 불의의 사고에 대비하고 필요한 경우에는 제대로 대처할 수 있도록 당장 조직 차원의 사전 대책을 마련했다. 전 직원용 지침서에 추가로 해외 파견 직원용 지침서를 만들었다. 직원을 오지로 파견하기 전에 사전 조치(보험에 가입하기, 전화번호 등록하기, 자동차 보험 면제 신청하기 등등)를 취했다. 오지 파견 직원용 모범 답안을 문서화하고, 앞으로 기록을 남겨서 참고하고 비슷한 사건의 재발 위험을 줄일 수 있도록 사건 보고서를 만들었다. 심지어 이메일을 통해서가 아니라 얼굴을 보면서 해결할 수 있도록 비상사태가 생기면 48시간 안으로 화상통화를 해야 한다는 규칙까지 만들었다.

내가 그 한 번의 상황에 형편없이 대처한 실수를 딛고 우리는 더욱 단단한 조직이 되었다. 약속의 연필이 거의 하룻밤 새 몇 년은 자란 느낌이었다. 그 전까지는 몰랐고 부족했던 부분들을 인식하면서 모든 분야에 걸쳐 전체적으로 탄탄해졌고 결속력은 그 어느 때보다 강해졌다.

실수를 저지르면 잠시 걸음을 멈추어 점검하고, 왔던 길을 되짚게 된다. 우리는 실수를 두려워하지만 실수는 반추의 거울을 깨달음의 창문으로 둔갑시키는, 베일로 가려진 축복이다.

나는 실수가 성공의 필수조건이라는 것을 몸소 실감했다. 사실은 실수가 성공을 앞당기는 경우도 많다. 나는 브리티시 에어웨이 콘테스트를 통해 우리가 올바른 길을 걷고 있다는 자신감을 얻었지만, 국제적인 위기를 겪은 다음에서야 성공 가도가 아니라 실수를 해결하는 과정 속에 가장 훌륭한 성장의 기회가 숨겨져 있다는 사실을 깨달았다.

PENCILS OF PROMISE

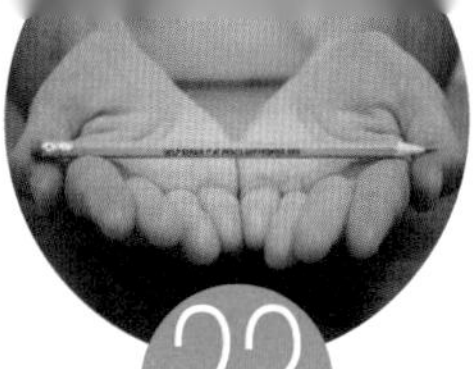

23

일을 했으면 매듭짓는 법을 배워라

이제 우리는 음악소리가 귀청을 때리는 우리만의 공간에서 점심시간을 이용해 견문을 넓혀가고 있었다. 그러다 보니 나는 기업 문화에 더욱 관심을 기울이게 되었다. 학교들을 둘러보느라 왔다갔다 여행하는 동안, 나는 우리가 원하는 조직상에 대해서 많은 고민을 했다. 무엇보다도 직원들이 약속의 연필에서 일하는 것을 좋아하길 바랐다. 우리들 중에서 어느 누구도 경험한 적 없는 이 분야에서 성공하려면 열심히 헌신하는 자세가 필수조건이었다. 하지만 어떻게 해야 그런 분위기를 만들 수 있을까?

나는 우수한 인재를 영입하고 그들을 계속 붙잡는 데 필요한 다섯 가지 요소가 있다면 행복, 동료애, 보상, 발전, 재미라고 결론을 내렸다. 그래서 이런 가치관을 전파할 수 있도록 한 달에 한 번씩 전 직원이 15분 동안 아무 말 없이 앉아서 현재의 자신에 집중하는 명상의 시간과 같은 제도를 도입했다. 날마다 한 사람씩 돌아가며 듣고 싶은 음악을 고르면 점심시간에 모두 하던 일을 멈추고 노래에 얽힌 사연을 듣고 음악을 감상하는 '일일 주크박스' 행사도 실시했다. 이 제도는 엄청난 호응을 얻었을 뿐 아니라 동료 대 동료, 개인 대 개인으로 결속력을 다지는 역할을 했다. 직원들에게 경제적인 보상은 충분히 해줄 수 없었지만 성취감과 열정은 선물할 수 있었다.

음악과 명상은 둘째 치고, 나 자신을 넘어서는 무엇인가를 하고 있다는 것이 진정한 기쁨이었다. 우리가 혼자가 아니라는 것을 알기에, 우리를 도와주는 사람들이 있기에 모든 게 더 의미 있고 끈끈하게 느껴졌다. 트위터를 보더라도 자신이 한 일을 일방적으로 광고하기보다 상대방의 멘션에 답글을 다는 식으로 대화를 이어나가야 열성적인 팔로어를 확보할 수 있다. 남과 더불어 일을 하면 효과적일 뿐 아니라 정신건강에도 훨씬 좋았다. 약속의 연필이 성장할수록 우리는 특히 현재 진행하고 있는 사업과 연계해서 누군가를 기념하는 데 점점 더 주력했다.

나는 우리가 세상에 발자취를 남길 수 있도록 도와준 이들에게 좀더 제대로 감사하는 마음을 표현하자는 취지에서 감사의 손 편지 쓰기를 필수 조항으로 만들었다. 직원들은 모두 한 달에 2통씩, 한 통은 개인적으로 고마운 사람에게, 또 한 통은 업무와 관련해서 고마운 사람에게 감사의 편지를 써야 했다. 한 달에 두 번, 정오가 되면 전부 다 하던 일을 멈추고 약속의 연필 편지지(이런 용도로 특별히 주문 제작했다)를 나누어 가진 뒤 15분 동안 편지를 쓰고 봉투에 주소를 적어서 봉했다. 그런 다음 그 편지들을 한데 모아서 우표를 붙이고 우체통에 넣었다.

나에게도 게으름을 부리다 2년 동안 보내지 못한 감사의 편지가 있었다. 약속의 연필이 만들어진 지 불과 6개월 만에 첫 번째 학교가 완공되었을 때 얼굴도 모르는 어떤 사람에게 수표를 받은 적이 있었는데 고맙다는 인사를 하지 못했던 것이다. 우리는 후원금이 어디에 쓰였는지 기부자에게 설명하는 것을 '매듭짓는다'고 표현했다. 수많은 단체들이 기부금을 받으면 연말에 영수증을 발송하는 데 만족했지만, 우리는 새로 지어진 학교의 GPS상의 정확한 위치와 함께 현장에서 촬영한 사진, 비디오, 후일담을 발송함으로써 그들이 타인의 삶을 어떤 식으로 바꾸었는지 생생하게 보여주었다.

초창기에 첫 번째 학교 모금 행사를 벌였을 때 기획을 도와준 클레어라는 친구가 있었다. 나는 대나무로 비계를 만들고 그 안으로 벽돌을 쌓는 식의 진척 상황을 사진으로 찍어서 첫 삽을 뜨는 데 결정적인 역할을 한 40명에게 이메일로 보냈다. 건물의 뼈대만 앙상하게 찍힌 사진도 있었지만, 내 눈에는 근사해 보였고 그들도 나와 똑같이 느껴주길 바랐다.

이내 클레어가 답장을 보내왔다.

네가 알지 모르겠지만 나는 지금 건설회사에 다니고 있어. 그런데 우리 팀장님도 세계 교육 문제에 관심이 많아서 팀장님한테 네 이메일을 진달했거든. 그랬더니 20분 뒤에 약속의 연필 앞으로 보내달라며 1천 달러짜리 수표를 들고 내 자리로 오셨지 뭐야. 세상에 이런 일이 다 있나 싶더라. 너한테도 알려주고 싶었어!

뭐라고? 나는 잘못 읽은 줄 알았다. 친한 친구들 말고는 기부금이 100달러를 넘은 적이 없는데 얼굴도 알지도 못하는 사람이 1천 달러를 기부했다고? 나는 그 이메일을 미미와 다른 친구들에게 전달했다. 모두들 감탄을 금치 못했다.

2년여가 지난 지금, 나는 그 사람이 우리 조직에 미친 엄청난 영향이 다시금 생각났다. 남들보다 훨씬 먼저 우리를 믿어준 그가 얼마나 고마웠는지 전하고 싶었다.

나는 런던에 사는 클레어에게 이메일을 보내서 그 팀장님의 이름과 이메일 주소를 물었다. 이미 오래 전 이야기였지만 그녀는 래리 페트레티라는 이름을 알려주었고, 나는 그에게 진심 어린 편지를 썼다.

팀장님은 제가 누구인지 모르시겠지만, 2년 전에 과감하게 약속의 연필을 후원하신 적이 있지요. 팀장님께서 주신 1천 달러로 저희는 커다란 꿈을 향해 나아갈 수 있는 자신감을 얻었습니다. 그런 거액 기부자는 팀장님이 처음이었고, 그 후원금은 약속의 연필 이름으로 첫 학교를 짓는 데 큰 보탬이 되었습니다. 저희는 지금까지 15개가 넘는 학교를 설립했고 올해 안으로 50번째 학교의 공사를 시작하는 것이 앞으로의 계획입니다. 팀장님 덕분에 제 인생이 얼마나 달라졌는지 말로 다 표현할 수 없겠지만, 팀장님 덕분에 다른 누군가의 인생까지 얼마나 달라졌는지 알아주셨으면 하는 바람에 그림을 동봉합니다.

행운을 기원하며, 애덤 브라운

나는 그 당시 학교를 찾을 때마다 선생님에게 색연필과 수백 장의 종이를 선물했다. 그러고 나서 며칠 뒤에 다시 마을을 찾아가면 아이들이 수백 장의 그림을 내게 건네곤 했는데, 나는 그 그림들을 후원자에게 발송했다. 그중 한 장을 래리에게 보내는 편지에 동봉하고, 포스트잇에다 출처를 적어서 붙였다.

금세 답장이 날아왔다.

애덤 씨에게

기분 좋은 편지 감사합니다. 내가 그 단체에 그렇게 지대한 영향을 미쳤다니 몸 둘 바를 모르겠네요. 여태껏 이룬 성과가 감동적인걸요? 내가 지금까지 셀 수도 없을 만큼 많은 자선단체에 후원금을 보냈는데 애덤 씨의 단체는 정말 순수하고 서민적인 것 같네요. 애덤 씨가 없었더라면 그런 기회를 누리지 못했을 마을과 그곳의 사람들에게 기적을 선물하고 있다는 생각이 듭니다. 교육은 인간이 다른 이들에게 줄 수 있는 가장 큰 선물이죠. 더 큰 탱크와 전투기가 아니라 대중 교육에 힘쓰면 전 세계를 괴롭히는 수많은 문제들을 정말 간단하게 해결할 수 있을 텐데요. 애덤 씨의 훌륭한 노력이 계속 이어지길 기원하며 앞으로도 종종 소식 부탁할게요.

감사를 전하며, 래리

나는 그 뒤로도 래리와 가끔 연락을 주고받다가 배움이 있는 점심의 손님으로 그를 초대했다. 사실 내가 배움이 있는 점심 프로그램을 시작한 이유는 내가 찾아가기보다 상대방을 우리 회사로 초대해 좀더 효율적으로 시간을 관리하기 위해서였다. 중요한 자리에 있는 유명한 사람들은 으레 상대방이 자기 회사로 와주길 바라는데, 그들에게 "배움이 있는 점심시간에 우리 직원들에게 강연을 해주세요"라고 하면 평범한 면담이 아니라 그런 자리에 초대받았다는 데 영광스러워하면서 보잘것없는 우리의 로어이스트사이드 사무실까지 발걸음을 해주었다.

덕분에 나 혼자만 사무실에서 하루에 두 배 더 많은 사람들을 만날 수 있게 된 게 아니라 직원들도 풍성한 수확을 얻었다. 우리는 강연이 끝나면 연사에게 한 가지 질문을 부탁해서 전 직원이 큰 소리로 대답하곤 했다. 마케팅 회사 사장들은 "여러분이 가장 좋아하는 폰트는 뭔가요?" 아니면 "여러분이 브랜드라 치면 무슨 브랜드일까요?" 하고 물었고, 비영리단체장들은 "어떤 이유에서 약속의 연필에 참여하게 됐나요?” 아니면 “특히 교육에 관심을 갖는 이유가 뭔가요?” 하고 물었다.

이런 식으로 집단 토론을 하면 연사와 우리 직원들 간에 깊은 유대감이 형성되었고, 젊은 직원들은 남들 앞에서 말하는 훈련을 쌓을 수 있었다. 이런 관행이 우리 회사의 중요한 부분으로 자리잡아서 면접을 볼 때 지원자들에게 반드시 참여해야 하는 자리라고 못을 박을 정도가 되었다.

래리가 찾아온 날 오후에 나는 깜짝 놀랐다. 체격 좋은 건설회사 사장님을 상상했는데, 가는 줄무늬 파워 슈트를 입고 등장한 것이었다. 우리는 약속의 연필 최초의 거액 기부자가 어떤 지혜를 들려줄지 궁금해 하며 티셔츠에 운동화 차림으로 회의실을 가득 메웠다. 래리는 빈손으로 건설회사를 시작해서 IBM과 뱅크 오브 아메리카의 사무실 증축을 도맡아하는 수준으로 사업체를 키운 사연을 들려주었다. 질의응답 시간이 되었을 때 나는 지금까지와는 전혀 다른 그의 질문을 듣고 깜짝 놀랐다. “내가 어떤 식으로 도우면 여러분이 약속의 연필 안에서 각자의 목표를 가장 훌륭하게 달성할 수 있을까요?” 그가 진지한 목소리로 이렇게 물었던 것이다. 그 방 안에 있었던 20명의 직원들이 고민 끝에 각자가 생각하는 답을 말했다. 이어서 내 차례가 되었을 때 나는 발 디딜 틈 없는 공간을 둘러보며 가장 먼저 떠오른 생각을 이야기했다.

“만약 저희가 사무실을 새로 짓게 되면 좋은 설계사를 소개해주세요.” 나는 농담처럼 말했다.

"나한테 맡기는 게 더 좋을 거예요." 그가 말했다. "내가 설계사를 구하고 우리 하청업체를 통해서 전부 다 무상으로 지어줄게요."

그런 약속을 받아놓았으니 조그만 회의실에 옹기종기 모여 앉은 우리의 모습이 머지않은 미래에 바뀔 수 있겠다는 생각이 들었다. 우리를 하나로 연결하는 원동력 — 보다 나은 내가 되고, 보다 나은 세상을 만들겠다는 다짐 — 이 앞으로도 우리를 단단히 묶을 것이다. 간단하게 감사의 편지를 써서 보냈을 뿐인데 미래의 사무실을 공짜로 지을 수 있게 되었고 수십만 달러를 절약한 셈이 되었다.

그로부터 며칠 뒤, 브래드가 엄청난 이메일을 보내왔다. *안 믿기겠지만 사치 앤드 사치(세계에서 가장 큰 광고대행사) CEO가 자기 블로그에 약속의 연필을 포스팅했어. 이 일로 광고계 사람들의 이메일이 나한테 쇄도하고 있어!* 브래드가 보내준 링크를 따라 케빈 로버츠의 블로그에 들어가 보니 우리의 사업과 접근 방식이 어째서 훌륭한지 열변을 토한 포스팅이 있었다. 나는 마무리 혹은 '매듭짓기'의 위력이 얼마나 대단한지 래리를 통해 실감했던 터라 이참에 그에게 연락해보기로 했다.

나는 온라인을 뒤진 끝에 그의 연락처를 알아내서 짧은 편지를 전했다. 그러자 케빈의 어시스턴트가 내 이메일을 인쇄한 오른쪽 귀퉁이에 그가 손으로 적은 답장을 스캔해서 이메일로 보내주었다.

애덤, 편지 고마워요. 앞으로 몇 주 동안 출장이 잡혀 있어서 뉴욕에 있는 날이 거의 없을 거예요. 내가 돌아오면 어시스턴트가 연락할 거예요…… 앞으로의 계획을 듣고 싶네요. KR

통화는 정신이 없었다. 케빈은 시간이나 단어를 낭비하지 않는 성격이었다. 열정과 능률의 화신이었다. 나는 30분에 걸쳐 통화하는 동안 그가 하는 말을 미친 듯이 받아 적었지만, 그가 번뜩이는 아이디어와 충고를 쏟아내는 속도를 따라갈 수가 없었다. 통화가 거의 끝나갈 무렵, 내가 나중에 다시 대화를 나눌 기회가 있겠느냐고 물었다. 그는 아주 진지한 목소리로 지체 없이 대답했다. "백 번째 학교를 지으면 다시 통화합시다."

나는 하마터면 큰 소리로 웃을 뻔했다. 우리는 설립된 지 2년 반이 지났고 스물대여섯 군데에 학교를 지었다. 앞으로 여러 해가 지나면 백 번째 학교를 지을 수 있겠지만 조만간 실현 가능한 목표라고는 한 번도 생각해본 적이 없었다. 그런데 어쩌면 너무 황당한 발상이 아닐 수도 있지 않을까? 그는 내가 머뭇거리는 기미를 느꼈는지 마지막으로 몇 마디를 딱 잘라서 곁들였다. "내가 가장 귀담아 들을 만한 충고를 할게요. 사소한 결정은 머리로 내리고 큰 결정은 가슴으로 내려요. 그러면 다 잘 될 거예요."

맞는 말이었다. 케빈은 크고 짜릿하고 대담한 목표를 제시했다. 내 직관을 따르면 그 목표를 달성할 수 있을지 몰랐다. 통화 전에는 한 번도 생각해본 적 없었는데, 나는 내년 안으로 백 번째 학교를 짓는 것을 우리의 목표로 정했다. 지금까지 훌륭한 선례라면 무조건 믿고 따른 보람이 있었다. 약속의 연필은 오합지졸이라는 낙인과 더불어 시작된 단체였기에 그 정도로 원대한 목표를 세워야 앞으로 20개월 동안 그 구호를 외치며 미친 듯이 달릴 수 있을 것 같았다.

2013년 1월, 약속의 연필은 가나 재해구호 자원봉사단(DIVOG)과 함께 가나에 약속의 연필 사상 백 번째 학교를 설립했다.
이 학교는 100명의 어린이를 위한 교육시설로 가나에 세워진 첫 번째 학교다.

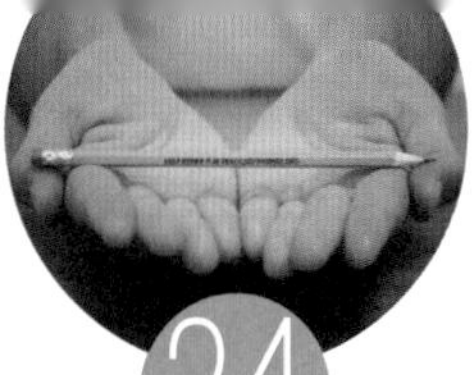

24 쓰는 단어를 바꾸어야 자신의 가치를 바꿀 수 있다

어느 따뜻한 여름날 저녁, 나는 맨해튼 중심가의 근사한 옥상에서 열린 대형 언론사 출범식에 참석하고 있었다. 값비싼 정장과 몸에 꼭 끼는 칵테일 드레스를 입은 파티 단골들이 주변을 서성이며 고급 샴페인을 홀짝이고 뉴욕의 스카이라인에 감탄했다. 불그스름하게 물이 든 엠파이어스테이트 빌딩이 몇 블록 옆에서 우리를 내려다보았다. 유명한 벤처 투자자, 기자, 일반 투자자, 기업 중역들이 한데 어울려 여름휴가 계획과 가장 최근에 구상한 사업에 대해 서로 이야기했다. 나는 사인펜에 더 관심이 많은 아이들과 과테말라에서 여러 날을 함께 보낸 뒤 이제 막 돌아온 참이었지만, 그날 저녁에 유익한 대화를 나눌 수 있었고 대부분의 참석자들과 별로 괴리감을 느끼지 않았다.

그러다 투자기금을 운용한다는 40대 중반의 남자에게서 최근에 유치한 투자액에 대해 들었다. 우리는 동부와 서부의 벤처기업의 차이점을 놓고 이야기꽃을 피웠고, 나는 그에게서 새로운 투자 기회를 어떤 식으로 평가하는지 배울 수 있어서 좋았다. 나는 그 세계를 떠났지만 여전히 매끄럽게 대화를 주고받을 수 있을 만큼 아는 게 많았고 우리는 서로 말이 통하는 것 같았다. 그때 그가 내 직업을 물었다.

"저는 약속의 연필이라는 비영리단체를 운영합니다."

"아." 그는 깜짝 놀란 목소리였다. "본업으로요?"

본업 이상으로요. 나는 속으로 이렇게 대답하는데 살짝 무시당한 것 같은 기분이 들었다. "네. 베인에 다니다가 그 일에 전념하고 싶어서 그만두었어요."

"와, 대단하네요." 그는 어린아이를 대하듯 이렇게 대꾸하더니 곧바로 새로운 대화 상대를 찾으려고 내 어깨 너머를 쳐다보았다. 그는 이내 저쪽에 있는 누군가를 향해 손을 흔들고, 관심이 있는 척 마지막 질문을 던졌다.

"그 프로젝트 이름이 뭐라고요?"

프로젝트? 약속의 이름을 그런 식으로 깔본 사람이 그가 처음은 아니었다. "약속의 연필이오." 나는 대답했다. 그는 '이것으로 우리의 대화는 끝'이라는 뜻에서 명함을 건네고는 저쪽으로 사라졌다.

그 후에 찾아온 어색하고 불꽃 튀는 정적의 순간 동안 나는 작아지는 것 같은 기분을 느끼지 않으려야 느끼지 않을 수가 없었다. 그런 기분이 점점 너무 익숙하게 다가온다는 것이 더 큰 문제였다.

나는 그날 밤에 전철을 타고 집으로 돌아오면서 약속의 연필을 시작한 이래 오늘 같은 상황을 얼마나 자주 겪었는지 곱씹어보았다. 처음에는 대등한 관계에서 대화를 시작했다가도 '비영리'라는 단어가 등장하는 순간 대화가 끊기고 우리의 사업이 진정한 의미와 가치를 잃었다. 그 단어 하나로 대화의 역학 구조가 달라져서 상대방이 갑자기 나를 하대하기 시작했다. 나는 그 남자에게 화가 났지만 문득 깨달은 사실이 있었다. 그가 시들한 반응을 보인 이유는 내 탓이었다. 나는 '비영리'라는 단어 하나로 내 회사를 그의 회사에서는 가장 중요하게 여기는 평가 항목에 정반대로 대치되는 조직으로 만들어버렸다. 우리가 하는 일을 설명한답시고 '비非'라는 부정적인 단어를 잘못 사용하고 있었다. 우리의 일차적인 목표는 이윤 창출을 피하는 것이 아니라 사회적인 파급효과를 늘리는 것이건만.

'비'라는 단어가 붙으면 '보잘것없고 하찮고 쓸모없는' 것이 되어버린다. 우리가 쓸모없다니? 분명 뭔가가 달라져야 했다. 우리도 이윤을 없애기 위해서가 아니라 다양한 의미를 창출하기 위해 존재하는 기업인데 왜 유독 우리만 자기소개를 할 때 부정적인 단어를 쓰고 있을까? 우리가 하지 않는 일을 강조하기보다 우리가 하는 일을 전면에 내세워야 하지 않을까? 우리는 사회 선을 극대화하기 위해 노력한다고 당당하게 선포해야 하지 않을까? 비영리기업과 영리추구기업을 극단적으로 나누는 오명을 없앨 때가 됐다. 약속의 연필은 끝까지 영리를 추구하지 않는 조직으로 남겠지만 구조와 결과에 치중하고 장기적인 전략을 고수하는 영리추구기업의 사고방식을 차용해야 하지 않을까?

나는 여태껏 단 한 번도 내 자신을 '비영리적인 인간'으로 간주한 적이 없었다. 내가 생각하는 나는 세계 교육에 이바지하고 싶은, 비즈니스 마인드를 갖춘 사업가였다. 나는 가난하게 살고 싶은 마음이 눈곱만큼도 없었다. 그저 은행 잔고가 성공의 척도이길 거부할 따름이었다. 한때는 금전적인 능력이 성공의 가장 훌륭한 척도라고 생각한 적도 있었지만, 지난 몇 년 동안 내가 걸어온 길을 돌아보면 진정한 가치는 타인의 행복을 위해 투자하는 데서 비롯된다는 것을 알 수 있었다. 나는 이윤보다 목적을 극대화하는 데 내 시간을 바치고 싶었는데, 그것이 내가 요즘 들어 존경하게 된 수많은 사람들의 공통점인 듯했다. 우리가 가장 중요하게 생각하는 부분은 남들과 달랐지만, 학생 수가 되었건 삶이 달라진 사람들의 수가 되었건 그 결과가 최대한 풍성하기를 바라는 마음은 같았다.

그날 밤에 나는 우리의 동기를 좀더 적절하게 표현할 수 있는 새로운 단어를 쓰기로 결심했다. 무언가를 설명할 때 쓰는 단어를 바꾸면 사람들의 인식이 달라진다. 비영리단체가 큰 규모로 성장했음에도 이 사회가 그 점을 전혀 감안하지 않고 영리단체와 동일한 잣대를 들이대는데 우리가 너무 오랫동안 방치했다는 생각이 들었다. 영리추구기업의 존경을 받을 수 있는 유일한 방법이 있다면 우리의 가치관과 이상에 비즈니스 감각을 접목하는 것이었다. 우리는 앞으로 우리가 하는 일을 설명할 때 '비영리'가 아니라 '목적 지향적'이라는 단어를 쓸 것이다.

단순히 단어를 바꾼 것에 불과했지만 우리 조직 내부에 미친 영향은 지대했다. 우리의 비즈니스 모델을 분해해 보았더니 몇 가지 심각한 문제점이 눈에 띄었다. 훌륭한 기업에서 출시하는 상품은 빠르고 간단하게 구입할 수 있는데 우리는 아직도 미래의 후원자에게 모든 학교의 세부적인 사항들을 일일이 설명해야 했다. 누구든 우리 사업을 쉽게 이해할 수 있게 만드는 것이 가장 먼저 개선해야 할 부분이었다. 그래서 금액을 계산하고 군더더기를 잘라내서 한 아이를 교육하는 데 25달러, 교실을 하나 짓는 데 1만 달러, 학교를 한 채 통째로 짓는 데 2만5천 달러가 든다고 설명하기 시작했다. 그러자 사람들이 미래의 파급효과를 그 자리에서 당장 이해했다. 이로써 좀더 솔직하게 대화를 나누게 되었고 상대방이 어느 선까지 동참하고 싶어 하는지 금세 파악할 수 있었다.

우리가 또 한 가지 알아차린 사실이 있다면 사람들이 자선단체를 믿지 않는 이유가 자신의 후원금이 어디에 쓰이는지(운영비? 사무실 임대료? 직원들 월급? 아니면 다른 곳?) 모르기 때문이라는 것이었다. 때문에 완벽한 투명성을 기반으로 신뢰를 구축하는 차별화 전략을 우리의 두 번째 중점 과제로 삼았다. 우리는 1년에 한 번씩 자축 파티를 열어 운영비를 충당하고 온라인 성금은 전액 학교 사업에 투자하기로 했다. 현재 홈페이지를 통해 걷힌 후원금은 동전 한 닢까지 학생과 교사들을 위해 쓰이고 있다. 우리는 학교 한 채를 쾌척하는 후원자가 있으면 원하는 나라를 선택하고, 공사가 끝나면 개교 현장을 직접 참관할 수 있도록 현지까지 안내하는 서비스도 시작했다. 재무제표도 홈페이지 깊숙이 숨겨놓지 않고 쉽게 찾아서 볼 수 있게 했다. '후원금의 용도를 후원자가 결정할 수 있어야 한다'는 것이 우리가 설립 초기부터 고수한 원칙이어서 누구라도 원하는 사업 분야에 자신의 후원금을 100퍼센트 할당할 수 있었다. 사람들은 우리의 열린 정책을 신선하게 받아들였고 거기에서 신뢰 관계가 형성되었다.

우리가 세 번째로 시도한 일은 자선이 아니라 사업의 관점에서 업무를 처리하는 것이었다. 그러자면 명확한 목표를 설정하고 거기에 대한 책임을 져야 했다. 그리고 이상하게 들릴지 몰라도 책임을 지지 않는 자원봉사자가 있으면 정리해야 했다. 무료 봉사하는 그 마음씨가 고마웠기에 약속의 연필에서 근무하는 정규직원과 비정규직원은 오랫동안 한 번도 해고를 한 적이 없었다. 그런데 시간을 두고 관찰해 보니 아무 대가 없이 남의 시간과 열정만 우려먹는 흡혈귀들이 보였다. 보수도 받지 않고 일주일에 30시간씩 우리 조직에 할애하는 사람을 내칠 생각을 하다니 처음에는 황당하게 느껴졌지만, 전 직원의 업무 수행 능력을 높이려면 그런 사람은 정리해야 했다.

우리가 선의와 열정이 넘쳐나는 문화를 구축하기는 했지만 현장에 미치는 파급 효과를 감안했을 때 그 정도로는 부족했다. 새로운 체계를 도입해야 했다. 우리는 『포춘』지 선정 세계 500대 기업처럼 결과를 향해 가차없이 매진하기로 했다. 우리 기분을 챙기기보다 1달러, 2달러를 모아서 창출할 수 있는 긍정적인 효과를 따지는 데 더 많은 신경을 쏟았다. 숫자를 연구하고 다음 해가 저물기 전에 백 번째 학교를 지으려면 어떻게 해야 하는지 계산했다. 로드맵이 만들어지자 우리가 세운 목표가 해봄 직하게 느껴지기 시작했다. 우리는 그 목표를 향해 나아가는 한편, 이미 학교를 세운 지역에서 우리 사업이 성공리에 운영되고 있는지 객관적으로 평가했다. 웃는 아이들을 담은 사진도 감동적이었지만, 우리 덕분에 아이들의 읽기와 쓰기, 수학 실력이 향상되었다는 확실한 데이터는 훨씬 훌륭했다.

네 번째로 바꾸어야 할 부분은 약속의 연필의 생태계 구성원들과 협력하는 방식이었다. 우리와 소통하는 사람들은 학부형이 되었건 기업의 CEO 후원자가 되었건 스스로를 베풀거나 받는 사람이 아니라 우리 단체의 동반자라고 생각해야 했다. 우리는 그저 손만 내밀기보다 팔을 걷어붙이고 동참할 자세가 되어 있는 사람들과 함께 일을 하고 싶었기 때문에 일부러 공사비를 100퍼센트 지원하지 않았다. 현지 주민들이 10퍼센트에서 20퍼센트의 대금을 충당해야 공사를 시작했다. 주민들은 대부분 하루 1~2달러로 먹고 사는 형편이라 돈이 아니라 몸으로 공사를 돕거나(터를 닦고 기초 공사를 하고 벽돌을 쌓는 등) 나무, 자갈, 모래와 같은 원자재를 댔다. 이로써 수천 명의 학부모가 자녀들의 교육에 투자할 수 있었고 공사현장에서 수백 개의 새로운 일자리가 생겼다.

마지막으로 우리는 기업과 기업의 협찬을 대하는 태도를 바꾸었다.

신생업체와 기존업체의 홍보를 돕고 직원들의 사기를 북돋우는 우리의 서비스에 정확한 가격을 매기기 시작한 것이다. 직원들은 사회 발전에 기여하고 있다는 걸 알면 자기 일에 더욱 자부심을 느끼기 마련인데, 우리로 말할 것 같으면 총체적인 협력관계를 통해 매끄럽고 분명하게 그런 분위기를 조성하는 데 일가견이 있었다. 저스틴과 함께 스쿨스포올 캠페인을 벌였을 때 10주 만에 청소년 참가자가 3만 명을 돌파하고 30만 달러가 모금되자 우리를 활용하면 타깃층의 관심을 살 수 있겠다는 사실을 간파한 기업들이 생겼다.

이제 우리는 약속의 연필이라는 브랜드 이미지에 도움이 안 되는 제안이 들어오면 전과 다르게 거절했다. 협력 건수는 줄이되 규모는 늘려서 집중 투자했다. 이런 접근방식 덕분에 구글, 마이크로소프트, 델타, 워비 파커를 비롯해서 수많은 세계 일류 기업들과 제휴관계를 맺을 수 있었다. 그들이 여전히 기부 차원에서 우리를 후원하는 것은 맞지만, 적극적인 마케팅 파트너를 통해 자신들의 자선활동을 홍보할 수 있으니 일종의 투자이기도 했다. 우리는 공동 이벤트를 벌이거나 판매 수익금의 일부를 기증받는 대신 새로운 고객에게 그들의 제품을 소개했고, 그들의 직원들에게는 좋은 일을 한다는 보람을 선물했다. 이런 방식을 도입하자 그해에 기업 후원금이 두 배로 증가했다. 또 우리는 기업 후원금과 개인 후원금 간의 경쟁을 유도했다(예를 들면 "여러분의 후원금이 이번 주에 1만 달러를 돌파하면 반스 앤드 노블스와 동급이 됩니다."라고 공표하는 식이었다). 그러자 개인 후원금이 늘었고 기업들은 긍정적인 노출의 혜택을 누렸다. 어떻게 하면 손을 벌리지 않고 돈을 모을 수 있는지 보여주는 완벽한 윈-윈 전략이었다.

그해 여름이 저물어갈 무렵, 나는 옥상에서 만난 투자자의 명함을 꺼내서 점심식사를 같이 하자고 초대했다. 덕분에 내가 하는 일을 소개할 때 쓰는 단어를 바꿀 수 있었다고 전하고 싶었다. 나는 트라이베카에서 수프와 샌드위치를 먹으며, 사회적인 사명을 가장 중요하게 생각하는 기업은 목적 지향적이라고 해야 하지 않겠느냐고 나의 새로운 소식을 밝혔다. 그는 웃으며 고개를 끄덕였다. "그런 식의 발상, 마음에 드네요."

몇 주 뒤에 내 앞으로 봉투가 배달되었다. 열어보니 과테말라에 새 학교를 짓는 데 보태달라며 넣은 수표가 들어 있었다. 이제는 그도 기부를 투자의 기회로 여기게 된 것이었다. 이로써 그의 연간 수익이 늘어나지는 않았겠지만 목적의식 면에서는 정점을 찍었을 것이다.

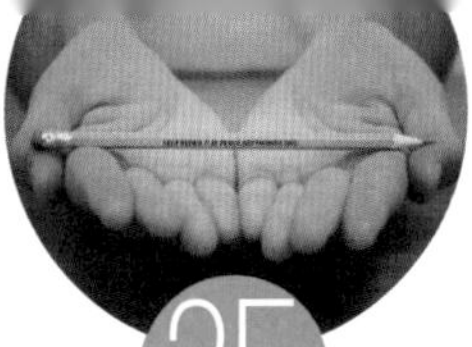

25

첫 걸음이 모든 것을 바꾼다

하룻밤 사이에 그렇게 되었다기보다 많은 연습과 경험이 쌓이자 남들 앞에서 이야기하는 것이 편안해지기 시작했다. 아니, 재미있어지기 시작했다. 그런 시점에 선상 대학 프로그램의 연사로 초대되어서 다시 승선할 기회가 주어지자 나는 흔쾌히 초대에 응했다. 모로코에서 합류해 학생들과 함께 일주일 동안 아프리카 해안을 따라 이동한 다음 가나에서 내려 혼자 여행하는 일정이었다. 주최 측에서는 손님과 동행해도 된다는 달콤한 호의까지 베풀었다. 아는 사람이 한 명도 없었으니 고마운 일이었다. 나는 쉰다섯 번째 생신을 축하하는 뜻에서 어머니를 초대했다.

익스플로러 호에 탑승하자 향수가 물밀 듯 밀려왔다. 선실의 상큼

한 냄새를 맡는 순간 6년 전, 학생의 신분으로 이 배를 탔을 때의 기분이 되살아났다. 지금의 나를 만드는 데 가장 결정적인 영향을 미친 경험이 아니었던가. 시간이 고무줄 같았다. 아주 오래 전 일처럼 느껴지는가 하면 나이키 에어포스 원을 신고 다녔던 그 시절의 내가 눈에 선했다.

최근에는 대부분 기업 강연만 다녔기 때문에 대학생들을 상대로 하는 강연은 오랜만이었다. 자유가 느껴졌다. 이번에는 그럴 듯하게 꾸밀 필요가 없었다. 가슴에서 우러나는 대로 이야기하면 그만이었다.

첫 강연 시간이 되자 나는 학생들이 가장 듣고 싶어 함직한 항목에 초점을 맞추었다. 대부분 단독 여행이 처음이라고 해서 배낭여행 입문편을 들려주었다.

나는 라틴아메리카에서 얻은 경험에 비추어 이렇게 조언했다. "첫째, 계획은 바뀌기 마련이라고 받아들이면 여행하는 동안 새로운 기회가 갑자기 찾아올 거예요. 그러니까 순리에 따라요. 냉소는 벗어던지고 전 세계의 경관에 놀랄 준비를 하면 예정에도 없던 추억들로 정신을 못 차리게 될 거예요. 둘째, 표적을 자청하면 표적이 될 수밖에 없어요. 밝은 색 옷은 피하고 귀중품을 누가 건드리는 게 싫으면 바지 아래 돈주머니에 넣어요. 은밀한 물건은 은밀한 곳에 보관해야죠. 여러분의 허락이 없으면 그 부분은 아무도 건드리지 않을 거예요. 내 말 믿어도 좋아요. 셋째, 춤과 보디랭귀지는 만국 공용이니까 누가 춤추자고 하면 어색함은 떨쳐버리고 춤을 추어요. 그리고 마지막으로 뭔가 의심스럽다 싶으면 캐나다 사람이라고 해요. 여러 나라가 미움을 받지만 캐나다 사람을 싫어하는 사람은 없으니까."

몇몇 학생들이 웃음을 터뜨렸고, 강연을 들으러 온 300명의 학생들이 진솔하고 유익한 조언에 고마워하고 있다는 것을 느낄 수 있었다. '한 가지 주제마다 한 명씩' 쳐다보는 기술을 처음으로 써보는 자리라 확실히 알 수 있었다.

솜씨 없는 연사는 바닥을 쳐다보고, 솜씨 좋은 연사는 고개를 들지만 강연장을 훑어보며, 솜씨 훌륭한 연사는 개별적으로 눈을 맞추고, 탁월한 연사는 한 가지 주제가 끝날 때까지 객석의 한 사람에게 온전히 집중해 강연장의 꽃이 된 것 같은 기분을 느끼게 한다. 그런 다음 다른 사람을 대상으로 똑같은 수법을 쓴다. 여러분도 모두 경험해보았겠지만 연사가 나를 똑바로 쳐다보면 아주 짧은 순간이나마 호흡이 멎는 것 같은 느낌이 든다. 그의 포로가 되는 것이다.

나는 한 가지 생각이 시작되어서 끝날 때까지 한 학생만 똑바로 쳐다보며 마치 객석에 그 학생이 혼자 앉아 있는 것처럼 이야기했다. 그러자 훨씬 자신 있게 말을 할 수 있었고, 강연에 탄력이 붙자 방 안의 분위기가 달아오르는 것이 느껴졌다. 나는 거의 한 시간 동안 내가 아는 것과 사랑하는 것에 대해 이야기한 다음, 내가 아는 중에서 가장 진실한 소신으로 마무리를 지었다.

"자기만의 만트라를 찾아서 그걸 생활 속에서 완벽하게 실천해요. 내가 지금 여러분이라면 작년에 어느 친구 일기장에서 본 문구를 만트라로 삼겠어요. '너는 안전할지 모르지만 나는 자유롭다.' 젊음에 딸려오는 자유를 마음껏 누려요. 삶을 들이마시고, 열기를 내뱉고, 밤늦도록 잠 못 이루는 날들을 힘껏 끌어안아요. 남들은 모두 자는데 나 혼자 지금의 세상에 대해, 앞으로 달라질 수 있는 세상에 대해 고민할 때, 마법 같은 일이 벌어지니까. 그러니 그 순간을 최대한 즐겨요." 나는 힘차게 단언했다. "그리고 앞으로 몇 년 동안 사람들이 여러분에게 이렇게 말할 거예요, 세상을 바꾸기엔 너는 너무 어리다고. 내가 이 자리에서 분명히 말하지만 그건 다 빌어먹을 헛소리예요."

나는 강연을 하면서 욕을 쓴 적이 한 번도 없었다. 그런데 나도 모르게 튀어나와버렸다. 헉 하는 소리가 강연장을 메웠다. 완벽한 정적이 흘렀다. 그런데 잠시 후 놀랍게도 학생들이 맞장구를 치듯 요란하게 박수를 쳤다. 그때까지 몇 개월 동안 연습한 대로 연설을 하다가 아무 여과 없이 생각나는 대로 이야기했더니 속이 다 후련했다. 그날 밤에 나는 앞으로 누구를 상대로 강연하든 진심에서 우러난 이야기를 하자고 다짐했다.

선상에서 활기차게 한 주를 보내고 났더니 새 사람으로 거듭난 듯했다. 감탄할 줄 알고 미지의 세계를 향해 달려가고자 하는 의지가 충만한 대학생들이 신선하게 느껴졌다. 두 번째 강연이 끝난 뒤에는 50명의 학생들이 남아서 '불가능한 도전'이라고 명명한 이듬해 캠페인을 어떤 식으로 시작하면 좋을지 아이디어를 모았다. 그 학생들의 정신을 기념하는 뜻에서 불가능한 도전 과제를 통해 기금을 마련하는 캠페인을 벌이기로 했던 것이다. 가나의 아크라에 도착했을 때 나는 약속의 연필 아프리카 진출을 알리는 유력한 후보지인 이 나라를 탐험할 태세를 갖추고 익스플로러 호에서 내렸다.

1년의 조사 끝에 가나를 유력 후보로 선택한 이유는 시골 초등교육의 필요성이 엄청나기 때문이었다. 완전히 독립적으로 운영되는 조직을 설립하기에 앞서(그러기까지 보통 1년이 걸린다) 현지 파트너의 도움 아래 첫발을 들여놓아야 했기 때문에 우리 직원들이 현지 NGO들과 몇 군데 둘러볼 수 있도록 일정을 잡아놓았다.

3시간짜리 정기 여객버스를 타고 찢어질 듯이 가난한 볼타 지역의 중심지인 호로 향하는데 가난과 아름다운 풍경이 나란히 존재하는 이 서아프리카 국가의 매력이 나를 사로잡았다. 하늘을 찌를 것 같은 폭포가 산비탈 위로 눈송이처럼 분무를 뿌리는 가운데, 흙집에서 빠져나온 아이들이 차가 지나갈 때마다 손을 흔들었다. 먼지 자욱한 호에 도착하자, 가나 재해구호 자원봉사단DIVOG 설립 멤버들이 나를 맞았다. 가나에 사는 네 명의 친구가 만든 DIVOG는 몇 년 전부터 그 지역에 학교를 짓고 있었다. 그들은 나를 만나자마자 볼타 전역에 정규 교사와 새 교실이 어느 정도 필요한지 통계 수치로 간단하게 알려주었다.

나는 다음 날 아침에 그들과 함께 밴을 타고 공사 후보지를 보러 나섰다. 가는 마을마다 학교 없는 공터와 교실도 없고 배움의 기회도 없는 아이들이 나를 맞았다. 바로 그런 마을의 부모님들이 원자재 구입비를 대주고 교육청에서 정규 교사를 파견하겠다고 보장만 해주면 아이들이 다닐 학교를 짓는 데 필요한 일손은 100퍼센트 자체 조달하겠다고 구두로 약속했다. 며칠 뒤에 만난 교육청 관계자들은 어디든 학교를 짓기만 하면 정규 교사를 파견해주겠다고 했다. 내가 공사 현장을 몇 군데 돌아보니 일손을 100퍼센트 자체 조달하겠다는 약속이 제대로 지켜지고 있었다. 가나 국민들의 투지가 내 마음을 움직였다. 저스티스라는 이름의 남자아이도 그랬던 것처럼.

2년 전에 나는 저스티스라는 가나 학생에게 이메일을 받은 적이 있었다. 교실이 아니라 망고나무 아래에 모여서 공부하고, 선생님도 없고 교과서도 없는 경우가 허다한 고국의 아이들에게 교육의 기회를 제공하고 싶다는 내용이었다. 페이스북을 통해서 약속의 연필을 알게 되었다는데 그의 이메일을 읽고 어찌나 기운이 솟았던지 주기적으로 이메일을 주고받다가 결국에는 화상 통화까지 했다. 그 당시에는 약속의 연필이 이제 막 걸음마를 뗀 상황이었지만 이제 배를 타고 가나까지 도달했으니 그를 찾아야 했다.

나는 호에서 보낸 마지막 날에 드디어 저스티스를 직접 만날 수 있었다. 둘이서 원숭이 숲과 외딴 마을을 산책하며 종일 함께 시간을 보냈다. 헤어질 시간이 되었을 때 그가 한 가지 물어볼 게 있다고 했다.

"집으로 돌아가도 우리를 잊지 않을 거예요?"

"당연히 잊지 않지." 내가 대답했다.

"그럼 다시 오겠다고 약속해주세요. 그리고 가나에서 약속의 연필 사업을 시작해서 우리나라 어린이들의 교육을 돕겠다고."

"나도 그럴 수 있었으면 좋겠다." 진심이었다.

"그럴 수 있었으면 좋겠다고 생각하는 것만으로는 부족해요. 굳게 믿어야 이루어지는 거예요."

나는 그날 저녁에 호텔로 돌아가서 직원들에게 내년쯤 가나에 진출했으면 좋겠다는 내용의 이메일을 보냈다. 라이너 마리아 릴케는 이렇게 말했다. "꿈속에서 살 것이 아니라 어쩌면 미래가 될지 모르는 현실을 묵상하며 살아야 한다." 이제는 그 미래를 현실로 이루어야 할 시점이었다. 그러자면 곧 있을 자축 파티에서 최대한 많은 성금을 걷어야 하겠지만 목표 자체를 인식하는 것이 첫 걸음이었다.

그로부터 6주 뒤, 저스티스의 목소리가 아직도 내 귓가에 맴도는 가운데 약속의 연필 역사상 가장 성대한 행사라고 할 수 있는 제1회 자축 파티의 밤이 찾아왔다. 지금까지 대규모 행사를 여러 번 개최하긴 했었지만 참석자들이 20달러, 25달러씩 낸 기부금으로 약속의 연필을 설립했던 내 스물다섯 번째 생일 파티와 비교하면 극과 극이었다. 이번 자축 파티는 입장권이 500달러였고 테이블 하나를 독차지하려면 1만 달러에서 5만 달러가 들었다. 그런데도 3주 전에 표가 다 팔렸고 1천 달러를 내고서라도 참석하고 싶다는 통 큰 대기자가 50명이나 되었다. 워낙 정원이 초과되어서 대기자들 중 한 명도 입장을 허용하지 못했으니 아쉬울 따름이었다.

으리으리한 축하 파티에 한 번도 참석해본 적이 없었던 내가 샤킬 오닐과 어셔까지 참석하는 파티를 주관하게 되었다. 그날 저녁 수상자 명단에는 미국 콘서트 티켓이 한 장 팔릴 때마다 1달러씩 약속의 연필에 기부하고 있었던 저스틴 비버가 들어 있었다. 우리 사업을 열성으로 지지하고 후원하는 스쿠터 형, 리치 렌트와 에이전시넷 전 직원도 수상자였다. 미모의 여배우 겸 사회활동가인 소피아 부시가 사회를 맡아주었다.

나는 이번 행사를 준비하는 데 엄청난 시간을 투자했고 내 개회사에 따라 그날 저녁의 분위기가 좌우된다는 것을 알고 있었다. 행사가 시작되자 나는 무대 쪽으로 걸어갔고, 550명의 참석자와 함께 우리 사업을 소개하는 짧은 비디오를 감상했다. 내가 조그만 회의실에서 수없이 반복했던 문구가 화면 위에서 번쩍거렸다. "선생님께서 저희를 후원해주시길 바라는 게 아니라 동참해주시길 바라는 겁니다." 서밋 시리즈를 통해 만난 소피아가 우리 사업에 대한 믿음을 열띤 목소리로 고백하고는 나를 무대 위로 불렀다.

나는 단상으로 올라가면서 심호흡을 한 번 했다. 선상 대학 프로그램을 통해 자신감이 쌓이면서 내가 무엇이든 할 수 있다고 믿게 되었지만 기회가 이번 한 번뿐이라는 생각이 문득 나를 덮쳤다. 객석을 둘러보자 가족들이 눈에 들어왔다. 부모님, 형과 여동생, 친할머니와 외할머니, 사촌들이 보였다. 그리고 친구들과 우리 직원들도 있었다. 그들의 눈을 한 명씩 들여다보자 손바닥을 적셨던 진땀이 사라지는 게 느껴졌다. '한 가지 주제마다 한 명씩 쳐다보는 거야.' 나는 속으로 중얼거렸다.

나는 연필 한 자루를 달라고 했던 남자아이의 이야기로 서두를 장식하면서 약속의 연필 시작을 알린 25달러의 영상을 화면에 띄웠다. 이 두 개로 분위기가 결정되었지만 내가 지금까지 한 번도 공개한 적이 없는 영상이 다음 차례로 기다리고 있었다. 대형 화면 위로 내가 가죽 일기장에 쓴 글이 등장했다. 나는 지난 10년 동안 이런 글을 수백 장 기록해왔는데 그날 처음으로 내가 쓴 일기를 처음부터 끝까지 소리 내서 읽어보았다. 그 자리에 공개된 것은 뉴욕 필하모닉 연주를 듣다 약속의 연필이라는 이름이 생각났고, 그 단체에 대한 계획이 탄생되던 순간을 담은 기록이었다.

살다 보면 그냥 알아질 때가 있다. 아주 분명히 알아질 때가. 털끝만큼의 의심도 들지 않는 이 귀한 순간이 어찌나 짜릿한지 충격적으로 다가올 지경이다…… 그 이름이 퍼뜩 떠올랐을 때 눈을 세게 감았다가 다시 뜨며 숨을 내뱉었던 게 생각난다. 그야말로 숨이 막혀서 헐떡거려졌고 짜릿한 흥분이 내 가슴속에서 용솟음쳤다. 그렇다. 아주 분명히 알겠다. 이로써 모든 게 달라졌다.

사람들이 고개를 끄덕이며 박수를 치기 시작했다. 그들도 나처럼 느낀 것이었다. 우리가 어느 누구보다 위대한 일에 동참하고 있다는 것을, 힘을 합쳐서 놀라운 일을 벌일 기회가 우리에게 주어졌다는 것을. 나는 그 다음 차례로 우리가 어떤 아이들을 돕고 있는지 그 자리에 모인 사람들이 모두 알 수 있도록 니트와 누트의 비디오를 보여주었다. 기초 공사가 끝났으니 이제는 마무리 짓는 일만 남았다.

며칠 전에 비행기를 타고 날아온 라노이를 소개하자 다들 기립 박수로 그녀를 맞이했다. 수상자들이 무대 위로 올라오자 그녀와 레슬리가 팔목에 바시 끈을 묶어주었고 저스틴, 스쿠터, 리치 모두 한 마디씩 감동적인 인사를 전했다. 우리가 대성공의 완벽한 기회를 포착할 수 있었던 것도 우리를 믿어준 그들 덕분이었다. 경매사가 나와서 참석자들에게 거금의 서약을 촉구하는 다음 순서로 넘어가기 전에 내가 한 가지 추가로 발표할 사항이 있었다. 나는 선상 대학 프로그램을 통해 어마어마한 염원까지 남들 앞에서 고백할 수 있는 자신감을 얻었는데 그날 밤이야말로 저스티스의 부탁을 들어줄 수 있는 유일한 기회였다. 그 자리에서 뚜렷한 목표를 선포하고 목표를 달성했을 때 생길 엄청난 변화를 이야기할 필요가 있었다. 그 두 가지를 정확하게 명시하는 것이 관건이었다.

"저희는 약속의 연필을 처음 설립했을 때부터 아프리카에서 사업을 추진하고 싶었습니다. 오늘 밤에 100만 달러가 모금되면 내년에 가나로 진출하려고 합니다. 여러분의 손에 달려 있습니다. 이것은 단순한 계획이 아니라 여러분께 드리는 약속입니다."

여기저기서 손을 들었고 행사는 저절로 굴러갔다.

파티가 끝났을 무렵 우리는 해냈다. 모금액이 100만 달러를 돌파한 것이다. 1만 단위, 10만 단위를 쾌척한 참석자도 있었다. 우리 사업이 모든 계층의 독지가들에게 호소력이 있다는 방증이었다. 하지만 기부금이 전부가 아니었다. 그날 밤 행사는 약속의 연필이라는 단체가 거친 모든 과정의 집합체였다. 수없이 반복한 야근과 개별 면담, 수천 명의 소액 기부자들이 있었기에 그날의 성대한 행사가 완벽하게 끝날 수 있었다.

참석자들이 모두 떠나고 우리 가족과 직원들만 남았다. 친구와 가깝게 지내고 적과는 더 가깝게 지내라는 속담이 있는데, 나는 친구와 가깝게 지내고 가족과는 더 가깝게 지내야 한다고 생각한다. 우리는 연주를 멈추지 말아달라고 밴드에게 부탁하고는 다같이 행복을 마음껏 누리며 끌어안고 춤을 추었다. 우리는 겉모습은 각자 달랐지만 한 가지 공통점이 있었다. 손목에 묶은 바시 끈도 그렇거니와 오늘 밤을 계기로 약속의 연필이 전혀 새로운 단계로 도약했다는 깨달음이었다. 우리는 아프리카를 향해 출발했고 이 발걸음을 돌이킬 방법은 없었다.

PENCILS OF PROMISE

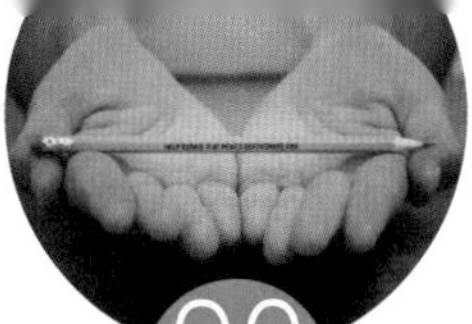

26
좋은 영향을 미치는 사람들을 가까이 하라

약속의 연필이 점점 큰 성과를 거두고 있긴 했지만 나의 또 한가지 소원 — 평생의 동반자를 찾는 것 — 은 영 진전이 없었다. 우리 부모님의 사이가 얼마나 특별한지 알기에 부모님처럼 평생을 같이 할 동반자를 만나고 싶었건만 적당한 사람을 찾기가 힘들었다.

나는 기억이 닿는 아주 오래 전부터 엄마에게, 이름은 멋지고 눈은 초록색인 여자와 결혼할 거라고 말했다. 어디에서 비롯된 발상인지는 모르겠지만 나는 예전부터 어떤 여자와 결혼할지 본능적으로 알고 있었던 것 같다. 누군가가 여자를 소개해주려고 할 때마다 특이하길 바라며 이름부터 확인했다. 나는 뉴욕에서 많은 여자를 만났고 진심으로 좋아한 여자도 있었지만 어느 누구한테도 홀딱 반한 적은 없었다.

나와 가장 끈끈한 관계를 맺고 있는 상대는 약속의 연필이었고 그에 필적할 만한 사람은 아무도 없었다. 이제는 혼자라는 사실에 좌절감이 느껴지기 시작했다. 내가 원하는 여자에 대해 생각해보면 조건들이 아주 구체적이면서 서로 충돌했다. 웃음소리가 크지만 진지한 토론을 할 줄 아는 여자. 배낭 하나 짊어지고 대나무집 흙바닥에서 지낼 수도 있지만 자축 파티장의 레드 카펫 위를 걸어도 어울리는 여자. 가족들과 사이가 좋지만 가끔은 그들 곁을 훌쩍 떠날 줄도 아는 여자. 내 조건을 들으면 친구들은 손을 들며 행운을 빈다고 했다. 급기야 후디는 이 미지의 여인을 이런 말로 정확하게 표현했다. "너는 지금 유니콘을 찾는 거네." 그가 농담처럼 한 말이었다. "듣자하니 참 근사한 조건이다만 그런 여자가 존재할지 모르겠다."

하늘이 짙은 주황색으로 물들던 여름날 저녁, 어느 집 옥상에서 열린 바비큐 파티에서 내 친구 댄의 여자친구 로라와 이야기를 나눈 적이 있었다. 약속의 연필 행사를 통해 여러 커플이 탄생했고 두 사람도 그중 한 커플이었는데, 나는 농담처럼 로라에게 친구들 중에서 나한테 어울릴 만한 사람이 없는지 찾아봐달라고 했다. 댄이 어깨 너머로 우리 쪽을 돌아보며 무슨 이야기를 하고 있냐고 묻자, 그녀는 나한테 여자를 소개하는 문제에 대해 이야기하고 있다고 대답했다. "누구, 테힐라?" 댄이 천진스레 물었다. 로라가 대답했다. "아니, 걔는 사는 데가 너무 멀잖아. 다른 친구를 생각하고 있어."

그런데 이름만 들었을 뿐인데 내 안에서 무언가가 꿈틀거렸다. 내 평생 그렇게 예쁜 이름은 처음이었다. 정보를 좀더 알아내야 했다.

"잠깐, 테힐라가 누구야?" 내가 물었다.

"아, 나랑 고등학교 때 제일 친했던 친구야. 내가 아는 사람 중에서 현실감각이 가장 뛰어나고 또 유대인이고."

"어디 출신인데?"

"원래는 남아프리카 출신이야. 그러다 아홉 살 때 보스턴으로 건너와서 대학교를 졸업한 뒤에도 거기 살면서 모델로 일하고 있어."

"그런데 정말 유대인이야? 우리 집안에서는 그게 엄청 중요한 부분이거든."

"그렇다니까? 걔 아빠가 랍비야. 이름도 히브리어로 '찬양'이라는 뜻이고."

"그러니까 너랑 고등학교 때 제일 친했던 친구가 테힐라라는 이름의 남아프리카 출신의 미녀이고 아버지는 랍비인데, 거기에다 현실감각이 뛰어나기까지 하단 말이지?" 나는 숨을 크게 들이쉬었다. "눈은 무슨 색인데?"

로라는 잠깐 친구의 모습을 떠올렸다. "초록색."

심장이 터질 것 같았다. 그녀를 꼭 만나야 했다. "전화번호 알려줘. 그 친구를 여기로 초대할게. 꼭 만나야겠어." 나는 다급한 목소리로 말했다.

"사진 안 봐도 되겠어?" 로라가 물었다.

"응. 사진을 보면 괜한 기대만 품게 되거든. 직접 만나서 서로 호감을 느끼는지 알아볼래. 그런데 정말 잘 될 것 같은 예감이 든다."

"알았어. 어떻게든 성사시켜볼게." 로라는 이렇게 말했고, 테힐라도 나를 만나고 싶어 한다며 일주일 뒤에 전화번호를 알려주었다.

처음으로 보내는 문자를 아마 서른 번쯤 고쳐 썼을 것이다. 재미있게 보내야 할지 깍듯하게 보내야 할지, 예의를 갖추는 게 좋을지 스스럼없는 게 좋을지 알 수가 없었다. 내 친구 중에는 '윙크를 곁들인 오버하기' 작전으로 여자를 끊임없이 꼬드기는 녀석이 있었다. '태어나서 가장 위험한 데이트를 즐길 준비 됐나요?' 하고는 '술집으로 낙하산이랑 카약 들고 갈게요' 이렇게 문자를 보내는 식이었다. 여자들이 녀석만 보면 배꼽을 잡기에 나도 그런 작전을 동원해보기로 했다.

안녕하세요, 로라와 댄의 친구 애덤이라고 합니다. 뉴욕에 와서 처음 보는 매력적인 남자와 술 한잔 하실 예정이라면서요? 나는 이렇게 쓰고 제발 잘 되기를 빌며 전송을 눌렀다.

몇 분 뒤에 답장이 도착했다. *아, 얼마나 매력적인지는 만나보면 알겠죠. 제가 듣기로는 형편없는 분이라던데요? 은행 강도로 9개 주에서 수배 중이라고.* 재치 있었다! 나는 큰 소리로 웃으며 지하철역까지 걸어갔고 이렇게 문자로 농담 따먹기가 시작됐다. 문자가 오고갈 때마다 우리의 성격과 과거가 조금씩 밝혀졌다. 몇 주 뒤에 드디어 댄의 생일을 맞아 저녁을 먹는 자리에서 서로 마주보고 앉았을 땐, 나는 이미 이 수수께끼 같은 아가씨에 대해 아는 것들을 모든 사람들에게 떠벌린 뒤였다.

다행히 그녀는 내가 바란 것 이상이었다.

내가 테힐라를 만났을 때 가장 먼저 느낀 것은 따뜻한 마음씨였다. 누구라도 그녀와 대화를 나누면 이 세상의 중심이 된 것 같은 기분이 들었다. 미모는 말로 표현할 수 없는 수준이었다. 금발, 까무잡잡한 피부, 나를 똑바로 응시하는 에메랄드 색 눈동자. 나는 처음 15분 동안 말도 더듬고 아주 덜떨어지게 굴긴 했지만 저녁 내내 편안하게 시간을 보낼 수 있었다. 첫눈에 반하는 사랑을 절대 믿지 않았던 내게 그런 사랑이 찾아왔다. 우리는 춤을 추고 함께 웃고 심지어 첫 키스까지 나누었다.

나는 그녀에게 홀딱 반했다. 다음 날 아침에 온 가족에게 이메일을 보내서 결혼할 여자를 만났다고 알릴 정도였다. 우리 아버지가 그랬던 것처럼 결혼식 날에 공개하려고 그 다짐을 종이에 써서 유리병에 넣었다. 나는 인생행로를 함께 할 사람을 만났다. 그녀의 이름은 테힐라였고 초록색 눈을 한 유니콘이었다.

테힐라라는 동반자가 생기자 나의 관점이 거의 모든 분야에서 달라졌다. 그녀는 하루 일과가 끝나면 전화기를 치우게 했고 몸에 좋은 음식을 좀더 잘 챙겨먹고 좀더 열심히 운동하게 했다. 내가 약속의 연필에 대해서 쉴 새 없이 떠들면 일차원적인 인간을 좋아하는 사람은 없다고, 그날 내가 만난 사람들 모두 중요한 전쟁을 치르는 중이라고 일깨워주었다. 무엇보다 중요한 변화가 있다면 그녀로 인해 내가 단순히 말을 잘하는 사람이 아니라 남의 말도 잘 들어주는 사람이 되고 싶어졌다는 것이었다.

나는 만남이 순조롭게 진행되는 데 워낙 신이 나서 미래의 후원자 앞에서 그녀의 이야기를 꺼내는 지경에까지 이르렀는데, 그러자 놀랍게도 전혀 새로운 관계의 문이 열렸다. 인터넷에서 찾으면 서로의 약력은 알 수 있지만 직업만으로 상대가 어떤 사람인지 알아낼 수는 없다. 나는 사랑에 빠졌다고 공공연하게 밝힘으로써 상대방의 가족에 대해서 묻고, 배우자를 어떻게 만났으며 인생에서 가장 중요하게 여기는 것이 무엇인지 들을 수 있었다. 일과는 관련이 없는 대화였지만 덕분에 업무 관계를 넘어 진정한 친근감이 생겼다.

내가 평생을 통틀어 가장 존경하고 약속의 연필의 발전에 결정적인 역할을 한 사람과 가까워진 것도 바로 이런 대화를 통해서였다.

전설적인 금융업자이자 자선사업가인 레이 챔버스가 애리조나에서 열리는 구글 자이트가이스트 콘퍼런스에서 강연을 한다는 소식이 내 귀에 들어왔다. 나는 그가 사모펀드로 거둔 성과와, 자신의 열정과 영향력을 미국의 약속이나 촛불재단, 말라리아 노 모어처럼 영향력 있는 단체의 공동 설립에 쏟아부어 전 세계에서 가장 심각한 문제를 해결하러 나선 데 감동을 받았다. 레이는 내가 언젠가 도달하고 싶은 궁극의 모습이었다.

그 무렵 우리는 우리 사업에 투명성과 막대한 신뢰성을 더할 유명인사를 영입해 이사회에 힘을 실을 방법을 모색하는 중이었다. 레이 챔버스가 적임자였지만 그는 워낙 차원이 다른 인물이었다. 연단이나 무대가 우리 사이를 가로지르면 모를까, 개인적으로 만날 기회나 있기나 할까 싶었다. 그런데 기적적으로 이메일을 통해 통성명을 하게 되었고 느닷없이 그의 사무실에서 한 시간 동안 일대일 면담 약속이 잡혔다.

레이는 유엔 사무총장의 추천 아래 유엔 최초의 말라리아 특사로 임명되었을 때 워낙 뛰어난 활약을 보여서 전 세계 지도자들에게 보건 관련 새천년개발목표 이행을 촉구하는 특사로 승진되었다. 나는 그의 맨해튼 사무실 입구에 달린 유엔 상징을 지나 센트럴 공원이 내려다보이는 근사한 회의실로 안내되었다.

몇 분 만에 레이가 들어왔다. 회색 머리는 깔끔하게 빗어 넘겼고 가는 줄무늬 양복은 그 정도 권위를 갖춘 인물에게 어울려 보였다. 그는 고급스러운 갈색 소파에 나를 앉히고 숨소리가 섞인 독특한 목소리로 이야기를 시작했다. "그래요, 애덤, 약속의 연필 일을 아주 잘하고 있는 것 같더군요." 그가 웃으며 말했다.

나는 레이가 사모펀드를 운용한 전적을 알고 있었기에 내 금융 지식을 열거하며 사업적인 시각과 자선활동을 접목한 우리의 공통점을 부각할 생각이었다. 하지만 처음부터 그 이야기를 꺼내지는 않았다. 그가 나와의 만남에 한 시간을 통째로 할애했으니 내 개인적인 사연부터 소개했다. 나는 뱃길과 그 파도에 대해 이야기했다. 죽음을 확신했던 순간과 그로 인해 깨닫게 된 내 목적의식에 대해 이야기했다.

그런 다음 개발도상국에 교육의 기회를 확산하는 우리만의 독특한 접근방식을 소개했다. 책에 나오는 모든 비즈니스 용어를 동원해서 우리가 추구하는 효율성과 우리가 모방하고자 하는 운용 모델에 대해 이야기했다. 짐작컨대 그는 서두를 통해 전후배경을 파악했을 테지만 우리의 사업가적인 접근방식에 가장 큰 관심을 보일 것 같았다.

마침내 내 이야기가 끝났을 때 레이는 눈을 감더니 소파에 머리를 기댔다. 나는 그가 우리 사업에 대해 구석구석 지적하길 기다렸다. 그런데 그의 말은 뜻밖이었다. "흠, 애덤, 자네가 지금 하는 이야기는 — 자네가 겪은 일은 — 수천 년 동안 현자들이 추구하던 바와 일맥상통하는군. 달라이 라마의 가르침과도 일맥상통하고. 자네는 지금 더없는 행복이 무엇인지 이야기하고 있어. 더없는 행복은 물질이나 소유에서 비롯되는 것이 아니라 이 생에서 존재목적을 달성하는 데서 비롯되지."

그 뒤로 10분 동안 레이는 봉사를 통해 더없는 행복에 도달하는 방법에 대해서만 이야기했다. 나는 화들짝 놀랐다. 그가 전하는 한 마디, 한 마디가 진지하기 짝이 없었다. 그렇게 일차원적으로 살지 말라는 테힐라의 조언이 귓전을 울렸고, 나는 우리가 새롭게 고안한 목적 지향적인 접근방식을 화제로 삼지 않기로 했다. 자선사업의 정신적인 측면에 대해 속 깊은 대화를 나누면 나눌수록 전문용어를 동원해가며 동지의식을 강조할 필요가 없음을 직감할 수 있었다.

둘이서 계속 의견을 주고받는데 레이가 추천 인물을 잇달아 쏟아내기 시작했다. "새천년개발목표의 교육 분야를 담당하는 셰이카 모자

카타르 왕비를 만나서 대화를 나누면 좋겠군." 아니면 "과학기술 분야에 훤한 청년도 한 명 있는데 꼭 만나보게. 내가 자넬 잭 도시한테 소개해주지." 아니면 "자네, 나이키 재단의 마리아 아이텔이라고 아나?" 이런 식이었다. 세상을 바꾼 대단한 인물들의 이름이 한 시간 동안 끝도 없이 이어졌고 나는 머리끝에서 발끝까지 찌릿찌릿했다.

하지만 이것은 시작에 불과했다. 한 달쯤 뒤에 레이가 우리 이사회에 합류하기로 한 것이었다. 이로써 약속의 연필 궤적이 영원히 달라졌다.

레이의 가장 뛰어난 장점은 두둑한 지갑이 아니라 사람들을 한 자리에 불러 모아서 다같이 문제를 해결하도록 이끄는 능력이었다. 나는 교사 연수, 읽고 쓰기 교육, 장학금 문제를 새롭게 해결할 방법이 없을까 고민해보기로 결심했을 때 먼저 이사진에 이메일부터 보냈다.

대부분이 대학교에 재직 중인 전문가, 박사 후보생, 기타 목적 지향적인 리더들에게 문의해보라고 했다. 그런데 레이는 "내가 요즘 영국 총리를 역임한 고든 브라운, 새러 부부와 대화를 자주 나누고 있는데 그 부부를 소개해주겠네"라고 답장을 보냈다. 나는 새러와 담소를 나눈 지 2시간이 지났을 때 진정으로 믿고 존경할 수 있는, 교육 분야의 세계적인 리더를 만났음을 직감할 수 있었다.

레이는 약속의 연필 궤적에 영향을 미친 수많은 인물들을 소개해주었고, 그와 일대일로 대화를 나누면 항상 세계 교육 문제를 해결할 새로운 해법이 떠올랐다. 그의 영향력이 실로 막대했다. 한번은 그가 이런 충고를 한 적이 있었다. "앞으로 10년이 지나면 세상이 어떻게 바뀔지, 그 안에서 자네와 자네의 자원, 인맥은 어떻게 바뀔지 생각해봐. 그걸 나침반 삼아서 어떻게 하면 최대한 많은 사람들에게 좋은 영향을 미칠 수 있을지 판단해야지." 그에게 들은 이 말은 그 뒤로 나의 북극성이 되었다.

테힐라와 레이는 한 사람으로 인해 내 인생이 얼마나 달라질 수 있는지, 서로 다른 방식으로 가르쳐주었다. 세상에는 내가 상상하지도 못했던 미래를 볼 수 있도록 도와주는 사람들이 있다. 좀더 나은 내가 될 수 있도록 이끌어주는 사람들이 있다. 아프리카에는 이런 속담이 있다. "빨리 가고 싶으면 혼자 가라. 그러나 멀리 가고 싶으면 함께 가라." 보다 현명하고 친절하며 나와 다른 사람들이 있기에 내가 발전할 수 있는 것이다. 그런 사람들을 늘 곁에 두어야 한다.

PENCILS OF PROMISE

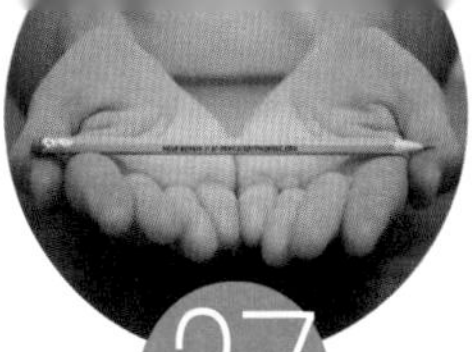

27 누구에게나 약점은 있다

나는 기부금이 없으면 성장할 수 없는 약속의 연필이라는 단체를 운영하면서 처음 3년 동안 어느 누구에게도 정확한 금액을 밝히면서 그만큼 기부해달라고 부탁한 적이 없었다. 단 한 번도 없었다.

나는 손을 벌리는 게 싫었다. "저는 자금 조달자가 아니라 사업가예요." 나는 아무나 붙잡고 이 말을 반복했다. 그야말로 손을 벌리기를 거부했다.

나는 열두 살 때부터 일을 시작했고, 늘 내가 원하는 삶에 필요한 돈을 알아서 버는 방법을 찾아내곤 했다. 그런데 이제 와서 남한테 기대고 싶지 않았다. 사람들에게 아쉬운 소리를 하면 내가 그들보다 못난 인물이 된 것처럼 느껴졌다. 그래서 보답할 방법이 없으면 손을 벌리고 싶지 않았다. 내 주변에는 후한 선물을 줄 수 있을 만한 — 그리고 아무 보답도 바라지 않을 — 사람들이 많았지만, 아는 사람에게 지갑을 열고 수표를 써달라고 차마 말을 꺼낼 수가 없었다. 생각만 해도 혐오스러웠다.

하지만 사실은 그게 아니었다. 나는 두려웠다. 거절을 당할까봐 두려웠다. 싫다는 소리를 들을까봐 두려웠다. 구걸을 바라는 사람처럼 보일까봐 두려웠다. 주도권을 내주는 그 순간, 누군가가 나를 평가하는 그 순간이 싫었다. 나 혼자서는 할 수 없다고 인정하는 게 싫었다. 그래서 하지 않았다.

처음에는 개인적인 불편함을 모면하면서 기금을 마련할 수 있는 방법을 모색했다. 가면무도회나 매년 개최하는 자축 파티의 입장권이나 테이블을 판매하는 것은 일종의 거래였다. 어색한 이야기를 꺼낼 필요가 없도록 홈페이지를 통해 후원을 호소하기도 했고, 우리가 소셜미디어에서 두각을 드러냈기 때문에 동반 마케팅의 조건으로 후원 기업을 유치할 수도 있었다. 덕분에 거의 모든 비영리단체를 넘어서는 수입이 생겼고, 경쟁이 치열한 공간에서 남들과 차별화할 수 있었으며, 우리는 손을 벌리지 않고 돈을 벌었다는 주장을 펼칠 수 있었다.

문제는 기금 마련 — 개인이나 조직의 수장에게 후원을 부탁하는 것 — 이 비영리단체 운영의 핵심이라는 것이다. 장기적으로 성공을 거두려면 적극적이고 열성적인 후원자 기반을 구축하는 것이 필수 조건인데, 거금의 후원자들은 대부분 직접 후원 요청을 받는 것을 좋아한다. 그런데도 나는 철저하게 모른 척했다. 집중해야 할 다른 중요한 부분들도 많은데, 내가 좋아하는 일 — 전 세계를 여행하며 학교가 필요한 마을과 연계 사업을 벌이고, 근사한 홈페이지를 손보고, 역량을 넓힐 수 있도록 멋진 팀을 발전시켜나가는 것 — 을 하면서 살아도 되는데, 왜 금전적인 문제에 연연해야 되느냐고 생각했다.

그런데 재무담당 최고책임자인 톰이 아빠가 되면서 퍼뜩 깨달은 게 있었다. 갓 태어난 그의 아들 마이클의 눈을 들여다보는 순간, 나는 우리 직원들이 약속의 연필을 위해 얼마나 엄청난 희생을 감수하고 있는지 뼈저리게 느낄 수 있었다. 톰과 모든 직원들은 처음에는 나와 나의 꿈을 지원하는 입장이었지만 이제는 이 일이 그들의 꿈이기도 했다. 그들은 우리 모두가 마음속에 그린 조직을 탄생시키기 위해 박봉과 비정상적인 근무 시간을 감수했고 수입이 더 나은 직장으로 이직할 수 있는 기회를 포기했다. 그런 사람들에게 아이가 생겼으니 이제 약속의 연필은 더 이상 내 사적인 조직이 아니었다. 나에게는 우리 직원들의 경제적인 안정과 우리가 사업을 벌이는 나라 어린이들의 교육을 책임질 의무가 있었다.

나는 약속의 연필을 위해 거의 대부분의 사회생활과 잠까지 포기했지만 가장 큰 덩어리의 에너지를 엉뚱한 데 쏟아붓고 있었다. 두렵다는 이유로 해야 할 일들을 외면하고 있었다. 여러분도 해야 할 일이 서른 가지가 있는데 가장 쓸데없는 스물다섯 가지 일에 매진한 적이 여러 번 있을 것이다. 이메일을 열어서 가장 중요한 일이 아니라 쉬운 일부터 처리한 적이 여러 번 있을 것이다. 작은 성공은 이루기 쉽지만 대세에는 아무 영향도 미치지 못한다. 결국 관건은 큰 성공, 최고로 어마어마한 일들이다.

리더의 중요한 자질 가운데 하나가 거울을 쳐다보며 보이는 그대로 진실을 말할 수 있는 능력이다. 진실이 비루하더라도, 아니 그럴 때일수록 진실을 말할 수 있어야 한다. 누군가를 들어오게 하려면 들어오라고 큰 소리로 말하는 수밖에 없다. 이제는 도움을 청할 때였다.

다음번 이사진 회의가 열렸을 때 나는 일상적인 안건을 처리하고 나서 잠깐 솔직한 의견을 나누고 싶다고 청했다. 우리는 전면 유리창 너머로 타임스 광장이 내려다보이는 맨해튼의 고층건물 29층 회의실 탁자에 앉아 있었는데, 나는 가장 강인하고 당당한 모습을 보였던 평소와 다르게 허점을 드러낼 참이었다. 내가 아는 사람 중에서 가장 똑똑하고 능력 있는 10명이 나를 에워싸고 있었다. 사업과 자선활동 면에서 하나같이 엄청난 성과를 거둔 이들 앞에서 나의 가장 큰 약점을 공개해야 했다. 그런데 떨리지 않았다. 단호했다. 그 정도로 도움이 절실했다.

"후원금 요청하는 법을 배워야겠어요. 그게 제 가장 큰 약점이거든요. 이제는 극복해야겠어요." 나는 그들 앞에서 단점을 고백함으로써 불완전한 인간임을 드러냈지만 그래도 상관없었다. 쌓인 신뢰가 있었다. 나를 리더로 선택하는 도박을 감행한 그들은 오랜 경험으로 무장한 업계의 선두주자들이어서 그 전까지만 해도 나는 이사진 앞에서 늘 천하무적인 것처럼 보이려고 애를 썼다. 그들이 궁금해 하는 부분이 있으면 뭐든 답변할 준비가 되어 있었다. 하지만 도움이 필요하다고 인정한 결과 그들과 나의 관계가 깊어졌고, 궁극적으로는 그들이 나를 리더이자 한 명의 인간으로 잘 키워봐야겠다고 더욱 굳게 다짐하는 계기가 되었다.

비영리단체를 운영하는 친구이자 멘토들 중에서 DonorsChoose.org를 설립한 찰스 베스트와 채리티: 워터Charity Water를 설립한 스코트 해리슨이 '기하급수적인 모금' 수업을 추천했다. 모금 전문가 제니퍼 맥크리와 자선사업가 제프리 워커가 비영리단체를 위한 하버드 하우저센터에서 그 수업을 가르치는데 여러 훌륭한 비영리단체장들이 들었다고 했다. 나는 수업료를 일부 면제받았고 세미나 내용도 유익했지만 가장 큰 깨달음을 얻은 것은 '최고를 지향하는 교육자Educators 4 Excellence'를 설립한 시드니, '균등 기회 학교Equal Opportunity Schools'를 설립한 라이드와 기금 마련에 얽힌 고군분투기를 나눈 시간이었다. 어느 날 종일 수업을 듣고 하버드 경영대학원 기숙사 휴게실에서 새벽 두 시까지 이런저런 대화를 나누었을 때 두 친구가 돈 많은 독지가에게 거액의 기부금을 부탁했던 경험담을 말해준 적이 있었다. 라이드는 50만 달러를 부탁했다가 25만 달러를 받았다. 시드니는 5만 달러를 부탁했고 전액 받았지만 10만 달러를 부탁할 걸 그랬다고 후회하고 있었다. 이런 식의 이야기가 계속 이어지는 동안 나는 가만히 앉아서 듣기만 했다.

"나는 누구에게도 금액을 제시하면서 수표를 써달라고 부탁한 적이 없어." 내가 실토했다.

"한 번도?" 시드니가 물었다.

"한 번도."

그들은 믿기지 않아 했다. 엄청난 성장을 기록하며 50여 개 학교의 기공식을 거행한 나이건만 비영리단체 설립자의 가장 기본적인 임무를 게을리 하다니. 나는 도대체 왜 그러는 걸까? 질문을 던진 순간, 문제의 근원을 알 수 있었다.

단순히 두려워서 그런 게 아니었다. 자존심 때문이었다. 나는 자기중심적인 발상을 하고 있었다. 약속의 연필과 워낙 한몸처럼 지내다 보니 기금 요청이 마치 내가 쓸 돈을 부탁하는 것처럼 느껴졌던 것이다. 그것이 나를 위해서 하는 부탁이 아니라는 것을 미처 깨닫지 못했다. 나는 우리 단체와 우리가 돌보는 아이들을 위해 파견된 대사에 불과하건만.

전 세계에 네 군데 사무실이 있고, 우리 학교에서 공부하는 아이들이 수천 명이며, 아이들을 가르치는 데 수백만 시간이 할애되고 있는 판국에 그렇게 사소한 데 연연할 새가 없었다. 중요한 건 우리의 첫 학생인 네 살짜리 니트와 누트가 다닐 유치원이 생겼다는 것이었다. 과테말라의 2학년 학생들이 약속의 연필 학교에서 난생 처음으로 읽기와 쓰기를 배우고 있다는 것이었다. 내가 부탁하는 기부금은 나를 위한 돈이 아니었다. 그 아이들을 위한 돈이었다. 내가 아니라 아이들의 인생을 바꾸는 데 쓰이는 돈이었다. 초점을 아이들과 우리 직원들에게

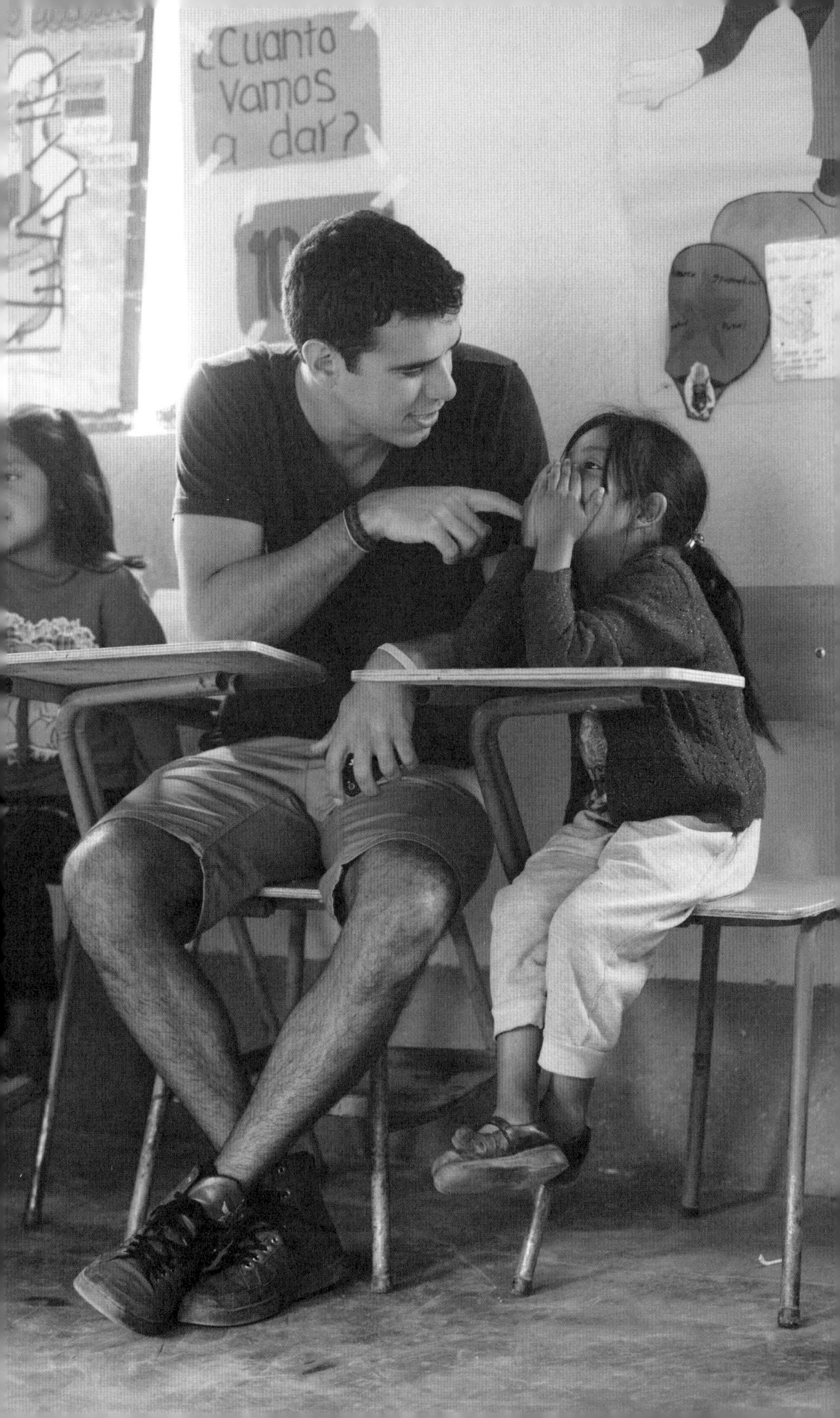
¿Cuanto
Vamos
a dar?

맞추자 당장 후원금을 부탁하고 싶은 의욕이 샘솟았다. 이제는 그것이 부담스럽게 느껴지지 않았다. 영광스럽게 느껴졌다.

얼마 안 있어 첫 번째 기회가 찾아왔다. 6개월 전에 자축 파티를 열었을 때, 나는 뉴욕에서 활동 중인 폴 포스터라는 투자자를 만난 적이 있었다. 그는 행사 기획자의 친구였고 테이블 하나를 전세 내서 참석했다. 그날 밤에 나는 행사 참석자들에게 함께 라오스를 찾아가서 좀더 적극적으로 봉사할 후원자가 없느냐고 물었다. 20명이 손을 들었고 수천 달러의 성금이 마련되었지만 몇 달 뒤에 내가 라오스로 건너갔을 때 열 일 제치고 지구 반 바퀴를 돌아서 나를 만나러 온 가족은 딱 하나, 포스터의 가족뿐이었다.

나는 라오스에 도착하자마자 상어 수첩을 들고 마중 나온 라노이와 함께 폴과 그의 가족을 만나러 루앙프라방의 레몬그래스 레스토랑으로 직행했다. 그로부터 며칠이 지났을 때 우리는 파퉁으로 찾아가서 첫 번째 학교를 구경하고, 아이들과 함께 강가에서 수영을 하고, 파용이라는 두메산골의 대나무집에서 함께 잠을 청하는 사이로 발전했다. 폴과 나는 그 주에 친구가 되었고, 그는 내게 유명한 투자은행의 수석 트레이더로 근무하다 독보적인 헤지펀드사 사장으로 자리를 옮겨 자산을 200억 달러로 키운 뒤, 나이 마흔다섯에 은퇴해서 아이들을 키우는 데 전념하고 있다는 인생담을 들려주었다.

미국으로 돌아갔을 때 폴이 가족을 데리고 우리 사무실로 찾아왔다. 라오스 여행으로 온 가족이 눈을 뜨게 되었다는 것이었다. 폴이 나를 옆쪽으로 데리고 가더니 좀더 적극적으로 동참하고 싶다는 의사를 밝혔다. 마침내 기회가 찾아온 것이었다. 나는 폴에게 먼저 자문위원을 제안해보기로 마음먹었다. 임기는 3년이고 해마다 25만 달러를 기부해야 하는 자리였다. 엄청난 부탁이었지만 처음부터 크게 질러보고 분위기를 파악하는 편이 좋을 듯했다.

내가 다음 달에 뉴욕에서 만나서 정식으로 이야기를 하자고 했더니 폴이 도심의 유명한 비공개 클럽에서 만나자고 했다.

"재킷에 넥타이를 매야 할 거요." 그가 말했다.

나는 비즈니스 정장을 질색했기 때문에 까만색 청바지를 입고 나갔다. 라오스에서는 반바지만 입고 다녔던 폴이 카펫 깔린 구불구불한 계단 입구에서 나를 맞았다. 가는 줄무늬 양복에 맞춤 셔츠를 입고 근사한 넥타이를 맨, 전형적인 파워슈트 차림이었다. 나는 내 차림새를 내려다보았다. 색이 바랜 청바지 밑단에 구멍이 뚫려 있었다. 내가 바보가 된 것 같은 심정이었다.

그는 따뜻하게 나를 맞이하고 식당으로 앞장섰다. 점심 메뉴판을 건네며 전채요리를 몇 가지 추천했다. 나는 난생 처음으로 주스 다이어트를 시작한 참이었다. 그래서 당황스러워하며 자몽 주스를 주문했다.

"그래요?" 폴은 맛있어 보이는 연어샐러드를 먹으며 빈정거리는 투로 물었다. "주스 다이어트라고? 그런 다이어트에 대해서 들어보기는 했지만. 잘 되고 있고요?"

"솔직히 몸이 가벼워졌어요. 오늘로 4일째인데 배고프다는 느낌이 전혀 없었어요. 방금 전까지는요."

폴이 웃음을 터뜨렸고 이로써 냉랭했던 분위기가 사라졌다. 그는 라오스 여행이 그와 그의 가족에게 얼마나 뜻 깊은 시간이었는지 모른다며 말문을 열었다. 식사가 거의 끝나갈 무렵에는 돕고 싶은 마음이 간절하다는 이야기를 꺼냈다. "이런 일을 하겠다고 베인을 그만두는 사람이 과연 몇이나 되겠어요? 어떻게 하면 내가 도울 수 있을지 알고 싶네요."

드디어 기회가 찾아왔다. "그렇게 말씀해주시니 몸 둘 바를 모르겠습니다. 사실은 저희 사업에 관심이 지대한 분들을 모아서 자문위원회를 만들려고 하고 있거든요. 선생님께서 첫번째로 수락해주시면 그보다 더한 영광이 없겠습니다. 정기적으로 저와 만나서 조언과 자문을 해주시는 자리예요. 그 일에 딱 알맞겠다 싶은 분이 있으면 소개해주셔도 대환영이고요. 임기는 3년이고…… " 나는 '1년에 25만 달러'라고 말하고 싶었지만 용기가 안 나서 그 대신 "약속의 연필 앞으로 매년 여섯 자리 숫자의 금액을 기부해야 합니다"라고 했다. 내 표정은 아무 변화가 없었지만 심장이 쿵쾅거렸다.

폴은 잠깐 고민했다. "매년 여섯 자리 숫자면 상당한 부담인데. 내가 퇴직자라 실질적인 수입이 없다는 걸 감안해줘요."

거절은 아니었다. 아직 설득할 기회가 있었다.

"1년에 10만 달러면 생각해보시겠습니까?" 내가 물었다.

"먼저 집사람과 의논해보고 다시 연락할게요." 그가 말했다. "애덤 씨가 하는 일이 워낙 감동적이라 진심으로 돕고 싶네요. 집에 가야 할 시간이 다 되어서 오늘은 이쯤에서 정리합시다. 하지만 오늘 만나서 정말 반가웠고 주스 다이어트 결과가 어떤지도 알려줘요."

클럽을 나서는데 피곤하면서도 속이 후련했다. 바라던 대로 순조롭게 진행되지는 않았지만 어쨌든 나는 이야기를 꺼냈다. 성공하든 실패하든 한 걸음 전진한 것이었다. 나는 폴에게 진심을 담은 감사의 이메일을 보내면서 결정을 내리는 데 도움이 될 만한 자료를 첨부했다.

2주가 지났는데도 연락이 없었다. 점점 걱정이 되던 찰나, 드디어 그의 이메일이 도착했다.

"애덤 씨, 통화 좀 할 수 있을까요?"

나는 당장 전화를 걸었다. 우리는 잠깐 잡담을 나누었지만 양쪽 다 통화 목적을 알고 있었다. 나는 사무실을 왔다갔다 걸으며 그의 말을 들었다. "애덤, 우리 가족으로서는 엄청난 결단이었어요. 우리 부부가 얼마나 고심했는지 몰라요. 가볍게 생각할 일이 아니라서." 바로 그때 — 내가 경제적인 부담은 곤란하다는 대답을 예상하고 있었을 때 — 그가 손꼽아 기다렸던 대답을 들려주었다. "우리는 애덤 씨를 믿고 애덤 씨를 돕고 싶어요. 그래서 앞으로 3년 동안 10만 달러씩 부담하려고 합니다."

놀라운 소식이었다. 나는 허공에 대고 주먹을 날렸다.

"그런데 말이죠, 몇 가지 충고를 좀 해도 될까요?"

"그럼요, 좋죠, 뭐든 말씀만 하세요." 나는 마음의 준비를 했다.

"첫째, 어떤 사람한테 거금의 후원금을 부탁하려거든 그런 자리에 어울리는 옷을 입어야죠. 비공개 클럽에서 만나는데 청바지를 입고 가면 되겠어요? 깔끔한 양복을 입어야지. 둘째는 마무리. 좋은 리더와 훌륭한 리더의 차이점은 사소한 부분에 있어요. 그날 내가 자리를 마무리하면서 주스 다이어트 결과를 알려달라고 했잖아요? 애덤 씨는 그러겠다고 해놓고서는 그러지 않았죠. 철두철미한 마무리를 보장하는 꼼꼼한 체계를 갖추도록 해요. 틈새로 뭐 하나라도 흘리지 않게. 이건 내가 잘하는 분야인데 궁극적으로 성공하려면 꼭 챙겨야 할 부분이죠."

폴은 그 뒤로 내가 본받을 만한 많은 인물들을 소개해주었고 그중 대다수가 우리의 주요 후원자가 되었다. 나는 이제 면담이 끝나면 그 즉시 서로 착각하는 부분이 없도록 양측이 합의한 내용을 자세하게 적어서 마무리용 이메일을 보낸다. 그러고 나면 폴이 개인적으로 연락해서 그들의 생각과 의견을 묻고 나에게 전화해 면담에서 내가 잘한 부분과 잘못한 부분을 정확하게 지적한다. 날마다 잔인하리만치 솔직하게 나를 대하며 가장 중요한 항목의 발전을 이끄는 전담 코치가 생긴 셈이다.

사람이라면 누구나 약점이 드러나지 않도록 오랜 시간 공을 들여서 담을 쌓지만, 그 담이 족쇄가 되어서 불안감 속에 갇혀버릴 때도 많다. 나는 이사진에게 본모습을 내보였고 그 결과 그들의 도움 아래 약점을 새로운 장점으로 바꿀 수 있었다. 우리는 그날 가장 중요한 일이 무엇인지 잘 알면서도 그걸 맨 나중으로 미룬다. 이제는 가장 중요한 일을 맨 먼저 처리하도록 하자.

나는 맨 처음 폴에게 투자를 부탁하면서 후원금을 요청하는 데 따르는 두려움을 극복할 수 있길 바랐다. 그의 아량 덕분에 그 문제가 해결되었지만 나는 궁극적으로 훨씬 더 많은 것을 얻었다. 약속의 연필의 발전에 방해가 되었던 부분을 극복할 수 있게 된 것이었다. 내가 경험을 통해 터득했다시피 가장 힘든 등반에 가장 큰 대가가 따르는 법이다.

PENCILS OF PROMISE

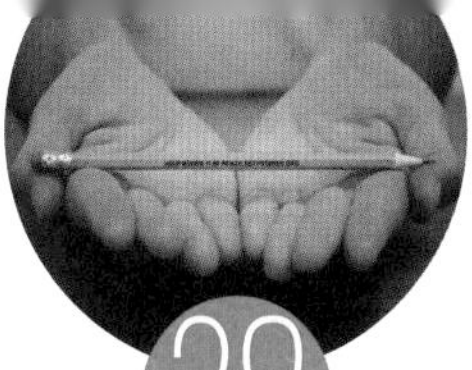

28

메시지를 전파하고
메아리에 귀를 기울이자

우리는 설립 초기부터 주로 디지털 콘텐츠를 통해서 후원자들과 소통해왔는데 규모가 커지면서 소셜미디어 담당자가 절실해졌다. 원래는 몇 년 동안 브래드와 내가 그 일을 맡았지만 이제는 우리의 코멘트를 24시간 관리할 사람이 필요했다. 우리에게 주어진 자산 중에서 가장 귀한 것이 시간인데 그 귀한 자산은 거액의 후원자들과 직접 만나는 데 써야 했다.

어느 날 오후, 입 안 가득 치아교정기를 장착한 스물두 살의 청년이 보조직원으로 일을 하고 싶다며 사무실로 찾아왔다. 근사한 까만색 정장에 빨간색의 얇은 넥타이를 매고 온 카를로는 첫 면접 때 어찌나 긴장을 하던지 말을 할 수가 없어서 물을 마시러 나갔다가 다시 들어와야 했을 정도였다. 그런데 면접 때는 그렇게 안절부절못했지만 트위터에 올린 코멘트를 보면 자신만만하고 매력적이었기에 그를 채용하고 싶었다. 나는 최종 면접을 마치고 엘리베이터를 향해 걸어가는 그를 보면서 누군가를 열성적인 직원으로 만들고 싶을 때 애용하는 작전을 쓰기로 했다. 나는 그에게 그날 저녁에 당장 전형적인 마무리용 이메일을 보내지 말고 며칠 시간을 두었다가 정말로 우리 단체에서 일을 하고 싶은지 진심에서 우러난 장문의 편지를 보내달라고 했다. 주말에 그의 편지가 도착했다.

일주일에 이틀 근무로는 온 힘을 다해서 집중할 수 없을 거라고 생각하기에 약속의 연필에서 저를 선택해주신다면 배드보이 월드와이드에서 인턴사원으로 일할 기회를 포기할 용의가 있습니다. 오래전부터 들어가고 싶었던 회사이기는 하지만, 약속의 연필의 신념과 동료와 근무환경에 이미 마음을 빼앗겼거든요. 일주일에 나흘 동안 근무할 용의가 있지만 금요일과 토요일에는 아르바이트를 했으면 합니다. 저를 선택해주실 경우, 앞으로 1년간은 부모님께 손을 벌리고 싶지 않아서요…….

카를로는 2주 뒤부터 행정보조로 근무하기 시작했다. 그는 우리의 모든 SNS 계정을 관리하고 코드를 만드는 법까지 독학으로 터득하더니 수석 디자이너 자리까지 꿰찼다. 디자인에 일가견이 있는 사람이 메시지를 관리하니 브랜드 이미지가 훨씬 예쁘고 근사해졌다. 그가 입사한 지 몇 달 만에 SNS 팔로어 숫자가 두 배로 늘었다. 누가 봐도 온라인 커뮤니티 규모를 키우는 데 그에게서 배울 점이 많다는 것이 분명해졌다.

카를로가 성장하면 할수록 내 부담이 줄어들었다. 그의 자신감이 커지자 나는 한결 여유로워져서 폴 포스터에게 배운 대로 새로운 거액 후원자를 유치하러 나설 수 있었고, 그는 젊은 직원들 사이에서 신뢰받는 리더 역할까지 했다. 카를로는 약속의 연필의 눈과 귀 수준을 넘어서 조직을 지탱하는 접착제로 자리매김했다.

그 당시에는 너도나도 우리가 계속 성장하길 바랐다. 기대치는 성취 뒤로 길게 드리워지는 위압적인 그림자와 같다. 아무리 우뚝 올라서도 뒤에서 남들이 따라오기 마련이다. 우리는 지금까지 거둔 성과에 안주할 수 없었기에 영감을 전파할 방법을 찾아야 했다. 그러던 어느 날 오후, 미래의 후원자를 찾느라 외근 중이던 나에게 카를로가 어떤 여자아이에 대해 알려왔다. 훗날 우리가 또다시 대규모 캠페인을 진행하는 계기가 될 소녀였다.

사장님, 방금 전에 믿기지 않는 트윗을 봤어요. 우리 트위터 피드를 보세요.

콜로라도에 사는 열일곱 살의 케네디 도넬리라는 여자아이가 올린 글이었는데 처음에는 장난인 줄 알았다.

약속의 연필 후원금을 모금하려고 자전거로 전미 일주에 나서다. 내

블로그 www.pedalingforpencils.blogspot.com을 주목해주세요.

진심일까? 나는 그녀에게 짧은 메시지를 보내 부모님도 그녀의 계획을 아느냐고 물었다. 그녀는 부모님도 함께 떠났다고 했다. 케네디는 인터넷을 통해 약속의 연필을 알게 되었는데 우리가 하는 일에 감동을 받아서 6,100킬로미터에 달하는 미국을 횡단하며 1만 달러의 성금을 모아서 교실을 하나 지을 거라고 했다. 나는 울컥했다.

맨 처음에 계획을 밝혔을 때 다들 그녀에게 미쳤다고 했다. 불가능한 일이라고 했다. 하지만 남들이 할 수 있겠느냐고 할수록 더욱 자극이 되었다. 그녀의 표현에 따르면 "처음에는 그냥 생각만 해봤는데 옆에서 안 된다고 하니까 점점 더 악착같이 매달리게 됐다"고 한다.

불가능해 보이는 일에 도전하며 모금 활동에 나섰다고 우리 홈페이지에 알린 사람들이 많았다. 25달러를 마련하는 데 그친 사람도 있었고, 5만 달러 넘게 마련한 사람도 있었다. 이들을 연결하는 공통점이 있다면 교육에 대한 믿음과 불가능해 보이지만 원대한 목표를 향한 열망인 듯했다.

이런 기회를 그냥 흘려보낼 수는 없었기에 나는 이들을 한데 모을 수 있는 방법을 모색하기로 했다. 그래서 시작된 것이, 내가 선상 대학 프로그램 때 학생들과 의논했던 것처럼 우리가 하는 일을 응원하기 위해 새로운 도전에 나선 사람들을 기념하는 불가능한 도전 캠페인이었다. 우리는 도전에 나선 사람들을 직접 후원하거나, 약속의 연필이 백 번째 학교라는 '불가능한 목표'를 달성할 수 있도록 모금 운동을 펼쳐달라고 했다.

케네디의 도전은 약속의 연필 설립 취지와 일맥상통했기에 카를로가 만든 캠페인용 홈페이지 대문에 커다랗게 소개했다. 희망이 담긴 그녀의 이야기에 수천 명이 자극을 받고 캠페인에 동참해 그들만의 도전에 나섰다. 케네디가 55일에 걸쳐 미국 횡단에 성공하자 우리는 새로 옮긴 맨해튼 사무실에서 성대한 환영 파티를 열었다. 약속대로 래리가 자기 회사 직원들과 함께 만들어준 사무실이었다.

그 무렵 스코트 형도 형의 이름으로 지은 학교의 개교식에 참석하느라 나와 함께 과테말라에 다녀온 뒤 뉴욕에 있었다. 형이 서른 번째 생일선물 대신 받은 3만여 달러의 기부금으로 지은 학교였다. 형은 과테말라에 다녀오면서 나와의 우애가 한층 돈독해졌을 뿐 아니라 몇 년 동안 후원했던 사업과 심정적으로 한층 가까워졌다. 하루 전에 의사를 타진했음에도 불구하고 닉 온켄이 새 학교의 사진을 촬영하러 나서주었고 출발할 시간이 되자 스코트 형은 이렇게 주장했다. "이번 여행에서 찍은 사진으로 내 사무실을 도배할 거야. 나를 만나는 사람들 모두 약속의 연필에 대해서 물을 수밖에 없게."

케네디를 만났을 때 형도 그녀의 이야기를 듣고 싶어 했다. 그녀는 낮이면 작열하는 태양 아래에서 길고 힘든 시간을 보냈고, 밤이면 공원에서 노숙을 하느라 잠을 설쳤다고 말했다. 형은 그녀에게 얼마를 모금하는 게 목표였냐고 물었다. 그녀는 당당하게 대답했다. "1만 달러가 목표였는데 이번 주에 달성했어요."

"진짜? 2만 달러를 모았다고 들었는데?" 형은 웃으며 물었다.

"그랬더라면 얼마나 좋았겠어요? 1만 달러도 몇 달 걸려서 모은 건데."

"음, 내가 기쁜 소식 하나 알려줄까? 내가 네 앞으로 1만 달러를 기부할 생각이야. 그러니까 넌 2만 달러를 모금한 셈이지."

그녀의 입이 떡 벌어졌다. 두 눈에는 눈물이 그렁그렁 맺혔고 두 손은 부들부들 떨렸다. 믿기지 않는 소식이었던 것이다. 잠시 후 어느 정도 진정되었을 때 그녀가 농담처럼 불쑥 내뱉었다. "여기서 출발할걸!" 모두들 배를 잡고 웃었고 그녀가 덧붙였다. "그런데 정말이지, 약속의 연필을 후원해주셔서 얼마나 감사한지 몰라요."

"나도 이하 동감이다." 스코트 형이 입이 귀에 걸리도록 활짝 웃으며 말했다.

불가능한 도전 홈페이지 대문에 소개된 이야기 중에 임파서블HQ라는 자기 블로그를 통해 다같이 불가능한 일에 도전하자고 선포한 조엘 러니언의 사연도 있었다. 그가 새로운 학교 건립을 목표로 생애 처음으로 울트라마라톤에 도전하자 블로그 구독자들이 몇 개월 동안 모금 운동을 펼쳐 2만5천 달러를 마련했다. 그는 자기 이름으로 지어진 학교를 찾아가서 아이들을 직접 만난 뒤 공사 전과 공사 후의 사진을 블로그에 올리고 이런 글을 남겼다.

나 혼자서 이런 일을 이루어내려면 불가능에 가까웠을 텐데, 내가 약속의 연필을 사랑하는 이유 중 하나가 지속 가능한 모델과 꾸준한 커뮤니티 교육을 추구한다는 것이다. 그들은 학교를 짓고 그냥 떠나지 않는다. 그들이 학교를 짓는 이유는 커뮤니티의 변화를 유도하기 위해서다.

나는 그 글을 읽으면서 이제는 그것이 나만의 대사가 아님을 깨달았다. 이제는 조엘과 케네디와 스코트 형의 대사이기도 했고, 그들과 더불어 내가 상상하지 못했던 수준으로 강력하게 울려퍼지고 있었다.

불가능한 일에 도전한 수많은 사람들이 우리의 메시지를 널리 전파하고 있었다. 소피아 부시는 작년에 스코트 형이 그랬던 것처럼 서른 번째 생일을 기념해서 3만 달러 모금을 목표로 삼았는데, 그녀의 팬들이 7만 달러에 육박하는 금액으로 화답한 덕분에 목표치를 두 배나 초과 달성했다. 우리를 후원하는 이유를 물었을 때 그녀는 이렇게 대답했다. "온 몸을 통틀어서 가장 섹시한 부위가 뇌이고, 그 부위를 개발하는 방법이 공부라는 걸 어린 소녀들이 알아주었으면 하거든요. 약속의 연필을 활용하면 그걸 가르칠 수 있잖아요."

약속의 연필이 설립된 이래 수많은 개인과 단체들이 모금 활동을 벌였다. 어떤 가족은 1달러짜리 연필을 판매해 250달러를 모금했다. 어떤 회사는 해마다 여는 송년 파티 수익금 5천 달러를 기부했다. 어떤 열세 살짜리 소녀는 바트미츠바(유대교에서 행하는 열두 살에서 열네 살 소녀의 성인식 — 옮긴이) 선물 대신 기부금을 달라고 해서 2만2천 달러를 모금했다. 나는 약속의 연필이 일상의 중심이 된 사람들을 소개하는 기사를 검색하며 하루 일과를 시작하는 습관이 생겼다. 학교 수가 늘어나는 것을 지켜보고 그것이 이 사람들에게 왜 그렇게 큰 의미인지 전하는 기사를 읽다보면 내 목소리만으로 메시지를 전파하기에는 점점 커져가는, 우리에 대한 사람들의 기대치를 충족시키기에 역부족이라는 생각이 들곤 한다.

아이디어가 자라면 어느 누구도 통제할 수 없는 수준으로 확장된다. 그걸 한 사람이 전하는 하나의 이야기로 제한해버리면 진정한 가능성을 잘라버리는 것이다. 설립자의 역할은 자신이 한 말이 일으킨 메아리에 귀를 기울이고 그중에서 가장 진솔한 목소리를 격려하고 증폭하는 것이다. 이것을 내 진정한 역할로 받아들일수록 우리 커뮤니티 안에서 각 개인, 가족, 회사들의 여정이 더욱 감동적으로 다가왔다.

우리의 성공은 이제 그해에 생일선물을 받는 것보다 한 아이를 교육시키는 것이 더 중요하다고 생각하는 사람의 손에 달려 있었다. 우리의 성장은 백 투 스쿨 캠페인의 결과로 그 이듬해에 학교로 복귀하는 아이들이 실제로 많아져야 한다고 믿는 사람들이 얼마나 되느냐에 따라 달라질 것이었다. 우리가 인생에 영향을 미칠 수 있는 사람의 숫자는 나만의 노력이나 심지어 약속의 연필의 노력으로 결정되는 것이 아니었다. 교육의 기회를 누리지 못하는 5800만 명의 아이들이 단순한 걱정거리가 아니라 시급하게 해결해야 하는 위기상황이라고 생각하는 사람들의 노력에 의해 결정될 것이었다.

나는 어떻게 하면 우리의 영향력을 증폭할 수 있을지 알아보기 위해 세계 교육 분야에서 가장 박식한 인물들을 만나보기로 했다. 우리는 매주 새로운 학교를 설립하며 100이라는 숫자를 향해 꾸준히 나아가고 있었다. 객관적인 데이터에 따르면 학교가 세워진 마을에 파견된 교사의 85퍼센트가 아이들의 읽고 쓰기 능력이 향상되었다고 보고했고, 수학 능력이 향상되었다고 보고한 교사는 88퍼센트였다. 우리가 지은 학교가 있는 지역의 아이들은 인근 지역의 아이들에 비해 시험 성적이 세 배 훌륭했다. 하지만 그것만으로 충분할까? 계속 이런 식으로 학교를 통해 현지 지역사회와 관계를 맺는 게 좋을까 아니면 중점 사업을 좀더 확장해야 할까? 나는 이 분야에 몸을 담은 지 몇 년 안 되었으니 그렇다 치고 위기에 놓인 세계 교육 문제를 해결할 묘책을 아는 다른 누군가가 있을 터였다. 가난한 아이들의 삶을 가장 획기적으로 개선할 수 있는 방법을 알아내기만 하면 약속의 연필이 그 해결책 주변으로 사람들을 끌어모을 수 있을 것이다. 그런데 대화를 해보면 저마다 의견이 달랐다.

그러면서 결국 깨닫게 된 것은 교육이란 근본적으로 복잡한 문제라는 것이었다. 교육은 예방주사처럼 강제로 주입할 수가 없다. 사람들에게 강요할 수가 없다. 스스로 찾고 스스로 노력해야 한다. 따라서 해결책도 세분화되어야 한다.

어떤 아이든 몇 가지 결정적인 조건이 갖추어져야 양질의 교육을 받을 수 있다. 그중에서도 가장 중요한 것이 공부할 수 있는 안전한 공간,

정규 교육을 받은 교사와 교육에 관심이 있는 부모로 이루어진 지원 체제 그리고 해마다 늘어나는 교육비를 감당할 수 있는 경제적 능력이다. 우리는 전 세계 여러 지역에서 이런 조건을 실현하는 데 헌신하고 싶었다.

하지만 우리의 향후 방향을 정한 사람은 내가 아니라 현장 직원들이었다. 맨 처음 비전을 제시한 사람은 나였을지 몰라도 이제는 그들이 우리 사업이 그 지역에 미치는 영향을 날마다 실감하면서 향후 사업 방향을 결정하고 진솔하고 자신 있게 큰 목소리를 냈다. 우리는 그들의 의견을 반영해 단순히 학교를 짓는 것을 넘어 교사 연수와 장학생 제도를 도입하기로 결정했다.

이런 프로그램을 개발하는 동안 나는 끊임없이 자문했다. 언젠가는 우리가 꿈꾸었던 수준의 영향력을 발휘할 수 있는 날이 찾아올까? 하지만 약속의 연필 미래는 이제 내가 결정할 수 있는 문제가 아니었다. 우리 직원과 후원자들이 결정할 문제였다. 카를로처럼 점진적으로 발전하는 사람들이 다음번 대형 캠페인을 주도할 것이다. 케네디처럼 감동적인 사연의 주인공들이 또 다른 후원자를 끌어들일 것이다. 그리고 이제는 내 생일뿐 아니라, 소피아나 스코트를 비롯한 수많은 사람들의 생일까지 전 세계 어린이들에게 교육이라는 선물을 제공하기 위한 기회로 동원될 것이다.

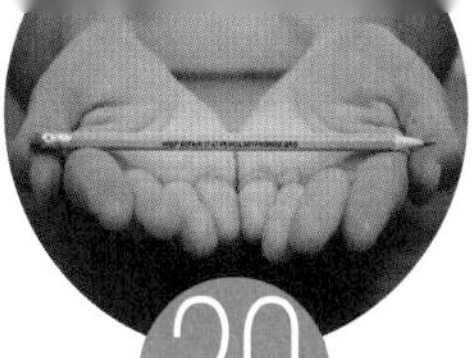

29

꿈을 떠올리면서 겁이 나지 않으면 꿈이 충분히 원대하지 않다는 뜻이다

약속의 연필은 2013년 초에 백 번째 학교의 완공을 앞두고 있었다. 역사적인 백 번째 학교가 조만간 가나에서 문을 연다는 소식이 전해지자 나는 개교식에 참석하기로 했다. 15개월 만에 찾아가는 길이라 어찌나 흥분이 되던지 JFK 공항에서 아크라로 향하는 야간 델타 여객기 안에서 거의 잠을 이루지 못했다. 비행기에서 내리자 가나 지부장을 맡고 있는 프리먼이 수화물 수취대 앞에서 나를 따뜻하게 끌어안았다.

"어서 와요, 애덤!" 그가 외쳤다. "앞으로 한 주 동안 바쁘게 생겼어요."

밖으로 나서자마자 열기가 나를 덮쳤다. 꽁꽁 얼어붙은 1월의 뉴욕과 극과 극이었다. 탄산음료와 사탕이 담긴 광주리를 머리에 인 여자들이 교차로에 멈추어 선 버스 안 승객들을 상대로 지역 특산물을 팔고 있었다. 지나가는 차에서 시끄러운 음악소리가 들리는데 남자아이들이 키득거리는 여자아이들을 향해 손을 흔드느라 창밖으로 대롱대롱 팔을 내밀고 있었다. 어느 나라든 10대는 똑같았다.

내가 묵을 아크라의 조그만 호텔에 도착하자 프리먼이 앞으로 며칠 동안 길고 피곤한 날들이 계속 될 테니 우선 눈 좀 붙이라고 당부했다. 둘러볼 마을도, 평가해야 할 지역도, 대화를 나눠야 할 지역 관계자도 많다고 했다.

나는 본사 직원과 후원자들이 현지 상황을 공유할 수 있도록 그 전 24시간 동안 있었던 일을 1분짜리 영상에 담아서 매일 밤마다 유튜브에 올리기로 했다. 그래서 프리먼의 충고에도 불구하고 새벽 세 시까지 첫 번째 비디오를 만들었다. 혼자 방 안에서 배낭여행 시절에 숱하게 경험했던 딱딱한 침대에 앉아 있는데 복도에서 소곤소곤 말소리가 들렸다. 미국 유학생 몇 명이 앞으로 아크라에서 한 학기를 어떻게 보낼지 계획을 세우는 중이었다. 그러면서 친구들이 최근 페이스북에 올린 글, 트위터에서 팔로우하는 코미디언, 부모님과 스카이프로 화상 통화한 이야기를 했다. 앞으로 몇 개월 동안 어떤 일이 벌어질지 전혀 알 수 없지만 그들은 모든 걸 경험하고 싶어 했다. 인생을 깊고 충분하게 즐기고 싶어 했다. 불가능한 도전의 주인공들처럼 들렸다.

약속의 연필 본사 직원들은 백 번째 학교의 개교 — 거의 2년 전에 세운 목표 — 가 얼마 안 남았을 때 으쓱대면서도 추억에 잠겼다. 직원들은 4년이라는 짧은 기간 동안 우리의 영향권이 그 정도로 넓어진 데 너나 할 것 없이 엄청난 자부심을 느꼈다. 우리는 남들의 예상을 모두 뛰어넘었고 우리 스스로 설정한 야심 찬 목표까지 초과 달성했다. 하지만 최고의 자리에 오르는 게 어려운 일이라면 그 자리를 유지하는 것은 거의 불가능에 가까운 일이다. 나는 어떤 식으로 우리의 가속도를 유지할지 결정을 내려야 했다. 어떤 엄청나면서도 실현 가능한 목표를 세워야 우리 직원과 후원자들을 자극할 수 있을까?

처음으로 100개의 학교를 돌파하는 데 고작 4년 남짓 걸렸다. 하지만 수많은 경영학 수업과 컨설팅 실무 작업을 통해 배웠다시피 직선을 그리며 성장하는 조직은 없다. 성장에 가속도가 붙기 때문에 표로 그리면 대부분 S자나 J자 모양의 곡선이 된다. 따라서 과거의 속도를 근거로 미래를 예측할 수는 없다. 규모를 늘리고 기존의 커뮤니티에 더욱 심도 있게 투자해야 진정한 최고가 될 수 있었다.

다음 단계로 나아가기 위해서는 도움이 필요했기에 전문가들에게 연락했다. 베인의 임원들이 설립한 비영리 자문기관인 브리지스팬 그룹에서 뛰어난 조직이 다음 단계로 도약할 수 있도록 특별히 고안한 프로그램의 수혜자로 약속의 연필을 선택해주었다. 그 시점에서 내 발로 베인을 찾아가다니 감격스러운 대목이었다. 내가 그 자리에 도달하기까지 거친 수많은 단계가 떠오르면서 그 당시에는 미처 몰랐지만 그 단계 하나하나가 얼마나 의미심장하고 중요했는지 느껴졌다.

우리는 브리지스팬과 몇 개월 동안 전략을 고민한 끝에 거창하지만 꿋꿋하게 밀고 나갈 수 있는 새로운 목표를 설정했다. 기존의 학교 사업을 확대하는 데 집중하는 한편으로 교사 연수와 장학금 제도를 개발하기로 했다. 아이들이 안전하게 공부할 수 있는 공간도 필요하지만 양질의 교사와 교복, 교과서, 교통수단과 같은 지원 체계도 중요했다. 2015년까지 500개의 학교를 설립하고, 1천 명의 교사를 양성하고, 1만 명의 학생들에게 장학금을 지급하는 것이 우리의 새로운 목표였다. 이런 목표를 달성하려면 2013년 한 해에만 학교를 100개 지어야 했다. 예전에는 4년 걸린 일을 단 1년 만에 똑같이 하려는 것이었다.

나는 가나로 출발하기 일주일 전에 직원들에게 새로운 목표를 알렸는데, 이번 현장 시찰에는 자축의 의미도 있었지만 이를 통해 다음 단계의 시작을 선포하겠다는 전략적인 의미가 더 컸다. 우리는 아크라의 제휴 단체와 첫 면담을 치른 뒤 이후 3일 동안 가나 본사가 있는 볼타 지역의 흙길을 누비며 학교 설립을 신청한 마을들을 방문했다.

어디를 가든 가난했다. 주민들은 흙집이나 양철집, 아무것도 없는 시멘트집에서 살았다. 전기와 수도시설은 사치였다. 아이들은 누더기를 걸치고 서성이며 호기심 어린 눈빛으로 우리를 빤히 쳐다보았다. 우리가 방문한 어느 마을에서는 수백 명의 아이들이 커다란 망고나무 아래에서 수업을 받고 있었다. 정식 교실도 없고 나무에 못으로 박은 칠판 앞에 책상을 몇 개 모아놓은 게 전부였다. 어느 교사가 고학년 아이들에게 ICT(정보통신기술)를 가르친다고 하기에 내가 무슨 수로 그걸 가르치느냐고 물었다. 그는 컴퓨터가 없어서 분필로 키보드를 그리면 아이들이 칠판에 대고 타자 연습을 한다고 설명했다. "너무 덥거나 흙바람이 불거나 비가 오면 어떻게 하나요?" 내가 물었다. 그는 멍하니 나를 쳐다보며 대답했다. "그럼 그 주에는 수업을 안 하죠."

마을에서 걸어 나오는데 프리먼이 내 어깨를 두드렸다. "넉 달 안으로 여기에 새 학교를 지읍시다. 그럼 새 학년이 시작될 때 아이들은 난생 처음으로 교실다운 교실에서 공부할 수 있겠죠. 얼마나 행복한 날이 되겠어요?"

촌장, 어르신, 교장, 교사, 부모님들과 만나보면 어느 마을이든 아이들 교육 환경 개선에 혼신의 노력을 다하겠다고 했다. 하지만 평가 절차상 몇 차례의 면담을 거친 후에야 사업을 시작할 수 있었고, 둘러본 마을 가운데 어디에서부터 시작하는 것이 좋을지 결정하려면 좀더 정보를 취합해야 했다.

우리는 시야를 넓힐 겸 볼타 교육청을 찾아갔다. 프리먼이 교육청장, 주요 관계자, 브라이트 데이라는 이름에 걸맞게 젊고 유능한 우리의 직통 연락책과 면담 약속을 잡아놓았다. 호를 향해 몇 분쯤 달렸을 때 우리가 타고 가던 고물 SUV가 길가에서 멈추어 서는가 싶더니 문이 열렸다.

"가나에 오신 것을 환영합니다." 우리 차에 훌쩍 올라타며 브라이트가 말했다. "이렇게 찾아와주셔서 정말 기뻐요, 애덤 씨. 네, 그 연필에 얽힌 멋진 이야기 많이 들었어요. 모든 아이들, 특히 가난한 아이들이 공부할 수 있는 세상을 만들어야죠. 하지만 같이 해야 해요. 네, 같이

MATHS
Number plane
Q(3, -2)
T(-5, -5)
S(4, 5)
X(0, 4)
W(-2, -1)
O(0, 0)

해야죠."

네, 같이 해야죠. 가는 내내 이 말이 내 머릿속에서 계속 맴돌았다. 교육청에 도착하자 브라이트가 작고 어두침침한 대기실로 우리를 안내했고 잠시 후 볼타 지역의 교육제도를 주제로 프레젠테이션이 시작되었다. 정식 소개에 이어 그래프와 차트, 도표, 통계를 동원해 이 지역에서 가장 시급한 문제들을 장황하게 설명한 파워포인트 자료가 등장했다. 초등학교 시설, 교사 연수, 2차 교육기관에 방점이 찍혀져 있었다. 이 지역과 이 조직이야말로 우리의 사업 확대 계획과 딱 들어맞았다. 교육청장은 약속의 연필과 같은 NGO와 손을 잡고 일을 하고 싶은 바람을 피력했다. 따뜻한 악수와 다시 만나자는 약속과 함께 면담이 끝났다. 나는 모든 면담이 이런 식이었으면 좋겠다는 생각을 했다. 뉴욕에서 할 일이 워낙 많아서 이제는 현지 주민들과 만날 기회가 별로 없었다.

회사 설립 초기에는 보통 설립자가 제품을 만들거나 서비스를 제공한다. 대규모 피자 체인점을 창업한 사람도 처음에는 아마 피자를 직접 구워서 배달했을 것이다. 유명한 패션업체 수장도 처음에는 직접 디자인하고 천을 잘라서 자기 집에서 첫 샘플을 판매했을 것이다.

회사가 성장할수록 설립자는 제품 생산과 점점 멀어지는 것이 비즈니스계의 행복하면서도 슬픈 현실이다. 그 브랜드의 대표자로서 그들을 가장 필요로 하는 일은 따로 있다. 초기에는 현장에서 일하는 사람이 나 혼자였기 때문에 내가 1년에 몇 개월씩 마을 촌장과 교사와 교육청 관계자들을 만나러 다녔다. 조직이 커지자 이제는 그것이 현장에서 활동하는 현지 직원의 임무가 되었다.

이렇게 될 줄은 나도 알고 있었다. 또 현지 직원들이 좀더 많은 일을 맡아주어서 사실은 뿌듯했다. 수도시설도 전기도 들어오지 않는 대나무집에서 자란 그들이 이제는 디지털카메라로 촬영한 사진을 넣어서 파워포인트 자료를 만들고 전 세계 직원들이 공유할 수 있도록 드롭박스에 엑셀 자료를 올리는데, 그보다 가슴 뭉클한 일이 없다. 그래도 나는 학교 건설 현장에서 문화를 초월해 함께 웃고 이야기 나누었던 순간들이 여전히 그리웠다. 게다가 우리 사업에 나만큼 열심인 사람이 또 있을까 속으로 걱정하는 마음도 있었다.

다음 날 아침, 나는 기공식에 참석하기 위해 고비에프 토지라는 언덕 꼭대기 마을로 향했다. 도착해 보니 작열하는 태양에 어르신들이 고생하지 않도록 학교 운동장 주변에 의자와 천막을 설치해놓은 것이 보였다. 내가 선상 대학 프로그램에서 강연을 하면서 만난 가나의 아시시대학생 조지와 아시시대학에 약속의 연필 지부를 설립한 같은 학교 친구들이 버스 한 대를 꽉 채우며 달려와서 내 뒤에 자리를 잡고 앉았다. 그들은 콘서트를 개최하고 티셔츠를 판매해 이 학교 공사비를 마련했다. 그들의 헌신적인 태도에 자극을 받지 않을 수가 없었다.

기공식이 시작되자 열을 맞춘 학생들이 운동장 안으로 들어와서 가나의 전통 노래를 부르고 점베에 맞춰 춤을 추었다. 할머니 두 분도 자리에서 일어나 운동장 안에서 춤을 추었다. 이것이 가족 행사이고 노

쇠한 몸으로도 얼마든지 신나게 몸을 흔들 수 있음을 보여주는 장면이었다. 음악이 끝나자 부촌장이 주요 하객을 한 명씩 소개했다. 이 지역 관할 공무원은 자신의 사연을 통해 교육의 중요성을 강조한 뒤 나도 좋아하는 명언을 인용하며 마무리를 지었다. "교육에 드는 비용을 아까워하는 사람은 무식한 채로 살아야 할 겁니다."

모든 연설이 끝났을 때 나도 아이들을 도와서 교실까지 나무 걸상을 날랐다. 바로 그때 가나의 힙합 음악이 확성기를 통해 울려 퍼졌다. 진원지는 알 수 없었지만 학교 저편에서 흘러나오는 소리인 듯했다.

나는 마을 대표들과 한 자리에 앉아서 가나인들이 좋아하는 레드레드를 먹었다. 레드레드는 콩 스튜에 플랜테인 튀김을 곁들인 요리다. 남녀가 한데 어우러져 콜라와 환타를 마시며 농담을 주고받았는데 아무리 대화에 집중하려 해도 자꾸 운동장 쪽에서 들렸던 음악이 떠올랐다. 나는 어느 나라에서든 개교식을 거행하면 댄스 시간이 가장 좋았다. "잠깐 실례할게요." 나는 나지막이 양해를 구하고 슬그머니 자리에서 빠져나왔다.

모퉁이를 돌았을 때 믿기지 않는 광경이 나를 맞았다. 다섯 살에서부터 열다섯 살까지 밝은 주황색 교복을 입은 100여 명의 아이들이 땀을 뻘뻘 흘리고 흙먼지를 날려가며 미친 듯이 춤을 추고 있었던 것이다. 아이들은 내가 보이자 내 손을 잡고 기쁨의 환호성을 지르며 원 한가운데로 끌고 갔다. 어른도 없었고 눈을 번뜩이며 지켜보는 이도 없었기에 그 뒤로 20분 동안 나는 그 어느 때보다 열심히 춤을 추었다. 한 학생이 동작을 가르쳐주면 내가 아이들 웃음소리를 들으며 따라하고 그런 다음 이번에는 내가 그 아이에게 동작을 가르쳐주었다. 펑키 치킨, 툿시 롤, 디스코 피버 — 어렸을 때 내 방에서 연습한 동작들이 가나에서 완벽하게 재현되었다. 내가 움직이면 운동장을 가득 메운 아이들이 따라했다. 작열하는 정오의 태양에 온몸이 젖도록 땀을 흘려가며 미친 듯이 웃었다. 흙먼지가 온 사방에 흩날리는 가운데 우리는 하나의 리듬에 맞춰 그날을 자축했다.

이 아이들과 함께 춤을 추면서 주변을 둘러보자 내 안에 존재하는 것들이 반영되어 보이는 것이 내 주변 풍경이라는 생각이 들었다. 우리 안에는 우리를 움직이고 흔들고 달라지도록 채찍질하는 본능적인 에너지가 있다. 여기에 일단 불이 붙으면 저절로 폭발한다. 할머니에게 바쳤던 그 첫 번째 학교의 개교식이 내게 얼마나 특별한 의미였는지 떠오르면서 나머지 99개 학교의 개교식도 누군가에게는 그만큼 특별한 의미였을 거라는 생각이 들었다. 시멘트 대금을 댄 후원자, 벽돌을 쌓은 아버지와 어머니, 이제는 그 학교에서 생애 첫 교과서를 들고 첫 단어를 배우고 있을 아이에게도 그만큼 특별한 의미였을 것이다.

함마와 호엘 푸약과 상어 수첩을 들고 당당하게 서 있었던 라노이가 생각났다. 하지만 이제는 과거의 이야기와 과거의 학교와 과거의 성과를 뒤로 하고 앞으로 나아갈 마음의 준비가 되었다. 이제는 그 모든 것이 연속선상에 있음을 알 것 같았다.

나는 바로 그 순간, 약속이 연필이 지은 학교에 앉아 있을 수천 명의 아이들이 떠올랐다. 앞으로 100개의 학교, 그 뒤로 다시 100개의 학교 그리고 그 학교들이 전 세계에 미칠 파급효과를 머릿속에 그려 보았다.

아프리카에서 여성 최초로 대통령 자리에 오른 엘런 존슨 설리프는 이렇게 말했다. "꿈을 떠올리면서 겁이 나지 않으면 꿈이 충분히 원대하지 않다는 뜻이다." 우리는 한때 불가능하게 여겨졌던 목표를 달성했지만 이제는 거기서 더 뻗어나가야 할 때였다. 목표를 달성했을 때가 아니라 다시 한번 머나먼 결승선을 향해 자신 있게, 당차게 전진할 때 정말로 힘이 솟는다. 이미 알고 있는 세계와 미지의 세계 사이에서, 이루고 싶은 미래의 청사진을 그리고 그 청사진을 향해 인정사정없이 달릴 때 정말로 힘이 솟는다. 앞으로 교차로가 등장할 때마다 어떤 식으로 길을 찾으면 좋을지 모르겠지만 우리의 가장 큰 염원으로 향하는 지도는 이미 우리 곁에 있었다.

나이와 배경을 불문하고 모든 이들에게 자신의 족적을 남길 수 있는 단체를 선물하면 내가 아직 만나보지 못한 사람들이 우리의 이야기를 그들의 이야기로 만들 것이다. 첼시 캐나다와 리치 렌트와 케네디 도넬리가 그랬던 것처럼 그들도 약속의 연필을 통해 다른 사람들의 인생을 바꾸어놓을 것이다. 약속의 연필 이야기에서 차세대 브래드 호건이나 호프 타이츠나 레이 챔버스가 탄생할 것이다. 보잘것없는 조직을 앞으로 밀고나가는, 그 전염성 강한 에너지를 지키는 수문장이 될 것이다.

고작 연필 한 자루 달라고 손을 내밀고 서 있는 아이가 이 세상에 한 명이라도 남아 있는 한 우리의 여정은 계속될 것이다.

2014년 현재

약속의 연필은

전 세계 221개의 학교에서

2만 8310명의 아이들에게 교육의 기회를 제공하고 있으며,

90시간마다 다음 세대를 위한 새로운 학교를 짓고 있다.

ENCILS OF
PROMISE
MAYAN
FAMILIES
abcd
efgh

Crayola
64

PROMISE

에필로그

남들에게 들려줄 만한 인생담을 만들자

이 책의 출간일(미국에서는 2014년 3월 18일에 출간되었다 — 옮긴이)을 기준으로 약속의 연필은 200여 개의 학교를 설립해 1500만이 넘는 시간에 걸쳐 아이들을 가르쳤고, 90시간마다 한 개씩 학교를 짓고 있다. 하지만 우리가 담을 세우고 그냥 떠나는 건 아니다. 벌이는 사업마다 장기적인 지원과 지속 가능성에 초점을 맞춘다. 우리의 포괄적인 교육 사업은 세계경제포럼과 클린턴 재단의 인정을 받았고, 최근에는 유엔에서 열린 공개행사장에서 올해의 교육기관상을 수상했다. 현재는 언젠가 교육 판도를 바꿀 새로운 과학기술과 교습법을 시험하기 위해 일련의 혁신적인 조치를 준비하고 있다.

여러분도 www.pencilsofpromise.org 사이트를 통해 장학금이나 교사 연수나 학교 공사비를 후원할 수 있다. 단돈 25달러면 아이 한 명을 가르칠 수 있고, 500달러면 교사 한 명을 양성할 수 있고, 1만 달러면 교실 하나를 지을 수 있다. 3만여 명의 회원들이 우리 홈페이지에서 저마다 모금 운동을 벌였다. 어쩌면 다가오는 여러분의 생일이 좋은 기회가 될 수도 있지 않을까?

라노이는 30여 명의 현지 직원들을 거느린 약속의 연필 라오스 지부장이 되었다. 레슬리는 4년 가까이 라오스에서 근무하고 뉴욕으로 건너와서 현재는 해외사업을 총괄하고 있다. 브래드는 이사회 회장으로 선출되었고, 닉 온켄은 요즘도 우리가 사업을 벌이는 나라마다 찾아다니며 사진을 찍어주고 있다. 호엘 푸악의 집에서 신세를 진 지도 몇 년이 지났지만, 다시 그를 찾아가서 그에게 따뜻한 대접을 받은 뒤로 어떤 일이 벌어졌는지 낱낱이 알려주었다. 내가 산 속으로 찾아가서 약속의 연필이 어느 정도로 발전했는지 들려주자 그는 갑자기 자기 집 안으로 자취를 감추었다. 그러고는 잠시 후 입이 귀에 걸릴 정도로 활짝 웃으며 다시 나왔는데, 몇 년 전에 내 목소리를 녹음했던 그 녹음기를 들고 있었다. 둘이서 같이 만든 카세트테이프는 못 쓰게 되었지만 아이들이 이제는 영어를 제법 할 줄 알게 되었다고 했다.

약속의 연필은 현재 사업을 추진하는 나라에 60여 명의 직원을 두고 있는데 90퍼센트 이상이 현지 직원이다. 이제는 3학년 모범생이 된 니트, 누트와 같은 아이들이 살아있는 교육을 받을 수 있도록 그들이 열심히 땀을 흘리고 있다. 날마다 우리가 세운 학교에서 1만5천여 명의 아이들이 공부를 하고 있다. 이것은 이제 나만의 이야기가 아니다. 그들의 이야기이기도 하다.

이 모든 게 어떤 식으로 시작되었는지 돌이켜보면 한 가지 분명한 사실이 있다. 내가 처음부터 대책 없는 이상주의자였다는 것. 여기서 '대책이 없다'는 것은 내가 의도적으로 선택한 단어다. 나는 약속의 연필을 시작하면서 대책을 세운 적이 없었다. '잘됐으면 좋겠다'고 생각한 적이 없었다. 그냥 잘될 거라고 믿었다. 나는 뉴욕 필하모닉 공연에서 짜릿한 전류가 처음으로 나를 관통한 그 순간부터 성공 여부를 의심해 본 적이 없었다. 그것이 열정을 넘어서 일종의 존재 이유처럼 느껴졌기 때문이었다. 어떻게 살아갈 것인지 고민하지 말고 내가 왜 이 세상에 태어났는지 알아내려고 노력하면 존재 이유를 파악할 수 있다. 거기에 대한 해답을 찾으면 모든 게 해결될 것이다.

25달러로 통장을 개설했을 때 나는 겨우 스물네 살이었다. 많은 사람들이 어린 나이를 약점으로 생각하지만 사실은 엄청난 장점이다. 청춘의 가장 강력한 장점은 할 수 없는 게 뭔지 알 수 있을 만큼 오래 살아보지 않았다는 것이다. 사람들은 보통 삶의 지혜를 높이 평가하지만, 어떤 일이 불가능한 수준은 아니더라도 이루기 힘든 범주에 속하는지 아는 것도 그런 삶의 지혜에 해당된다. 그런데 젊은 사람들은 그런 부담을 모른다. 너무 순진해서 어떤 일이 이룰 수 없는 범주에 속하는지 모르기 때문에 거기에서 시도하고자 하는 의지와 열망이 생겨

난다.

마틴 루터 킹 2세는 겨우 스물여섯 살 때 몽고메리 버스 승차 거부 운동을 주도했다. 스티브 잡스는 스물한 살 때 애플을 만들었고, 빌 게이츠는 스무 살 때 마이크로소프트를 설립했으며, 마크 주커버그는 겨우 열아홉 살 때 페이스북을 시작했다. 등굣길에 머리에 총상을 입었지만 모든 역경을 딛고 살아남았으며, 지금도 탈레반의 압박에 굴하지 않고 날마다 우렁차게 변화를 촉구하는 열여섯 살의 말랄라 유사프자이야말로 세계 교육계에서 가장 빛나는 위인이라 할 수 있다.

이 책을 읽는 모든 젊은이에게 내가 확실하게 전하고 싶은 말이 있다. 어느 누가 여러분의 꿈을 가리켜 불가능하다고 말하더라도 신경쓰지 말라는 것. 작건 크건 여러분은 그 꿈을 실현할 능력을 가지고 있다.

지금 불안한 시기를 보내고 있는 사람, 달라지고 싶지만 방법을 모르는 사람은 야심만만하되 이룰 수 있는 목표부터 설정해보기 바란다. 나는 처음에 학교를 딱 하나만 만들 생각이었다. 그런데 그것이 실현 가능한 목표이고 그로 인해 다른 사람들의 인생이 얼마나 달라지는지 나중에 깨달으면서 남들에게도 똑같은 경험을 선물하는 데 주력하기 시작했다. 꿈은 크게 꾸고, 그런 다음 날마다 조금씩 차근차근 전진하면 된다.

현재의 삶에서 앞으로 꿈꾸는 삶으로 일상의 화제를 바꾸는 것에서부터 시작하자. 여러분이 되고 싶어 하는 사람과 비슷하게 말투를 바꾸면 금세 대화에 활기가 넘치기 시작할 것이다. 여러분에게서 발산되는 에너지로 남들에게서도 그 비슷한 에너지를 이끌어내게 될 것이다. 대화가 기회가 되고, 기회가 실천이 되고, 실천이 영원한 발자국이 될 것이다.

"내일 시작해야지" 하며 계속 미루면 안 된다. 이 세상에 산적한 문제들을 여러분처럼 똑똑하고 능력 있는 사람이 나서서 해결해야 하지 않겠는가. 지금이 바로 여러분의 시간이다.

내가 예전에 배낭여행을 하면서 장황한 이메일로 가족과 친구들에게 근황을 알리면 다들 "너 나중에 책을 써야겠다"고 했다. 칭찬으로 받아들이며 고마워하기는 했지만, 내가 길 위에서 터득한 경험을 통해 영향력 있는 단체가 탄생되기 전에는 어느 배낭여행족의 여행기를 책으로 내다니 가당치도 않다고 생각했었다. 하지만 그런 소리를 들으면 마음이 동했다. 인간은 천성적으로 이야기꾼이다. 우리가 쌓아나가고 소중히 여기는 거의 모든 관계에 서사가 들어간다. 나는 훗날 들려주고 싶은 이야기와 맥락이 비슷한 인생을 살아야 하는 사람이었기 때문에 나중에 그 길에서 벗어났을 때 변화의 시점이 찾아왔음을 느꼈다. 나이와 지위를 막론하고 누구라도 지금 걷고 있는 길이 만족스럽지 않다면 미래를 다시 써야 한다. 여러분의 인생은 남들에게 신나게 들려줄 수 있는 그런 이야기가 되어야 한다.

몇 년 있으면 내 인생의 새로운 장이 시작될 테고 그때는 학교만 짓는 게 아니라 가정도 이루게 될 것이다. 우리 아이들에게는 우리 어머니가 가장 좋아하는 진실성이라는 단어와 우리 아버지의 원칙과 이 책의 장 제목으로 쓰인 만트라에 대해 반드시 가르칠 것이다. 행복해지는 가장 빠른 길은 남에게 기쁨을 선물하는 것이라고, 노력만으로는 변화가 이루어지지 않는다고 가르칠 것이다. 상상력이 필요하다고. 그 상상력 속에 갑갑한 오늘에 대한 믿음을 유보하고 미래의 가능성을 실현할 수 있는 힘이 들어 있다고. 그리고 무엇보다도 매일 아침 이 세상에 긍정적인 기운을 불어넣을지 부정적인 기운을 불어넣을지는 우리가 선택하기 나름이며, 모든 사람 안에 언젠가 펼쳐질 순간을 기다리는 엄청난 이야기가 들어 있다고 알려줄 것이다.

본문에서는 에바 친할머니의 이야기를 중점적으로 다루었지만, 감사의 글에서는 먼저 도로시 외할머니의 이야기부터 꺼내고 싶다. 외할아버지가 돌아가신 뒤 홀몸으로 삼남매를 키운 외할머니는 작가라는 내 꿈을 평생 가장 열렬하게 응원해주셨다. 영웅이 무엇인지 일상에서 보여주었고 격려와 끊임없는 사랑을 퍼부어주신 할머니, 고맙습니다. 할머니가 없었더라면 이 책은 절대 탄생되지 못했을 거예요. 그리고 엄마 아빠, 끝없이 응원해주시고 내 투덜거림을 언제든지 들어주시고 내가 상상할 수 있는 한도 내에서 가장 훌륭한 롤모델이 되어주셔서 고맙습니다. 그리고 리사, 스코트 형, 샘, 코넬리오. 날마다 자극을 주는 자랑스러운 내 형제들. 우리 아이들도 이렇게 멋진 형제들과 더불어 자랄 수 있었으면 좋겠어. 함마, 아푸, 샘 할아버지, 어빙 할아버지 그리고 다른 친척들. 지금 끌어안을 수 있다면 몇 시간 동안 놓지 않을 거예요. 그리고 내 수호천사 테힐라. 사랑해주고 참아주고 도와줘서 고마워. 앞으로도 영원히.

이 책을 공동 집필한 칼라일 애들러. 따뜻한 마음씨와 지혜와 우정, 고마웠어요. 얼마나 고마웠는지 말로 다 표현할 수 없을 거예요. 환상의 팀워크를 보여준 사이먼 그린과 섀넌 웰치. 두 분이 없었더라면 이 책은 세상의 빛을 보지 못했을 거예요. 이 이야기를 세상에 선보여야 한다고 굳게 믿고 결국에는 그렇게 만들어줘서 정말 고마워요.

선상 대학 프로그램이야말로 내 인생에서 가장 보람 있고 가장 획기적인 경험이었는데, 익스플로러 호에 탑승하는 기회를 누릴 수 있어서 얼마나 고마웠는지 짚고 넘어가지 않으면 그보다 배은망덕한 일도 없을 겁니다. 선상 대학 프로그램이 없었더라면 이 책은 전혀 다른 양상으로 흘러갔을 거예요. 그리고 브라운대학교와 베인 앤드 컴퍼니, GHS, 유클리드가 5번지, 2번가 75번지에서 만난 사람들에게도 즐거운 시간을 함께 보낼 수 있어서 고마웠다는 인사를 전하고 싶습니다. 모두 사랑해요, 함께했던 순간들은 단 1초도 바꾸고 싶지 않을 거예요.

약속의 연필에는 고마운 사람들이 너무 많습니다. pencilsofpromise.org로 끝나는 이메일 계정을 한 번이라도 썼거나 우리 행사에 참여했거나 현장에서 일을 했거나 이사진으로 활동했거나 해당 지역 리더십

회의에 참석했거나 학교에 지부를 만들었거나 모금 운동을 벌였거나 우리 사업에 일조했거나 어떤 자리에서건 우리의 설립 취지를 소개한 적 있는 모든 이들에게 무한한 고마움을 전합니다. 수많은 아이들의 삶에 수많은 빛을 선물한, 헌신적이고 넓은 마음씨를 지닌 여러분에 비하면 나는 그저 평범하고 보잘것없는 존재입니다.

옮긴이 이은선
연세대학교 중문과와 같은 학교 국제학대학원 동아시아학과를 졸업했다. 편집자와 저작권 담당자로 일했으며, 현재는 전문 번역가로 활동 중이다. 옮긴 책으로는 『헌책방마을 헤이온와이』, 『화성의 인류학자』, 『그대로 두기』, 『마흔살 여자가 서른살 여자에게』, 『딸에게 보낸 편지』, 『노 임팩트 맨』, 『이제야, 비로소 인생이 다정해지기 시작했다』 등이 있다.

연필 하나로 가슴 뛰는 세계를 만나다

1판 1쇄 2014년 8월 15일
1판 5쇄 2020년 11월 03일

지은이 애덤 브라운
옮긴이 이은선
펴낸이 김정순
기획 이은정 김수진
책임편집 이은정
디자인 김진영
마케팅 양혜림 이지혜

펴낸곳 (주)북하우스 퍼블리셔스
출판등록 1997년 9월 23일 제406-2003-055호

주소 04043 서울시 마포구 양화로 12길 16-9 (서교동 북앤빌딩)
전자우편 editor@bookhouse.co.kr
홈페이지 www.bookhouse.co.kr
전화번호 02-3144-3123
팩스 02-3144-3121

ISBN 978-89-5605-747-7 03320

이 도서의 국립중앙도서관 출판예정도서목록(CIP)은 서지정보유통지원시스템(http://seoji.nl.go.kr)과 국가자료종합목록 구축시스템(http://kolis-net.nl.go.kr)에서 이용하실 수 있습니다. (CIP2014017720)